EL LIBRO DE LA NADA

(HSIN HSIN MING)

Discursos dados por Osho
sobre la mente de fe de Sosan

Osho

Neo Person

Primera edición: diciembre de 1997
Segunda edición: febrero de 1998

Título original: *Hsin Hsin Ming: The Book of Nothing*

Traducción: Swami Deva Fernando y Swami Samarpán Vicente

Diseño de portada: Swami Samarpán Vicente

Publicado por convenio con Osho International Foundation, Bahnhofstr. 52, 8001 Zurich, Suiza.

De la presente edición en castellano:

Vicente Camarón, 21
28011 Madrid - España
Tel.: (91) 526 41 99
Fax: (91) 526 36 59

Depósito Legal: M. 6.195 -1998
I.S.B.N.: 84-88066-46-5
Impreso en España por: Artes Gráficas COFÁS, S.A.

Este libro está impreso en papel ecológico.

ÍNDICE

INTRODUCCIÓN

ANTES DE ESCUCHAR A OSHO, yo entendía el zen simplemente como una colección de acertijos incomprensibles, situaciones imposibles y unas cuantas historias divertidas. De alguna manera yo creía que debía de tener un significado oculto, pero nadie parecía capaz de resolver el rompecabezas. Pero entonces, gracias a una serie de maravillosas «casualidades» que constituyen la historia de mi vida, llegué a ver y a oír a Osho.

Osho no habla sobre el zen: él es un maestro zen, al igual que lo es de toda la variedad de religiones sobre las que habla, ejerciendo la maestría de su esencia. Hable de lo que hable, lo hace desde su propia experiencia del fenómeno, y en un lenguaje tan claro y simple que el enigma se resuelve inmediatamente y sin destruir su misterio.

En estas charlas Osho expande e ilumina los sutras del maestro zen Sosan; los ilumina a la luz de nuestras experiencias en este mundo, para que así puedan tener significado para nosotros. Siendo un maestro del silencio y un maestro de las palabras, Osho sirve de puente entre el vacío de la no-mente de Sosan y el mono parlanchín que llevamos dentro.

Estos sutras, llamados en chino «El libro de la verdadera fe», son las únicas palabras que Sosan pronunció, y como tales son muy poderosas. Osho dice de ellas:

> Estas palabras son atómicas, están llenas de energía. Siempre que una persona que se ha realizado dice algo, la palabra se convierte en semilla y durante miles de años permanecerá como tal y buscará un corazón. Si tú estás listo, listo para ser su terreno, entonces estas palabras, estas palabras treméndamente poderosas de Sosan, están todavía vivas. Son semillas; entrarán en tu corazón si tú se lo permites y te transformarán.

Pero nuestros corazones se han cerrado a las palabras de lo infinito: Dios, iluminación, amor, divinidad; todas ellas han sido tan mal usadas que se han vuelto absurdas y sin sentido. Osho muestra el significado de las palabras de Sosan en sí mismo, en su ser, y nos prepara para aceptar estas experiencias en nosotros mismos.

Con sus charlas nos conduce a través del laberinto de nuestras sofisticadas mentes hasta el punto desde donde, si nuestros ojos están claros, podremos ver la realidad. Desde lo racional, nos lleva al borde de lo irracional, hasta el punto desde el cual, si nuestros oídos están afinados, podremos oír el sonido de una sola mano aplaudiendo. Con las meditaçiones que él mismo ha inventado, Osho ha creado para nosotros situaciones en las cuales hay la suficiente energía y la oportunidad de despojarnos de todo lo que vela nuestra visión y tapona nuestros oídos: nuestro pasado, nuestra represión y nuestra mente.

Osho ha hablado acerca de todos los maestros iluminados que ha habido en esta Tierra, no con la intención de hacernos creer en algo o convencernos de alguna idea, sino para mostrarnos los diferentes caminos que nos acercan a la multifacética y contradictoria realidad.

No le interesan las teorías ni las filosofías ni los «...*ismos*», porque estos son, dice, lo que está entre la realidad y nosotros. Él siempre recalca que para alcanzar la realidad, Dios, la iluminación, el nirvana, o como quieras llamarlo, debemos encontrar nuestro propio camino. Cuando habla sobre Sosan, Jesús o Buda, el enfoque de Osho permanece en nosotros, los individuos buscadores, y en nuestro crecimiento hacia nuestra propia realización. Así, dice:

> Tú eres el camino y la meta, y no hay distancia entre la meta y tú. Tú eres el buscador y lo buscado; no hay distancia entre el buscador y lo buscado. Tú eres el devoto y la devoción. Tú eres el discípulo y el maestro. Tú eres el medio y el fin. Este es el Gran Camino.

HSIN HSIN MING:
EL LIBRO DE LA NADA

Diez discursos dados por Osho
basados en el Hsin Hsin Ming de Sosan
entre el 21 y el 30 de octubre de 1974
en el ashram de Poona, India

El Gran Camino no es difícil

para aquellos que no tienen preferencias.

Cuando ambos, amor y odio, están ausentes

todo se vuelve claro y diáfano.

Sin embargo, haz la más mínima distinción,

y el cielo y la tierra se distancian infinitamente.

Si quieres ver la verdad,

no mantengas ninguna opinión a favor o en contra.

La lucha entre lo que a uno le gusta

y lo que le disgusta

es la enfermedad de la mente.

1

EL GRAN CAMINO

21 de octubre de 1974

VAMOS A ENTRAR EN EL MARAVILLOSO MUNDO de la no-mente de un maestro zen. Sosan es el tercer patriarca zen. No se sabe mucho sobre él; así es como debe ser, porque la historia sólo registra la violencia. No registra el silencio; no puede. Lo único que registra son los conflictos. Siempre que alguien se queda realmente en silencio desaparece de todos los archivos, ya no forma parte de nuestra locura. Así es como debería ser.

Sosan fue durante toda su vida un monje errante. Nunca se quedó en ningún sitio; siempre de paso, yendo, moviéndose. Era un río; no era un estanque, no era estático. Era un constante movimiento. Eso es lo que Buda quiere decir al llamar errantes a sus monjes: no que sólo deberían vivir sin hogar en el mundo exterior, sino también en el interior, porque siempre que construyes un hogar, te aferras a él. Así, ellos debían permanecer sin echar raíces; no había más hogar para ellos que el Universo entero.

Incluso una vez que su iluminación fue un hecho reconocido, Sosan continuó en su antiguo estilo de vida de vagar mendicante. Y nada en él era especial. Era un hombre ordinario, un hombre del Tao. Una cosa quisiera decir, y tenéis que recordarla: el zen es un cruce de razas. Y al igual que de un injerto salen flores más hermosas y de un cruce de razas nacen niños más hermosos, lo mismo ocurrió con el zen. El zen es un cruce entre el pensamiento de Buda y el de Lao Tse. Es un gran encuentro, el mayor que jamás haya tenido lugar. Por eso el zen es más hermoso que el pensamiento de Buda o que el de Lao Tse. Es un raro florecimiento de las más altas cumbres y del encuentro de esas cumbres. El zen no es ni budista ni taoísta, pero contiene a ambos. La India es un poco demasiado seria acerca de la religión; un pasado largo, un enorme peso sobre la mente de la India, han hecho que la religión se haya vuelto seria. Lao Tse siempre hizo el ridículo; a Lao Tse se le conoce como «el viejo chiflado». No es serio en absoluto; de hecho no puedes encontrar a un hombre menos serio que él. El pensamiento de Buda y el de Lao Tse se encontraron, la India y China se encontraron, y de ahí nació el zen. Y Sosan estaba ahí justo al comienzo, junto a la fuente original, cuando el zen salía del útero. Él lleva consigo lo fundamental.

Su biografía no tiene ninguna importancia, porque siempre que un hombre se ilumina carece de biografía. Deja de identificarse a la forma, así que su nacimiento o su muerte son hechos irrelevantes. Por eso en Oriente nunca le hemos dado importancia a las biografías o a los hechos históricos. Aquí nunca ha existido esa obsesión. Esa obsesión ha llegado ahora de Occidente; entonces la gente se ha ido interesando más por cosas irrelevantes. ¿Qué más da que un «Sosan» haya nacido un año u otro? ¿Qué importancia tiene cuándo muera?

Sosan es lo importante, no su llegada o su salida de este mundo o de este cuerpo. Las llegadas y las salidas son del todo irrelevantes. Lo único importante está en el ser. Y estas son las únicas palabras que Sosan pronunció. Recuerda, no son palabras, porque proceden de una mente que ha transcendido las palabras. No son especulaciones, son auténticas experiencias. Todo lo que dice, lo sabe.

Él no es un hombre con conocimientos, es un sabio. Ha penetrado en el misterio, y todo lo que trae consigo tiene un enorme significado. Puede transformarte completamente, totalmente. Si le escuchas, el mero hecho de hacerlo puede transformarte, porque todo lo que dice es oro puro.

Pero aún así es difícil debido a la distancia entre tú y él: tú eres una mente y él es una no-mente. Aunque él use palabras, está diciendo algo en silencio; y tú, aunque te quedes callado, sigues charlando por dentro.

Ocurrió una vez...

Se abrió un proceso contra Mulla Nasrudin. El fiscal no podía probar gran cosa. Se le acusaba de poligamia, de tener muchas esposas. Todo el mundo lo sabía, pero nadie podía probarlo. El abogado le dijo a Nasrudin: «Quédate callado, eso es todo. Si dices una sola palabra te van a coger. Así que estáte callado y yo me ocuparé de todo».

Mulla Nasrudin permaneció en silencio; hirviendo por dentro, desazonado, y a pesar de haber querido interrumpir muchas veces, se las arregló para, de alguna manera, controlarse a sí mismo. Por fuera parecía un buda, pero por dentro estaba como un loco furioso. No se pudo encontrar nada contra él. Aun sabiendo que este hombre tenía muchas mujeres en el pueblo, ¿qué podía hacer el juez sin ninguna prueba? Así que tuvo que concederle la libertad.

Le dijo: «Mulla Nasrudin, eres libre. Puedes irte a casa».

Mulla Nasrudin se quedó perplejo y dijo: «¡Qué!; ¿a qué casa, señoría?». Tenía muchas casas porque tenía muchas esposas en el pueblo.

Una sola palabra tuya mostrará la mente que hay dentro; una sola palabra y todo tu ser quedará expuesto. Ni siquiera se necesita una palabra; tan sólo un gesto y aparecerá tu mente parlanchina. Aunque estés en silencio, tu silencio no reflejará otra cosa que el mono parlanchín que llevas dentro.

Cuando Sosan habla, lo hace en un plano totalmente diferente. A él no le interesa hablar, no tiene ningún interés en influir en nadie; no trata de convencerte de ninguna teoría, de ninguna filosofía o «*...ismo*». No, cuando habla su silencio florece. Cuando habla, habla de lo que ha llegado a saber y le gustaría compartir contigo. No es para convencerte, recuérdalo; sino tan sólo para compartirlo. Y si puedes lograr entender una sola palabra suya, sentirás un tremendo silencio liberándose en ti.

Sólo oyendo aquí... Vamos a estar hablando sobre Sosan y sus palabras. Si escuchas atentamente, de repente sentirás que en tu interior se libera un silencio. Estas palabras son atómicas, están llenas de energía. Siempre que una persona que se ha realizado dice algo, su palabra es una semilla y durante miles de años permanecerá como tal y buscará un corazón.

Si estás listo, listo para ser su terreno, entonces estas palabras, estas tremendamente poderosas palabras de Sosan, estarán todavía vivas. Son semillas; entrarán en tu corazón si tú lo permites, y a través de ellas te convertirás en un ser totalmente diferente. No las escuches desde la mente, porque su significado no pertenece a la mente; la mente es absolutamente incapaz de entenderlas. No proceden de la mente y no pueden ser entendidas por la mente. Proceden de una no-mente. Sólo pueden ser entendidas desde un estado de no-mente.

Así que aquí, mientras escuches, no trates de interpretar. No escuches las palabras, sino los espacios entre líneas; no lo que dicen sino lo que quieren decir; su significado. Deja que este significado te envuelva como un perfume. Te penetrará silenciosamente; te preñará. Pero no interpretes. No digas: «Significa esto o aquello», porque eso será tu interpretación.

Una vez ocurrió que...

Mulla Nasrudin volvía, completamente borracho, al amanecer. Y al pasar por el cementerio se fijó en un cartel, en el que estaba escrito con letras grandes: TOQUE LA CAMPANA PARA LLAMAR AL VIGILANTE; y eso es exactamente lo que hizo.

Al ser tan temprano, el vigilante se molestó. Salió tambaleándose y enfadado; y cuando vio a Nasrudin, absolutamente borracho, se enfadó más aún.

Le preguntó: «¿Pero por qué? ¿Por qué has tocado la campana? ¿Para qué me has despertado? ¿Qué pasa? ¿Qué quieres?».

Nasrudin le miró un momento en silencio, luego se volvió hacia el cartel y le dijo: «Pues a mí me gustaría saber: ¿por qué me piden a mí que llame al vigilante?».

El cartel decía: TOQUE LA CAMPANA PARA LLAMAR AL VIGILANTE. Ahora bien, cómo lo interpretes, depende de ti.

No interpretes; escucha. Mientras interpretas no puedes escuchar, porque la consciencia no puede hacer dos cosas opuestas simultáneamente. Si empiezas a pensar, dejas de escuchar. Escucha como escuchas la música; con una forma de escuchar diferente, sin interpretar. No hay significados en los sonidos.

Esto también es música. Sosan es un músico no un filósofo. Sosan no está diciendo palabras, está diciendo algo más, más que palabras. Sus palabras tienen un significado pero no significan nada. Son más bien como sonidos musicales. Ve y siéntate cerca de una cascada. Escuchas, pero ¿interpretas lo que la cascada dice? No dice nada... y aún así dice. Dice mucho, mucho que no puede ser dicho.

¿Qué haces cuando estás cerca de una cascada? La escuchas, te quedas quieto y en silencio, absorbes. Permites que la cascada vaya entrando cada vez más profundamente dentro de ti. Entonces todo se calma y se queda en silencio en tu interior. Te conviertes en un templo; lo desconocido entra a través de la cascada.

¿Qué haces cuando escuchas los cantos de los pájaros, o el viento pasando a través de los árboles, o las hojas secas cuando el viento se las lleva? ¿Qué haces? Simplemente escuchas.

Sosan no es un filósofo ni un teólogo ni un sacerdote. No quiere venderte ninguna idea, las ideas no le interesan. No está ahí para convencerte, simplemente florece. Es una cascada, una catarata, un viento soplando a través de los árboles, o tan sólo el canto de los pájaros; sin significado, pero con mucho sentido. Tienes que absorber este sentido, sólo entonces serás capaz de entender. Así que escucha pero no pienses. Entonces es posible que ocurran muchas cosas dentro de ti, porque quiero decirte que este hombre, Sosan, del que no se sabe casi nada, era un hombre de poder, un hombre que llegó a saber. Y cuando dice algo, trae algo de lo desconocido al mundo de lo conocido. Con él entra lo divino, un rayo de luz, en la oscuridad de tu mente.

Antes de que entremos en sus palabras recuerda su sentido, no lo que significan: la música, la melodía; no el significado literal; el sonido de su mente sin ningún sonido, su corazón, no su pensamiento. Tienes que escuchar a su ser, a la cascada.

¿Cómo escuchar? Sólo quédate en silencio. No metas tu mente en ello. No empieces a pensar: «¿Qué está diciendo?». Sólo escucha, sin decidir esto o aquello, sin decir si tiene razón o no, si es verdad o no, si te convence o no. A él no le importa tu convicción, a ti tampoco tiene por qué importarte. Simplemente escucha y disfrútalo. Las personas como Sosan son para deleitarse; son un fenómeno natural.

Una hermosa roca; ¿qué hacer con ella? Te deleitas en ella. La tocas, la recorres, sientes su musgo. ¿Qué haces con las nubes que se mueven en el cielo? Danzas sobre la tierra, las miras, o simplemente te tumbas y te quedas quieto; las miras y las dejas flotar. Te llenan. No solamente el cielo exterior; poco a poco, cuanto más en silencio te quedas, van llenando también tu cielo interior. De repente ya no estás ahí, sólo hay nubes moviéndose, adentro y afuera. La división desaparece, ya no hay ninguna delimitación. Te has convertido en cielo y el cielo se ha convertido en ti.

Trata a Sosan como a un fenómeno natural. Él no es un hombre: es Dios, el Tao, un buda.

Antes de que tratemos de entrar en su trascendencia, primero hay que entender algunas cosas. Te darán un empujón.

LA MENTE ES UNA ENFERMEDAD. Esta es una verdad básica que Oriente ha descubierto. Occidente dice que la mente puede enfermarse, o puede sanarse. La psicología occidental depende de esto: que la mente puede estar sana o enferma. Pero Oriente dice que la mente como tal es la enfermedad, que no puede estar sana. Ninguna terapia psiquiátrica puede servir de ayuda; como mucho puede hacer que esté normalmente enferma.

Así que en relación a la mente existen dos tipos de enfermedades: normalmente enferma (esto es, que tienes la misma enfermedad que otros a tu alrededor) o anormalmente enferma, que quiere decir que padeces algo único. Tu enfermedad no es algo ordinario; es excepcional. Tu enfermedad es algo individual, no colectivo; esta es la única diferencia. O normalmente enferma o anormalmente enferma, pero la mente no puede estar sana. ¿Por qué? Oriente dice que la propia naturaleza de la mente es tal que siempre estará enferma. La palabra «salud» es hermosa, procede de la misma raíz que la palabra «totalidad». Salud, curación, totalidad, sagrado o santo...: todas estas palabras proceden de la misma raíz.

La mente no puede estar sana porque nunca puede estar entera. La mente siempre está dividida; la división es su base. Si no puede estar íntegra ¿cómo va a estar sana?, y si no puede estar sana ¿cómo va a ser sagrada? Todas las mentes son profanas. No existe cosa tal como una mente santa. Un hombre santo vive sin mente porque vive sin división.

La mente es la enfermedad. ¿Cómo se llama esta enfermedad? Su nombre es Aristóteles, o si prefieres que realmente parezca una enfermedad puedes llamarla «aristotelitis». Así suena totalmente como una enfermedad. ¿Por qué es Aristóteles la enfermedad? Porque dice: «O esto o lo otro. ¡Elige!». Y elegir es la función de la mente; la mente no puede existir sin elegir.

Al elegir caes en la trampa, porque siempre que eliges lo haces en contra de algo. Si estás a favor de algo, tienes que estar en contra de algo; no puedes estar solamente a favor ni puedes estar solamente en contra. Cuando el «a favor» entra, el «en contra» le sigue como una sombra. Cuando aparece el «en contra», el «a favor» aparece también; oculta o abiertamente.

Cuando eliges, divides. Entonces dices: «Esto está bien, esto está mal». Y la vida es una unidad. La existencia no puede dividirse, la existencia es un profundo «unísono». Es unidad. Si dices: «Esto es bonito y esto es feo», la mente ha entrado en escena, porque la vida es las dos cosas juntas. Lo bonito se vuelve feo, y lo feo se va haciendo bonito. No hay una línea divisoria; no se les puede poner en compartimentos separados. La vida va fluyendo de esto a aquello.

El hombre tiene compartimentos fijos. La naturaleza de la mente es la fijación, y la fluidez es la naturaleza de la vida. Es por eso que la mente es obsesión; está siempre fija, es sólida. Y la vida no es tan sólida; es fluida, flexible, se mueve hacia lo opuesto. Algo está vivo en este momento y al siguiente está muerto.

Alguien era joven en ese momento, y al siguiente se ha hecho viejo. Esos ojos, que eran tan hermosos, han desaparecido; ahora son sólo ruinas. Ese rostro era tan lozano..., y ahora no queda nada, ni siquiera un fantasma. Lo bonito se vuelve feo, la vida se convierte en muerte, y la muerte vuelve a nacer de nuevo.

¿Qué vas a hacer con la vida? No puedes elegir. Si quieres estar *con* la vida, con la totalidad, tendrás que vivir sin elegir.

La mente es una elección. Aristóteles hizo de ella la base de su lógica y de su filosofía. No puedes encontrar un hombre más distante de Sosan que Aristóteles, porque Sosan dice: «Ni esto ni aquello, no elijas». Sosan dice: «Vive sin elegir». Sosan dice: «¡No hagas distinciones!». Desde el momento en que haces una sola distinción, desde el momento en que la elección aparece, ya estás dividido, fragmentado; has enfermado, no estás entero.

Recuerda, si le preguntas a un cristiano... Este realmente no sigue a Jesús, sino que básicamente sigue a Aristóteles. El cristianismo está basado más en Aristóteles que en Cristo. Jesús se parecía más a Sosan, pues dice: «¡No juzgues y no serás juzgado!»; dice: «No elijáis. No digáis: ¡Esto es bueno y esto es malo! Eso no os concierne. Dejad que *la totalidad* decida. No os convirtáis en jueces». Pero el cristianismo no está orientado hacia Jesús. Los fundadores del cristianismo fueron más aristotélicos que cristianos.

No se puede construir una Iglesia basándose en Sosan o en Jesús. ¿Cómo vas a poder levantar una Iglesia sin elegir? Una Iglesia tiene que estar a favor o en contra de algo; tiene que estar a favor de Dios y en contra del diablo. Y en la vida Dios y el diablo no son dos, son uno. El diablo es una cara y Dios es la otra cara de la misma energía; no son dos.

Unas veces se presenta como diablo y otras como Dios. Y si te fijas atentamente, descubrirás que son lo mismo. Unas veces se presenta en forma de ladrón y otras en forma de hombre ejemplar. Unas veces le encontrarás en lugares respetables y otras en lugares de perdición. Se *mueve*, él es un movimiento. Y para él ninguna costa está demasiado lejos, nadie está fuera de su alcance; se mueve entre todo el mundo.

Jesús no hace distinciones, pero el cristianismo sí, porque una religión tiene que hacerlas; una religión tiene que convertirse en algo moral. Y una vez que una religión se ha vuelto moral ya no es una religión. La religión es la cosa más osada que existe. Se necesita un gran valor para vivir sin elegir, porque la mente dice: «¡Elige!». La mente dice: «¡Di algo! Esto está mal, esto está bien. Esto es bonito, esto es feo. Amo esto, odio aquello». La mente dice: «¡Decídete!».

La mente tiene la tentación de dividir. Una vez que divides, la mente se encuentra a sus anchas. Si no divides, si dices: «No voy a decir nada. No voy a juzgar», la mente se siente como en su lecho de muerte. Aristóteles dice que *A* es *A* y nunca puede ser no-*A*; los opuestos no se pueden encontrar. Sosan dice que no hay opuestos; que ya se han encontrado, que siempre han estado encontrándose.

Esta es una de las verdades más fundamentales de las que uno tiene que darse cuenta: que los opuestos no son opuestos. Tú eres el que dice que lo son, pero no lo son. Míralo existencialmente y sentirás que son la misma energía.

Tú amas a una persona...

Una mujer vino a verme y me dijo: «He estado casada durante diez años y mi marido y yo jamás hemos discutido por nada. Y ahora de repente, ¿qué es lo que ha pasado? Él me ha abandonado».

Ella pensaba que el hecho de que nunca se hubieran peleado, demostraba que estaban muy enamorados. Eso es absurdo; pero es aristotélico; la mujer es absolutamente lógica.

Ella me dijo: «Hemos estado casados durante diez años. Nunca hemos discutido ni nos hemos enfadado el uno con el otro. Estábamos tan enamorados que nunca nos peleábamos por ninguna razón. No tuvimos ni un sólo momento de disputa. Y en cambio ahora, ¿qué ha ocurrido? ¡De repente me ha dejado! ¿Se ha vuelto loco o qué? Nos adorábamos». Ella se equivoca.

Si el amor es tan grande tiene que haber alguna disputa. Algunas veces os peleareis. Y la lucha no destruirá el amor, sino que lo enriquecerá. Si hay amor, se enriquecerá al pelear; si no hay amor, entonces os alejareis, os separareis. Diez años es mucho tiempo; hasta veinticuatro horas es mucho tiempo para estar constantemente en un estado mental, porque la mente se mueve hacia lo opuesto. Amas a una persona pero a veces te enfadas. En realidad, sólo porque amas te puedes enfadar. ¡A veces odias! Algunas veces te sacrificarías por tu amante, y otras quisieras matarle. Y tú eres ambas cosas.

Que nunca os peleaseis durante esos diez años, sólo significa que no había ningún amor. Significa que no era una relación. Y que teníais mucho miedo a que cualquier enfado, cualquier conflicto, cualquier cosa sin importancia pudiera romperlo todo. Teníais tanto miedo, que nunca discutisteis. Nunca creísteis que el amor pudiera ser más profundo que la disputa, que la pelea pudiera ser momentánea y que después de ella cayerais uno en brazos del otro aún más profundamente. No, nunca confiasteis en eso. Por eso es que os las apañabais para no pelear. Y entonces no hay por qué sorprenderse de que el hombre se haya ido. Yo le dije: «Lo que a mí me sorprende es que haya sido capaz de estar contigo durante todos esos años. ¿Por qué razón?».

Una vez vino un hombre y me dijo: «Algo le pasa a mi hijo. Le conozco muy bien; y siempre ha sido obediente. No se puede encontrar un muchacho mejor que él. Jamás me ha desobedecido, nunca me ha contestado. Y ahora de repente se ha vuelto *hippie*. Ya no me escucha. Me mira como si ya no fuera su padre. Me mira como a un extraño. Siempre me había obedecido en todo. ¿Qué es lo que le ha ocurrido a mi hijo?».

No le ha ocurrido nada. Esto es lo que se debe esperar, porque si un hijo realmente ama a su padre también le desobedece. ¿A quién si no va a desobedecer? Si un hijo realmente ama a su padre y confía en él, también a veces le tiene que desobedecer; porque sabe que la relación es tan profunda que no se romperá por desobedecer. Por el contrario, se enriquecerá. Los opuestos se enriquecen.

En verdad, lo opuesto no es lo contrario. Es sólo un ritmo, el ritmo de lo mismo; obedeces y luego desobedeces; es sólo un ritmo. Porque si no, estar siempre solamente obedeciendo y obedeciendo hace que todo se vuelva monótono y sin vida. La monotonía es la naturaleza de la muerte, porque lo opuesto no está ahí.

La vida está viva. Lo opuesto está ahí, hay un ritmo. Te vas, vuelves; te despides, llegas; desobedeces, y luego también obedeces; amas y odias. Así es la vida, pero no la lógica. La lógica dice que si amas no puedes odiar. Que si amas, ¿cómo vas a enfadarte? Si amas de esa forma amas de una forma monótona, siempre lo mismo. Pero entonces te pondrás tenso, te será imposible relajarte. La lógica cree en un fenómeno lineal: se mueve en una línea. La vida cree en círculos: la misma línea sube, baja y se convierte en un círculo.

Seguramente habrás visto el símbolo chino del *yin* y el *yang*. La vida es así: el encuentro de los opuestos. Este círculo del yin y el yang es mitad blanco y mitad negro. En la parte blanca hay un punto negro, y en la parte negra hay un punto blanco. El blanco se mueve hacia el negro, y el negro se mueve hacia el blanco; es un círculo. La mujer moviéndose hacia el hombre, el hombre moviéndose hacia la mujer...: así es la vida. Y si lo observas minuciosamente, lo verás dentro de ti.

Un hombre no es un hombre las veinticuatro horas del día, no puede serlo; a veces es una mujer. Y una mujer no es una mujer las veinticuatro horas; a veces ella es también un hombre. Se trasladan a lo opuesto. Cuando una mujer se enfada ya no es una mujer; se vuelve más agresiva y más peligrosa que cualquier hombre, porque su masculinidad es más pura y además está sin usar. Así que cuando la usa, tiene una intensidad con la que ningún hombre puede competir. Es como un terreno que no ha sido usado durante muchos años: arrojas unas semillas, ¡y surge una abundante cosecha!

A veces una mujer se vuelve hombre, y cuando lo hace ningún hombre puede competir con ella; se vuelve muy peligrosa, por lo que entonces es mejor que el hombre se rinda. Y eso es exactamente lo que hacen todos los hombres: se vuelven sumisos, se rinden. Porque el hombre tiene que convertirse inmediatamente en mujer, pues si no, habrá problemas. Dos espadas en el mismo lugar causarán problemas. Si la mujer se ha convertido en hombre, si ella ha cambiado el rol, inmediatamente el hombre se convierte en mujer. Así todo se restablece. Y de nuevo el círculo se completa.

Y siempre que un hombre se somete y se rinde, su rendición tiene una pureza con la que ninguna mujer puede competir; porque ordinariamente el hombre nunca adopta esta postura, este juego. Normalmente él se levanta y lucha. Normalmente él es voluntad, no sumisión. Pero cuando se rinde posee una inocencia con la que ninguna mujer puede competir. Mira a un hombre enamorado; se vuelve como un niño pequeño.

Pero es así como se mueve la *vida*. Y si lo entiendes ya no te preocupas en absoluto. Entonces sabes que aunque el amante se haya ido, volverá; que aunque la amada esté enfadada, te amará. Entonces tienes paciencia. Con Aristóteles no puedes tener ninguna paciencia, porque si el amante se ha ido, se ha ido en un viaje lineal, sin regreso; no es un círculo. Pero en Oriente creemos en el círculo; por el contrario, en Occidente se cree en la línea. La mente occidental es lineal, la mente oriental es circular. Por eso en Oriente un amante puede esperar. Sabe que la mujer que le ha dejado volverá. De hecho ya está en camino, debe de estar arrepintiéndose, ya debe de haberse arrepentido, debe de estar viniendo; tarde o temprano llamará a la puerta. Sólo espera..., porque lo opuesto está siempre presente.

Y siempre que una mujer vuelve, después del enfado, el amor es nuevo. Ha dejado de ser una repetición. El intervalo de la ira ha destruido el pasado. Ahora ella es de nuevo una joven, una muchacha virgen. Se vuelve a enamorar otra vez; y todo se vuelve nuevo.

Si entiendes esto, entonces no estás en contra de nada. Entonces sabes que hasta la ira tiene su hermosura, que hasta una pelea de vez en cuando le da tono a la vida. Y que todo contribuye a su riqueza. Entonces aceptas, y cuando aceptas profundamente tienes paciencia, entonces no hay ni impaciencia ni prisa. Entonces puedes esperar, rezar, tener esperanza y soñar.

De otra forma, si la vida es lineal, como piensa Aristóteles o Bertrand Russell (dado que el pensamiento occidental se ha movido desde Aristóteles a Bertrand Russell), entonces la vida se vuelve muy impaciente. Nadie va a volver; entonces estás siempre temblando, con miedo, y empiezas a suprimir tus sentimientos. Entonces puede que estés con una mujer durante diez años o diez vidas, pero estarás con una extraña. Tú te controlas, ella se controla, y no hay encuentro.

La vida no es lógica. La lógica es sólo una parte (por supuesto, muy clara, categorizada, encasillada, dividida) pero la vida es confusa. ¿Qué le vas a hacer? Es así. No es tan lineal, tan clara, tan dividida; es un caos.

Pero la lógica está muerta y la vida está viva, así que la cuestión radica en, elegir la lógica, o bien elegir la vida. Si te inclinas demasiado hacia la lógica cada vez estarás más muerto, porque la lógica sólo es posible si abandonas su opuesto completamente. Entonces amas y solamente amas, y nunca te enfadas, nunca odias, nunca te peleas. Obedeces y solamente obedeces (nunca desobedeces, nunca te rebelas, nunca te vas. Pero entonces todo se paraliza, entonces la relación se envenena), y entonces te *mata*.

Sosan no está a favor de la lógica, está a favor de la vida. Ahora, trata de entender el significado de sus palabras, que dicen así:

El Gran Camino no es difícil
para aquellos que no tienen preferencias.
Cuando ambos, amor y odio, están ausentes
todo se vuelve claro y diáfano.
Sin embargo, haz la más mínima distinción,
y el cielo y la tierra se distancian infinitamente.
Si quieres ver la verdad,
no mantengas ninguna opinión a favor o en contra.
La lucha entre lo que a uno le gusta
y lo que le disgusta
es la enfermedad de la mente.

EXACTAMENTE IGUAL QUE CHUANG TZU: «Lo fácil es lo correcto». *El Gran Camino no es difícil.* Si parece difícil, eres tú el que lo hace difícil. El Gran Camino es fácil. ¿Cómo va a ser difícil? Hasta los pájaros vuelan en él y los peces nadan en él. ¿Cómo va a ser difícil? El hombre lo hace difícil, la mente lo vuelve difícil; y el truco para hacer de cualquier cosa fácil algo difícil es elegir, hacer una distinción. El amor es algo fácil, el odio es algo fácil, pero tú eliges. Dices: «Sólo voy a amar, no voy a odiar». Así todo se vuelve difícil. ¡Así ni siquiera puedes amar! Inspirar es fácil, espirar es fácil. Pero tú eliges. Dices: «Sólo voy a inspirar, no voy a espirar». De esta forma todo se vuelve difícil. La mente puede decir: «¿Para qué espirar? La respiración es vida. Simple aritmética: inspira, no expulses el aire; estarás cada vez más vivo. Acumularás más vida. Tendrás grandes reservas de vida. Inspira solamente, no espires porque espirar es morir».

Lo primero que hace un niño al nacer es inspirar. Y lo último que un hombre hace al morir es espirar. La vida comienza con la inspiración y la muerte comienza con la espiración. Cada vez que inspiras renaces; cada vez que espiras mueres, porque el aliento es vida. Es por eso que los hindúes lo han llamado *prana: prana* significa «vida». El aliento es vida. Simple lógica, simple aritmética, ningún problema, lo puedes hacer sencillo: inspira cada vez más y no espires, así no morirás. Si espiras morirás. ¡Y si espiras mucho te morirás antes! Entonces, ¿qué se supone que una persona lógica debería hacer? Una persona lógica solamente inspiraría, nunca espiraría.

El amor es inspirar, el odio espirar. ¿Qué hacer entonces? La vida es fácil si no decides, porque entonces sabes que inspirar y espirar no son dos cosas opuestas; son dos partes de un mismo proceso. Y estas dos partes son orgánicas, no puedes dividirlas. ¿Y si no espiras...? La lógica se equivoca. No vivirás; sencillamente, te morirás inmediatamente.

Pruébalo: solamente inspira, no espires. Lo entenderás, te pondrás tenso, muy tenso. Todo tu ser querrá espirar porque si no morirás. Si eliges, te meterás en un problema. Si no eliges, todo será fácil. Lo fácil es lo correcto.

Si el hombre se encuentra en un problema es debido a los muchos maestros que han envenenado su mente, que le han estado enseñando: «¡Elige esto! ¡No hagas esto, haz esto!». Todas estas elecciones le han destruido. Y parecen lógicos. Si discutieras con ellos, ellos siempre tendrían razón. La lógica les apoya: «¡Mira, es tan simple! ¿Para qué espirar si espirar es morir?».

Y esto ha ocurrido, no sólo con la respiración..., o incluso con la respiración. Hay escuelas de yoga que dicen que tu vida se cuenta a través de la respiración; que tu vida no se cuenta por los años que vives sino por las veces que respiras; así que respira lentamente. Si respiras doce veces por minuto morirás pronto; así que respira seis veces, o mejor aún tres, vivirás más tiempo.

Nadie lo ha conseguido, pero la gente lo sigue intentando. Respira lentamente. ¿Por qué?; porque si respiras lentamente espirarás menos veces, así que cada vez estarás muriendo menos, o podrás vivir más tiempo. Pero lo único que ocurrirá será que perderás tus ganas de vivir. Y la vida no se prolongará, aunque lo parezca. Se dice que la gente casada vive más tiempo que la soltera, así que alguien le preguntó a Nasrudin: «¿Es eso verdad, Nasrudin?».

Y Nasrudin contestó: «Eso parece. Un hombre casado no vive más tiempo, pero parece que ha vivido mucho más». Porque cuando la vida se vuelve dura, el tiempo pasa más lentamente. Cuando la vida es fácil, el tiempo parece más corto. Esos a los que la gente llama yoguis, que cada vez respiran menos y más despacio, lo único que hacen es disminuir el proceso de la vida. Están menos vivos, eso es todo. No van a vivir más tiempo; tan sólo van a estar menos vivos. No están viviendo plenamente; su llama no arde adecuadamente. El ánimo, el entusiasmo y la danza desaparecen. Se consumen a sí mismos, eso es todo.

Y esto también ha ocurrido con el sexo, porque la gente cree que con el sexo viene la muerte. Y tienen razón, porque la energía sexual da nacimiento a la vida; así que cuanta más energía sexual sale, más vida se va. Lógico, absolutamente aristotélico, pero estúpido. Y no puedes encontrar gente más estúpida que la gente lógica. Es lógico que la energía vital venga del sexo (los niños nacen del sexo, el sexo es el origen de la vida), así que guárdala. No la permitas salir, o morirás. Por eso todo el mundo tiene miedo.

Pero es lo mismo, exactamente igual, que cuando contienes la respiración, entonces todo el cuerpo quiere espirar. Lo mismo pasa con vuestros llamados *brahmacharias*, célibes, que tratan de contener la energía sexual, mantener el semen dentro, mientras que todo su cuerpo quiere deshacerse de él. Toda su vida se vuelve sexual; su mente se vuelve sexual, sueñan con el sexo, piensan en el sexo. El sexo se convierte en su obsesión porque tratan de hacer algo que, aunque desde luego es lógico, no es realista. Y no viven más tiempo, se mueren antes.

Recientemente se ha descubierto que un hombre vive más tiempo si prolonga su vida amorosa lo más posible. Si un hombre puede hacer el amor a los ochenta años vivirá más tiempo. ¿Por qué? Porque cuanto más espiras, más inspiras. Así exactamente... Si quieres más vida, espira más para que puedas crear un vacío dentro y entre más aire. No pienses en inspirar. Simplemente espira tanto como puedas y todo tu ser inspirará. Ama más (amar es espirar) y tu cuerpo recogerá energía de todo el cosmos. Crea el vacío y la energía vendrá. Y lo mismo pasa con todos los procesos de la vida. Comes, pero si retienes el alimento, te estriñes. La lógica es correcta: simplemente no echas el aire. El estreñimiento es una elección a favor de coger aire y en contra de soltarlo. Casi todo ser civilizado está estreñido; puedes medir la civilización por el grado de estreñimiento. Cuanto más estreñido esté un país, más civilizado será, porque será más lógico. ¿Para qué soltar el aire? Sigue tomándolo. El alimento es energía. ¿Por qué echarla? Puede que no te des cuenta pero esto es el inconsciente volviéndose lógico y aristotélico.

Pero la vida es un equilibrio entre echar afuera e invitar adentro. Tú eres un pasaje. ¡Comparte!, ¡da!, y te será dado más. ¡Sé tacaño!, ¡no des!, y te será dado menos, porque necesitarás menos.

Recuerda y observa los procesos de tu vida. Si a pesar de todo sigues realmente interesado en entender la iluminación, acuérdate de dar para que te sea dado más; sea lo que sea. Deja salir el aire, expulsa más. Eso es lo que significa compartir, lo que significa dar.

Dar tu energía es un regalo, y a cambio se te da más. Pero la mente dice... Ella tiene su propia lógica, y Sosan a esta lógica la llama la enfermedad.

El Gran Camino no es difícil...
Tú lo haces difícil, *tú* eres difícil. El Gran Camino es fácil...
...para aquellos que no tienen preferencias.

No prefieras; simplemente permítele a la vida moverse. No digas a la vida: «Muévete de esta forma, ve hacia el norte, o ve hacia el sur». No lo digas; simplemente fluye con la vida. No luches contra la corriente, hazte uno con ella.

...para aquellos que no tienen preferencias.

El Gran Camino es fácil *para aquellos que no tienen preferencias*. Y tú tienes preferencias ¡acerca de todas las cosas! En todo pones tu mente. Dices: «Me gusta, no me gusta. Prefiero esto y no aquello».

Cuando ambos, amor y odio, están ausentes...

Cuando no tienes preferencias..., cuando todas las actitudes «a favor» y «en contra» están ausentes, ambos, amor y odio, están ausentes, a ti ni te gusta ni te disgusta algo, simplemente permites que todo ocurra...

...todo se vuelve claro y diáfano.
Sin embargo, haz la mínima distinción,
y el cielo y la tierra se distancian infinitamente.

Pero tu mente dirá: «Si no tienes preferencias te convertirás en un animal. Si no eliges, ¿cuál es la diferencia entre tú y un árbol?». Hay una diferencia, una gran diferencia; pero no la diferencia que trae la mente sino una que viene a través de la consciencia. El árbol vive sin elección, inconscientemente. Tú vivirás sin elección, conscientemente. Esto es lo que significa consciencia sin elección, y la mayor diferencia es que serás consciente de que no estás eligiendo.

Y esta consciencia te da una paz tan profunda..., te conviertes en un buda, un «Sosan», un «Chuang Tzu». El árbol no puede convertirse en un Chuang Tzu. Chuang Tzu es como un árbol, y algo más. Es como el árbol en lo que respecta a la elección, pero es absolutamente distinto del árbol en lo concerniente a la consciencia; es absolutamente consciente de que no elige.

Cuando ambos, amor y odio, están ausentes...

El amor y el odio; ambos colorean tu visión y entonces no puedes ver con claridad. Si amas a alguien empiezas a ver cosas que no existen. Ninguna mujer es tan hermosa como tú piensas cuando la amas, porque proyectas. Tú tienes en la mente una chica de ensueño y la proyectas. De alguna manera la chica real solamente hace de pantalla.

Por eso, tarde o temprano, todo amor llega a un punto de frustración, porque ¿cómo puede la chica seguir haciendo de pantalla? Ella es una persona real; se afirmará, dirá: «¡Yo no soy una pantalla!». ¿Durante cuánto tiempo puede ella encajar en tu proyección? Antes o después te darás cuenta de que no encajan. Al principio ella cedía, al principio tú cedías. Tú eras una pantalla para ella, ella una pantalla para ti.

La esposa de Mulla Nasrudin le decía (y lo he oído tantas veces): «Ya no me amas como me amabas antes, cuando me cortejabas». Mulla Nasrudin dijo: «Querida, no le des mucha importancia a esas cosas; sólo eran la campaña publicitaria. Yo he olvidado lo que decías, olvída tú lo que decía yo. Ahora somos seres reales».

Nadie puede pretender ser una pantalla de proyección para ti durante toda la vida porque es muy pesado. ¿Cómo puede alguien ajustarse a tu sueño? Él tiene su propia realidad, y la realidad se hace valer. Si amas a una persona, proyectas cosas que no existen. Si odias a una persona, de nuevo proyectas cosas que no existen. En el amor, la persona se vuelve un Dios. En el odio la persona se vuelve un demonio; y esa persona no es ni un Dios ni un demonio. Esa persona es simplemente ella misma. Esos dioses y diablos no son sino proyecciones. Tanto si amas como si odias no podrás ver con claridad.

Cuando el «me gusta» y el «no me gusta» no existen, tus ojos no están empañados, tienes claridad. Entonces ves al otro tal como es. Y cuando posees esa claridad de consciencia, toda la existencia te revela su realidad. Esta realidad es Dios, esta realidad es la verdad.

¿Qué significa esto? ¿Que un hombre como Sosan no amará? Su amor tendrá una cualidad completamente diferente; no será como el tuyo. Amará, pero su amor no será una elección. Amará, pero su amor no será una proyección. Amará, pero su amor no será un amor por su propio sueño. Amará lo real. Este amor por lo real es compasión.

Él no proyectará esto o aquello. No verá en ti un Dios o un demonio. Simplemente te verá, y compartirá porque tiene suficiente; y cuanto más compartes, más crece. Compartirá su éxtasis contigo. Cuando amas, proyectas. No amas para dar; amas para tomar, amas para explotar. Cuando amas a una persona intentas encajarla de acuerdo a ti, de acuerdo a tus ideas. Todos los maridos hacen esto, todas las esposas hacen esto, todos los amigos. Continuarás intentando cambiar al otro, al ser real, y el ser real no puede ser cambiado; sólo conseguirás frustrarte.

El ser real no puede cambiarse; lo único que pasará es que tu sueño se hará añicos y entonces te sentirás herido. No escuchas la realidad. Nadie está aquí para realizar tu sueño. Todo el mundo está aquí para realizar su propio destino, su propia realidad.

Un hombre como Sosan ama, pero su amor no es una explotación. Él ama porque tiene mucho amor, le desborda. No está creando un sueño alrededor de nadie. Comparte con cualquiera que aparezca en su camino. Su compartir es incondicional, de forma que no espera nada de ti. Si el amor espera algo sólo habrá frustración. Si el amor espera algo habrá desilusión. Si el amor espera algo habrá sufrimiento y locura.

Sosan dice: «No, ni amor ni odio. Simplemente ve la realidad del otro». Este es el amor de un buda: ver la realidad del otro, ver al otro tal como es, ver sólo la realidad; no proyectar, no soñar, no crear una imagen, no intentar encajar al otro de acuerdo a la imagen de uno.

Cuando ambos, amor y odio, están ausentes
todo se vuelve claro y diáfano.

La mente tiene que amar y odiar, y la mente tiene que luchar continuamente entre estas dos cosas. Si no amas ni odias, vas más allá de la mente. ¿Dónde está la mente entonces? Dentro de ti, cuando la elección desaparece la mente desaparece. Aunque digas: «Me gustaría estar en silencio», nunca estarás en silencio porque tienes una preferencia. Este es el problema. La gente viene y me dice: «Me gustaría estar en silencio, no quiero tener más estas tensiones». Me dan lastima; lástima porque lo que dicen es estúpido. Al *no* querer más tensiones crearás otras nuevas, porque este no-querer creará una nueva tensión. Y si deseas mucho el silencio, si lo persigues demasiado, el propio silencio se convertirá en tensión. Debido a ello sentirás más inquietud aún.

¿Qué es el silencio? El silencio es un profundo entendimiento; un entendimiento de que el fenómeno de elegir te causa tensión. Aunque lo que prefieras sea el silencio, te pondrás tenso.

Entiéndelo, siéntelo; siempre que prefieres algo, te pones tenso; cuando no prefieres, no hay tensión, estás relajado. Y cuando estás relajado, tus ojos poseen cierta claridad; no están velados por nubes y sueños. No se mueven pensamientos en la mente; puedes ver a través de ella. Y cuando puedes ver la verdad, ello te libera. La verdad libera.

Sin embargo, haz la más mínima distinción,
y el cielo y la tierra se distancian infinitamente.

Haz la más mínima distinción, la más mínima elección, y estarás dividido. Entonces tendrás un cielo y un infierno, y entre ellos dos serás aplastado.

Si quieres ver la verdad,
no mantengas ninguna opinión a favor o en contra.

Vive sin opiniones. Vive desnudo, sin ropa alguna, sin opiniones acerca de la verdad, porque la verdad detesta todas las opiniones. ¡Abandona todas tus filosofías, teorías, doctrinas, escrituras! ¡Abandona toda esa basura! Vive en silencio, sin elegir, con los ojos simplemente dispuestos a ver lo que hay, de ninguna manera esperando ver tus deseos realizados. No cargues con deseos. Se dice que el camino del infierno está completamente lleno de deseos, de buena voluntad, de esperanzas, de sueños, de arco iris, de ideales. El camino del cielo está absolutamente vacío.

¡Despréndete de todas las cargas! Cuanto más alto quieras llegar, más ligero tendrás que ir. Si quieres ir a los Himalayas tendrás que dejar toda la carga. Al final, cuando llegues al Gurisankar, al Everest, tendrás que dejarlo todo. Tendrás que ir completamente desnudo, porque cuanto más alto llegues, más ligero necesitarás estar. Y todas las opiniones son cargas. No alas. Sin opiniones, sin ninguna preferencia...

Si quieres ver la verdad,
no mantengas ninguna opinión a favor o en contra.

Si quieres saber la verdad no seas ni creyente ni ateo. No digas: «Dios existe», ni: «Dios no existe», porque lo que sea que digas se convertirá en un deseo profundo. Y proyectarás todo lo que haya oculto tras el deseo.

Si quieres ver a Dios como un Krishna con una flauta en sus labios, algún día lo verás; no porque Krishna esté ahí, sino tan sólo porque tienes una semilla de deseo que proyectas en la pantalla del mundo.

Si quieres ver a Jesús crucificado, lo verás. Lo que quieras se proyectará, pero es sólo un mundo de sueños; no te estás acercando a la verdad. No plantes ninguna semilla en tu interior: vive sin opinión, sin ningún pensamiento a favor o en contra, sin filosofía. Simplemente ve lo que hay. No lleves contigo ninguna mente. Vive sin mente.

Si quieres ver la verdad,
no mantengas ninguna opinión a favor o en contra.
La lucha entre lo que a uno le gusta y lo que le disgusta
es la enfermedad de la mente.

ESTA ES LA ENFERMEDAD DE LA MENTE: Lo que a uno le gusta y lo que le disgusta, a favor y en contra. ¿Por qué está la mente dividida? ¿Por qué no puedes ser uno? Te gustaría, desearías ser uno, pero continúas alimentando las divisiones, las preferencias, el «esto me gusta» y «esto no me gusta».

Precisamente el otro día vino una mujer y me dijo: «Bendíceme, por favor dame tus bendiciones». Pero me di cuenta de que estaba inquieta, preocupada, así que le pregunté: «¿Qué pasa?».

Ella dijo: «Es que ya estoy iniciada con otro maestro».

Un conflicto; ella quería mis bendiciones pero la mente le decía que yo no soy su maestro. Ella tiene otro maestro, entonces ¿qué hacer? Yo le dije que dejara a ambos. Hubiera sido más fácil si le hubiera dicho: «Deja al otro. Elígeme a mí». ¡Hubiera sido mucho más fácil!, porque entonces la mente podría continuar funcionando, pero el problema seguiría siendo el mismo. Cambiaría el nombre de la enfermedad, pero la enfermedad sería la misma. De nuevo, en algún lugar, surgiría la misma duda, la misma agitación. Pero si yo digo: «Deja a ambos»... Pues esa es la única manera de llegar a un maestro: no tener ninguna preferencia por esta vía o por aquella. Simplemente ir vacío. Simplemente ir sin ninguna opinión. Ve simplemente disponible, receptivo. ¡Sólo así se llega a un maestro! No hay otra forma. Y si el maestro va a ser la puerta a la verdad, tiene que ser así, porque esta es la preparación, esta es la iniciación.

Un maestro está para ayudarte a dejar las opiniones, a dejar la mente. Y si el propio maestro se convierte en una elección entonces también se convertirá en una barrera. De nuevo has vuelto a elegir, de nuevo has usado la mente. Y cuanto más usas la mente, más se refuerza, más fuerte se hace. No la uses.

Es difícil, porque dirás: «¿Y qué le ocurrirá a nuestro amor? ¿Qué va a ser de nuestro compromiso? ¿Qué va a ser de nuestras creencias? ¿Qué va a ser de nuestra religión, de nuestra Iglesia, de nuestro templo?». Estas son tus cargas. Libérate de ellas, y deja que ellas se liberen de ti. Te están manteniendo aquí, arraigado, y la verdad quiere liberarte. Liberado llegas, con alas llegas, sin peso llegas.

Sosan dice:

La lucha entre lo que a uno le gusta y lo que le disgusta
es la enfermedad de la mente.

¿Cómo curarse? ¿Hay alguna manera de superar esta enfermedad? No, no hay manera. Uno simplemente tiene que entenderlo. Uno simplemente tiene que mirar el hecho en sí mismo. Uno sólo tiene que cerrar los ojos y mirar en su propia vida; observarla. Y sentirá la verdad de Sosan. Y cuando sientes la verdad, la enfermedad desaparece. No hay ningún remedio para ella, porque si se te da algún remedio, ese remedio te empezará a gustar. Entonces olvidarás la enfermedad pero empezará a gustarte el remedio, y el mismo remedio se convertirá en la enfermedad.

No, Sosan no te dará ningún remedio, no te dará ningún método. No te sugerirá qué hacer. Simplemente insistirá una y otra vez, una y mil veces, en que entiendas cómo has creado toda esta confusión a tu alrededor, cómo has creado todo este sufrimiento. Y nadie más que tú lo ha creado; es la enfermedad de tu mente: preferir, elegir.

No decidas. Acepta la vida en su totalidad. Tienes que ver la totalidad: la vida y la muerte juntas, el amor y el odio juntos, la felicidad y la desgracia juntas, la agonía y el éxtasis juntos. Si los ves juntos, entonces ¿qué quedará para elegir? Si ves que son uno, entonces ¿por dónde va a entrar la elección? Si ves que la agonía no es otra cosa que éxtasis, y el éxtasis agonía; si puedes ver que la felicidad no es otra cosa que infelicidad; que el amor no es otra cosa que odio y el odio, amor; entonces ¿dónde elegir? ¿cómo elegir? Entonces la elección desaparece.

No es que tú la dejes. Si eres tú el que la dejas, se convertirá en una elección; esta es la paradoja. No supongas que tienes que dejarla, porque si la dejas, eso ya quiere decir que has elegido a favor y en contra. Ahora tu elección es la totalidad. Estás a favor de la totalidad y en contra de la división, pero la enfermedad ha entrado. Es algo muy sutil.

Simplemente entiende, pues la propia comprensión hace que la elección desaparezca. Nunca la abandonas. Simplemente te ríes... y pides una taza de té.

Cuando no se entiende el significado
profundo de las cosas,
se perturba en vano la paz esencial de la mente.

El Camino es perfecto, como el espacio infinito
donde nada falta y nada sobra.
De hecho, es debido a nuestra elección
de aceptar o rechazar que no vemos
la verdadera naturaleza de las cosas.
No vivas en los enredos de las cosas externas
ni en los sentimientos internos de vacío.
Manténte sereno, sin hacer esfuerzos,
en la unidad de las cosas,
y tales falsos conceptos desaparecerán por sí solos.
Cuando tratas de parar la actividad
para alcanzar la pasividad,
el propio esfuerzo te llena de actividad.
Mientras estés en un extremo o en el otro,
nunca conocerás la Unidad.

Aquellos que no viven en el Camino único
fracasan en ambas: actividad y pasividad,
afirmación y negación.

2

EL CAMINO ES PERFECTO

22 de octubre de 1974

UNAS CUANTAS COSAS antes de entrar en este sutra de Sosan. En Occidente, hace sólo unos años, hubo un hipnotizador francés, Emile Coué, que redescubrió una de las leyes básicas de la mente humana. La llamó «la ley del efecto contrario»; este es uno de los sutras más antiguos del pensamiento taoísta y del zen. Sosan está hablando de esta ley. Intenta comprenderla, y entonces sus palabras te serán fáciles de entender.

Por ejemplo, si no tienes sueño ¿qué harás? Tratarás de dormirte; harás esfuerzos, harás esto y aquello, pero todo lo que hagas tendrá justo el efecto contrario; no traerá lo que necesitas. Ocurrirá justo lo contrario, porque cualquier actividad, cualquier esfuerzo, irá en contra del sueño. Dormir es una relajación. No puedes provocarlo, no puedes hacer nada para que ocurra; no forma en absoluto parte de tu voluntad. Dormir es entrar en el inconsciente y tu voluntad es simplemente un fragmento de la consciencia. Cuando entras en el inconsciente, en lo profundo, dejas en la superficie la parte que es consciente, el fragmento que es la voluntad. No puedes llevar tu superficie a la profundidad, no puedes llevar tu circunferencia al centro.

Por eso cuando haces esfuerzos para dormir, estás haciendo algo autodestructivo. Estás haciendo algo que se convertirá justo en lo opuesto; te despertarás aún más. La única manera de entrar en el sueño es no hacer nada.

Si no viene, no viene. Espera... ¡No hagas nada! De otra forma lo alejarás aún más y crearás una distancia. Simplemente espera, apaga la luz, cierra los ojos, relájate y espera. Cuando llega, llega. No puedes provocarlo con ningún acto de tu voluntad; la voluntad está en contra del inconsciente.

Y esto ocurre con muchas cosas de la vida: que ocurre justo lo contrario. Si quieres estar en silencio, ¿qué harás?; porque el silencio es como el sueño. No puedes forzarlo. Sólo puedes permitir que ocurra, es un dejarse llevar, pero no hay forma de producirlo. ¿Qué harás si quieres estar en silencio? Si haces algo estarás aún menos en silencio.

Si quieres estar tranquilo, ¿qué harás?; porque quietud significa no-hacer. ¡Solamente flotas, solamente te relajas! Y cuando digo que solamente te relajas, quiero decir *solamente*. No hay que usar ningún método para relajarse, porque cualquier método significaría de nuevo que estás haciendo algo. Hay un libro que se titula *¡Tienes que relajarte!* Y el «tienes que» va justamente en contra de la relajación; el «tienes que» no se debería incorporar, si lo haces así te pondrás más tenso. Esta ley fue descubierta por Emile Coué, quien dijo: «Deja que las cosas ocurran, no las fuerces». Hay cosas que se pueden forzar; todo lo que pertenece a la mente consciente se puede forzar. Pero hay cosas que no: todo lo que pertenece al inconsciente, a tu profundidad, no se puede forzar.

Ocurre muchas veces: intentas recordar un nombre o un rostro y no lo consigues, aunque sientes que lo tienes justo en la punta de la lengua. La sensación es tan intensa que te parece que va a llegar en cualquier momento y tratas de que te venga a la memoria. Y cuanto más lo intentas, menos te viene. Hasta empiezas a sospechar si esta sensación es real. Pero lo sientes; todo tu ser te dice que está ahí, justo en la punta de la lengua. ¿Pero por qué no te viene si está justo ahí? No te saldrá. Hagas lo que hagas, no te saldrá.

Entonces te sientes frustrado, te desesperas y te olvidas del asunto. Sales al jardín y te pones a trabajar en él, o te pones a leer el periódico o enciendes la radio y escuchas música; y de repente te viene a la memoria. ¿Qué ha ocurrido?

Pertenecía al inconsciente, estaba en lo profundo de ti. Y cuanto más lo intentabas, más difícil se hacía; y cuanto más lo intentabas más se perturbaba el inconsciente. Entonces todo se volvió un caos, todo se removió. Estaba ahí, justo en la punta de la lengua, pero al tú estar tan activo intentando recordarlo... estabas usando la voluntad, y la voluntad no puede traer las cosas de tu profundidad. Sólo a través de la rendición puedes hacerlo, sólo cuando te dejas llevar.

Así que cuando te fuiste al jardín, al parque o empezaste a leer el periódico o a cavar un hoyo en el suelo o a escuchar música, te olvidaste completamente del asunto..., y de repente ahí lo tienes. Esta es la ley del efecto contrario. Recuerda, con el inconsciente la voluntad no sirve para nada; no es que no sirva para nada sino que además resulta peligrosa, perjudicial.

Lao Tse, Chuang Tzu, Bodhidharma y Sosan... son los maestros de esta ley del efecto contrario. Y esta es la diferencia entre el yoga y el zen. El yoga hace toda clase de esfuerzos y el zen no hace ninguno; y el zen es más auténtico que cualquier yoga. Pero el yoga te atrae, porque en lo que a ti concierne hacer es fácil; por muy duro que sea, hacer es fácil. No-hacer es difícil. Si alguien dice: «No hagas nada», te sientes perdido. Vuelves a preguntar: «¿Qué es lo que tengo que hacer?». Si alguien dice: «No hagas nada», esto es lo más difícil para ti. Si lo comprendieras, no sería así. No-hacer no requiere cualificación alguna. Puede que el hacer sí, puede que el hacer requiera práctica. No-hacer no requiere práctica alguna. Es por eso que el zen dice que la iluminación puede ocurrir en cualquier momento; porque no es cuestión de cómo alcanzarla, es cuestión de cómo permitirla. Es como el dormir: te relajas y ahí está, te relajas y ocurre. No estás permitiendo que ocurra porque tienes mucha actividad en la superficie.

¿Te has dado cuenta alguna vez del hecho de que casi el noventa por ciento de los niños nacen durante la noche, no durante el día? ¿Por qué? Debería ser el cincuenta por ciento. ¿Por qué más niños eligen la noche? Y ¿por qué el noventa por ciento? Porque por la noche la madre está inconsciente, relajada. Está durmiendo y el niño puede salir fácilmente.

Si ella está consciente, se esforzará, y entonces hará su presencia la ley del efecto contrario. Mientras la madre esté despierta, hará todos los esfuerzos posibles para poder sobrellevar el dolor, para que la cosa se acabe y el niño nazca. Y todo esfuerzo es una barrera; ella pone obstáculos. Cuanto más se esfuerza, más estrecho se hace el canal, y el niño no puede salir.

En las sociedades primitivas las madres no sienten ningún dolor cuando dan a luz, ningún dolor en absoluto. Es un milagro. Cuando, por primera vez, la ciencia médica occidental descubrió esto (que todavía existían sociedades primitivas en las que las madres no sufrían en absoluto) no se lo podía creer. ¿Cómo es posible esto? Entonces hicieron muchos experimentos, llevaron a cabo muchos proyectos de investigación, y se descubrió que todo se debe a que se trata de mujeres inconscientes. Viven como animales salvajes; no hay lucha, no hay conflicto, no hay esfuerzo. No quieren nada, simplemente flotan. Son primitivas, no tienen una mente muy consciente. Cuanto más civilizado eres, tu mente está más consciente. Cuanto más civilizado, más entrenada está tu voluntad, y tu inconsciencia se aleja cada vez más, hacia las profundidades, y entonces se crea una distancia.

Si hay algo que hacer, por difícil que sea, siempre podrás encontrar la forma de hacerlo, de cómo hacerlo. Puedes aprender la técnica; hay expertos que te pueden enseñar. Pero el zen no es algo que se le pueda enseñar a nadie. En Dios no hay expertos ni autoridades; no puede ser, porque no es una cuestión de saber cómo, de hacer, sino de relajarte en tu ser. Lo más importante te ocurrirá sólo cuando tú no estés ahí. Y si estás haciendo algo tendrás que estar ahí. El sueño llega cuando tú no estás ahí. La iluminación también sigue la misma regla; llega cuando no estás ahí. Pero cuando estás haciendo algo, ¿cómo vas a estar ausente al mismo tiempo? Si estás haciendo algo, estarás ahí. La acción alimenta el ego. Cuando no estás haciendo nada el ego no puede alimentarse. Simplemente desaparece, se muere, no está ahí. Y cuando el ego desaparece, desciende la luz.

Así que, lo que sea que hagas queriendo, será la propia barrera. Cuando estés aquí, en mis meditaciones, hazlas, pero no a base de voluntad. No las fuerces; es mejor que dejes que ocurran. Flota en ellas, abandónate en ellas. Déjate absorber, no pongas tu voluntad. No manipules, porque al manipular te divides, te conviertes en dos: el manipulador y el manipulado. Y una vez que eres dos, inmediatamente se crean el cielo y el infierno; entonces se abre una distancia enorme entre tú y la verdad. No manipules, deja que las cosas ocurran.

Si estás haciendo la meditación Kundalini, permite el movimiento; ¡no lo hagas! Quédate de pie en silencio, siéntelo llegar, y cuando tu cuerpo comience a temblar un poco, colabora, ¡pero no lo hagas! Gózalo, disfrútalo, permítelo, recíbelo, dale la bienvenida, pero no lo *hagas voluntariamente.*

Si lo fuerzas, se convertirá en un ejercicio, un ejercicio físico. Entonces aparecerá el temblor, pero sólo en la superficie. No te penetrará. En el interior permanecerás sólido, como una piedra, como una roca. Continuarás siendo el manipulador, el hacedor, y el cuerpo tan sólo te estará siguiendo. El cuerpo no es lo importante, lo importante eres *tú.*

Cuando digo muévete, quiero decir que se mueva tu solidez, tu ser rocoso debe sacudirse hasta los mismos cimientos para que así se vuelva líquido, fluido, para que se derrita y fluya. Y cuando el ser rocoso se vuelve líquido el cuerpo le sigue. Entonces no hay un alguien que lo mueva, sólo movimiento; entonces nadie lo está haciendo, sino que simplemente está ocurriendo. Entonces no hay un hacedor.

Disfrútalo, pero no lo hagas voluntariamente. Y recuerda, siempre que haces algo voluntariamente no puedes gozarlo. Esas dos cosas son contrarias, opuestas; nunca se encuentran. Si fuerzas algo no puedes disfrutarlo, si lo disfrutas no puedes forzarlo.

Por ejemplo, puedes forzar tu amor. Puedes hacerlo de acuerdo a los manuales, pero así no lo disfrutarás. Si lo quieres disfrutar tendrás que tirar todos los manuales, todos los Kinseys y los Masters & Johnsons; tendrás que tirarlos todos. Tendrás que olvidarte por completo de todo lo que has aprendido acerca del amor. Al principio te sentirás perdido, porque no tendrás ninguna guía, ningún mapa. ¿Por dónde empezar?

Simplemente espera..., deja que se mueva tu energía interior, entonces síguela adondequiera que te lleve. Puede que tarde un poco de tiempo, pero cuando el amor llega te sobrepasa. Ya no estás ahí. El amor está ahí pero no hay nadie que ame. El amor ocurre como una energía, pero en él no hay ego. Entonces es algo inmenso, es una gran liberación.

Entonces el amor se convierte en éxtasis, y descubres algo que sólo han conocido aquellos que han llegado a lo Divino. Descubres un pequeño fragmento de ella, un rayo de luz, una gota del océano; entonces te llega su sabor.

La meditación, Dios, la iluminación, el nirvana..., todo ello llega a la existencia a través del amor, porque a través del amor llega un destello. Y tan pronto como ese destello estuvo allí, algunas almas valientes emprendieron una aventura para encontrar la fuente de donde procedía. A través del amor se ha descubierto a Dios. Por eso, siempre que alguien le pregunta a Jesús: «¿Qué es Dios?», él contesta: «Dios es amor»; porque a través del amor llegan los primeros vislumbres.

Pero el proceso es el mismo: no puedes forzar el amor. Si lo fuerzas, pierde toda su belleza, todo se vuelve mecánico. Irás a través de todo el ritual, pero no ocurrirá nada. No habrá éxtasis; será algo que haya que hacer y acabar. Nunca llegará hasta tu centro, nunca sacudirá tus cimientos, nunca se convertirá en una danza interna. No será una vibración de tu ser, tan sólo será un acto superficial.

Recuerda, no se puede forzar el amor, ni tampoco la meditación. Deshazte de todos tus conocimientos, porque sólo te son necesarios cuando tienes que hacer algo. Pero cuando no tienes que hacer nada, ¿qué conocimientos se necesitan? No se necesita conocimiento alguno. Sólo se necesita una sensación, una especie de truco: cómo desaparecer, cómo dejar de ser. Y cuando digo «cómo» no me refiero a técnicamente, cuando digo «cómo» no me refiero a que tengas que conocer la técnica. Simplemente tienes que buscar esa sensación.

Voy a sugerirte dos cosas que te serán de ayuda. Una es dormir: intenta descubrir cómo ocurre el dormir, cómo entras en el sueño. Puede que tengas algún ritual, pero este ritual no causa el sueño, sólo lo ayuda. Todo el mundo tiene algún ritual. Los niños pequeños tienen sus rituales, alguna postura en particular. Cada niño tiene su propia postura. Puede que se meta el dedo en la boca... Eso no le causa el sueño, pero le ayuda; ese niño va encontrando su propio ritual. Pero si imitaras a ese niño no te dormirías.

Lo mismo ocurre con todas las técnicas de meditación; todo el mundo encuentra su propio ritual. El ritual te ayuda porque te da un determinado ambiente: apagas la luz, quemas cierto tipo de incienso en la habitación, usas algún cojín en particular, de cierta altura y suavidad; usas alguna esterilla especial, adoptas cierta postura... Todo eso ayuda, pero no es la causa. Si otra persona lo sigue, puede que hasta se convierta en un obstáculo para ella. Uno tiene que encontrar su propio ritual.

Un ritual es simplemente algo que sirve para ayudarte a estar más a gusto y poder esperar. Y cuando estás a gusto y esperas, ocurre. Dios llega a ti exactamente igual que el sueño, Dios llega a ti exactamente igual que el amor. No puedes desearlo, no puedes forzarlo.

Toda tu vida se ha convertido en un problema porque te has hecho experto en cómo hacer cosas. Te has vuelto muy eficiente con las cosas mecánicas porque son cosas que pueden hacerse, pero te has vuelto absolutamente inútil para las cosas humanas, porque esas cosas no se pueden aprender, no se pueden hacer técnicamente; porque no puedes hacerte experto en ellas.

Cuando lo que haya que hacer sea algo mecánico, puede haber un lugar donde puedas aprender a hacerlo, pero la consciencia no se puede formar. Y tú vas buscando gurús, vas tras esto o aquello, para encontrar alguna técnica, algún mantra con que iluminarte... No hay ningún mantra que te pueda iluminar.

Sosan dice que tendrás que ser más compasivo; este es el único mantra: menos voluntad y más fluidez, menos esfuerzo y más relajación; menos hacer desde el consciente y más nadar en el inconsciente.

Ahora trata de entender el sutra:

Cuando no se entiende el significado profundo de las cosas,
se perturba en vano la paz esencial de la mente.

SI ENTIENDES, habrá paz. Si no entiendes habrá desasosiego, tensión, angustia. El hecho de que alguien esté angustiado muestra que no ha entendido las cosas, el significado profundo de las cosas.

Y vas acusando a otros de que es por ellos que estás angustiado. Aquí nadie está angustiado por nadie. Estás angustiado debido a tu no-entender o a tu mal-entender.

Por ejemplo, alguien vino a mí; un hombre que estaba casado y tenía cinco hijos; y me dijo que estaba muy molesto porque su mujer discutía con él constantemente, intentaba dominarle y sus hijos no le hacían caso... «Su madre les influye y los niños le hacen caso a ella y a mí no. Soy un don nadie y esto me produce mucha angustia. Haga usted algo por mí. A través de su gracia haga que mi esposa se vuelva un poco más compasiva». Yo le contesté: «Eso es imposible. Ni a través de mi gracia ni a través de la gracia de nadie se puede hacer que el otro sea más compasivo. Se puede hacer que *tú* lo seas. Y cuando pides que el otro sea más compasivo es que no te estás enterando de nada. ¿Por qué te parece dominante tu mujer? Ella te parece dominante porque tú también estás luchando por dominar. Si no lucharas por dominar ella no te parecería dominante. Es una lucha, porque tú también quieres lo mismo. ¿Y qué hay de malo en que los niños prefieran a la madre? Nada. Pero tú quieres que los niños te prefieran a ti; de ahí la pelea».

¡Intenta comprender! Todo el mundo trata de dominar. Esa es la naturaleza del ego: hacer toda clase de esfuerzos para dominar al otro (no importa que el otro sea el marido, la esposa, los niños, o los amigos); para dominar, para encontrar las maneras y medios de dominar.

Y si todo el mundo trata de dominar, y tú también estás intentándolo, habrá lucha. La lucha no se debe a que otros estén tratando de dominar; la lucha se debe a que no tratas de entender cómo funciona el ego.

¡Salte de ahí! A los demás no se les puede cambiar, si tratas de cambiarlos estarás malgastando tu vida innecesariamente. Ese es *su* problema. Ellos serán los que sufran si no lo comprenden, ¿por qué tienes que sufrir tú? Simplemente comprende que todo el mundo trata de dominar y di: «Yo me salgo de esto, no voy a intentar dominar»... Tu lucha desaparecerá. Y ocurrirá algo muy hermoso.

Si no tratas de dominar, tu esposa empezará a sentirse ridícula, y poco a poco empezará a parecerse estúpida a sí misma; porque ya no está ahí el otro para poder pelearse con él. Cuando te peleas refuerzas el ego del otro, y esto es un círculo vicioso.

Cuando no peleas el otro siente que está luchando solo, en medio de un vacío: luchando contra el viento o contra un fantasma, pero no contra alguien. Y entonces le das al otro una oportunidad para que también él se dé cuenta, para que comprenda. Entonces tu esposa no podrá echar la responsabilidad sobre ti, tendrá que asumir la suya propia.

El problema es el mismo para todo el mundo porque la naturaleza humana funciona, más o menos, de una forma similar; las diferencias son únicamente de cantidad. Si intentas comprender, te conviertes en un marginado. No es que te margines de la sociedad, no es que te hagas *hippie* y te vayas a vivir a una comuna; no es eso. Lo que pasa es que psicológicamente ya no estás en esas funciones egóticas, en la dominación, en la agresión, en la violencia, en la ira. Ya no formas parte de eso. Entonces se crea cierta distancia, cierto desapego. Ahora puedes ver las cosas y reírte...: ¡qué tonto es el hombre! Y te puedes reír...: ¡qué ridículo has sido hasta ahora!

Se dice de Rinzai que por la mañana cuando se levantaba se reía a carcajadas, tan estruendosamente que todo el monasterio (habría allí unos quinientos discípulos) lo oía. Y al irse a dormir por la noche, se volvía a reír a carcajadas de nuevo.

Mucha gente le preguntaba de qué se reía, pero no respondía y se volvía a reír. Cuando se estaba muriendo alguien le preguntó: «Dinos una cosa: ¿por qué te has reído cada mañana y cada noche, durante toda tu vida? Nadie sabe por qué, y siempre que te preguntábamos te volvías a reír. Este es el único misterio. Por favor revélanoslo antes de dejar el cuerpo».

Rinzai dijo: «¡Me reía de la estupidez del mundo. Por la mañana me reía porque de nuevo había entrado en el mundo y toda la gente a mi alrededor era estúpida. Y por la noche me volvía a reír porque un día más había pasado tan estupendamente!».

Te reirás, no estarás angustiado. Todo a tu alrededor es muy ridículo, pero no te das cuenta porque eres parte de ello. Estás tan implicado en ello que no puedes darte cuenta. La ridiculez no puede verse a menos que se tome cierta distancia, cierto desapego.

Sosan dice:

Cuando no se entiende el significado profundo de las cosas,
se perturba en vano la paz esencial de la mente.

Y no consigues nada, no llegas a ningún sitio, simplemente te inquietas. ¿Dónde has llegado? ¿Qué has sacado de tu ansiedad, de tu tensión, de tu inquietud? ¿Qué eres? ¿Adónde vas? No se consigue nada..., *en vano*.

Aunque ganes algo con ello... te puede parecer que a través de tus molestias estás consiguiendo algo. No consigues nada. Al contrario, pierdes algo. Pierdes los preciosos momentos que pueden volverse bienaventurados, el tiempo precioso, la energía, la vida en la que podrías haber florecido. Y no floreces.

Pero siempre piensas (este es el punto de vista de la ignorancia), siempre piensas: «Todo el mundo está equivocado, y si pudiera cambiarlo sería feliz». No serás feliz nunca, no *puedes* ser feliz; esta es la base de la desdicha. Una vez que comprendes que cambiar el mundo entero no es responsabilidad tuya, lo único que puedes hacer es cambiarte a ti mismo.

Bayazid, un místico sufí, escribió en su biografía: «Cuando yo era joven pensaba y le decía a Dios: "Dame fuerza para cambiar el mundo entero", y esto era la base de todas mis oraciones. Me parecía que el mundo entero estaba equivocado. Yo era un revolucionario y quería cambiar la faz de la Tierra.

»Cuando me hice un poco más maduro empecé a rezar: "Por lo visto eso es demasiado. Se me está yendo la vida de las manos; ya se me ha ido casi la mitad y no he cambiado ni a una sola persona, qué decir del mundo entero". Así que le dije a Dios: "Con mi familia será suficiente. Déjame cambiar a mi familia".

»Y cuando me hice viejo, me di cuenta de que hasta mi familia era mucho pedir, además ¿quién soy yo para cambiar a nadie? Entonces me di cuenta de que si me pudiera cambiar a mí mismo sería suficiente, más que suficiente. Le recé a Dios: "Ahora he llegado a la verdadera cuestión. Al menos permíteme hacer esto: me gustaría cambiarme a mí mismo".

»Y Dios contestó: "Ahora ya no queda tiempo. Eso lo tenías que haber pedido al principio. Entonces todavía había una posibilidad".

Todo el mundo pide esto al final. El que lo pide al principio, ha entendido la naturaleza de las cosas. Este comprende que aun cambiar uno mismo no es una tarea fácil. Eres todo un mundo dentro de ti; llevas en ti el mundo entero. Todo lo que existe, existe en tu interior. Eres todo un universo, no una cosa pequeña; si este cambio puede ocurrir lo habrás conseguido. De otra manera:

Cuando no se entiende el significado profundo de las cosas,
se perturba en vano la paz esencial de la mente.

El Camino es perfecto, como el espacio infinito
donde nada falta y nada sobra.
De hecho, es debido a nuestra elección de aceptar o rechazar
que no vemos la verdadera naturaleza de las cosas.

El Camino es perfecto, como el espacio infinito
donde nada falta y nada sobra.

TODO es como debería ser; sólo tienes que serenarte, tú eres lo único que está inquieto. Todo es como tendría que ser..., *nada falta y nada sobra.*

¿Puedes imaginarte un Universo mejor que este? Si eres sabio no podrás, si eres un tonto sí que podrás. Nada puede ser mejor que esto, tal como es. El único problema es que no estás a gusto con ello. Deja que tu energía se repose y *el Camino es perfecto, como el espacio infinito donde nada falta y nada sobra.* Todo está en equilibrio. Tú eres el único problema; el mundo no es en absoluto el problema. Esta es la única diferencia entre una mente política y una mente religiosa, y todos tenéis mentes políticas. La mente política piensa: «Yo estoy perfectamente bien, todo lo demás está mal». Y así empieza uno a cambiar el mundo; así surge un Lenin, un Gandhi, un Hitler, un Mao.

La mente política piensa: «Todo está mal, si se arreglara todo sería maravilloso».

La mente religiosa piensa: «Yo soy lo único que no está en paz. Todo lo demás es tan perfecto como podría ser».

El Camino es perfecto, como el espacio infinito donde nada falta y nada sobra. Todo es como debería de ser, absolutamente equilibrado. Solamente tú dudas, solamente tú no sabes adónde ir, sólo tú estás dividido. Simplemente piensa: si el ser humano desapareciera de la Tierra, el mundo sería absolutamente perfecto, absolutamente hermoso; no habría ningún problema.

Los problemas llegan con el ser humano, porque la manera en que este ve las cosas puede ser errónea; porque el ser humano tiene consciencia. Y esta consciencia crea problemas. Al ser consciente, puedes decir: «Esto está bien y esto está mal». Al ser consciente, puedes decir: «Esto es feo y esto es hermoso».

Esta consciencia no es suficiente. Si se hace mayor, si se convierte en un círculo, en pura consciencia, entonces de nuevo todo vuelve a su cauce.

Nietzsche dijo (y él tiene muchos puntos de vista interesantes que revelar) que los seres humanos somos puentes, no seres. Que somos un puente; algo que hay que cruzar. No puedes construir una casa sobre un puente. Eso es lo que Jesús dice: «Atraviésalo. No construyas tu casa sobre él, es sólo un puente».

La frase de Nietzsche es: «El ser humano es sólo un puente entre dos eternidades: la eternidad de la naturaleza y la eternidad de Dios». Todo es perfecto en la naturaleza, todo es perfecto en Dios. El ser humano es un puente, está justo en la mitad; mitad naturaleza y mitad Dios. Ese es el problema; está dividido.

El pasado le pertenece a la naturaleza, el futuro le pertenece a Dios. Tenso, como una cuerda tirante entre dos eternidades. Unas veces moviéndose hacia la naturaleza y otras moviéndose hacia Dios; a veces este camino, a veces el otro; en un constante temblor y agitación, sin reposo.

Serénate. Y cualquier camino servirá. Chuang Tzu está a favor de asentarse de nuevo en la naturaleza. Si te asientas en la naturaleza te vuelves igual que Dios, te conviertes en Dios. Buda está a favor de ir hacia adelante, hacia Dios; entonces te asentarás. Vuelve atrás, o ve hasta el final, pero no te quedes en el puente.

Lao Tse y Chuang Tzu dicen que hay que regresar a la naturaleza, al Tao. Shankara, Buda y Jesús dicen que hay que seguir hacia adelante, que hay que pasar a través del puente, alcanzar lo Divino. Esto puede parecer muy paradójico, pero no lo es; porque ambos extremos son lo mismo, el puente es un círculo.

Tanto si regresas como si avanzas alcanzarás la misma meta, al mismo lugar de paz. Lo que sea que elijas... Si sientes que dejarte llevar te es imposible, entonces sigue a Patanjali; el esfuerzo, la voluntad, el luchar por algo, el buscar; entonces avanzarás. Si sientes que puedes entender la ley del efecto contrario, no sólo entenderla sino dejarla actuar en tu interior, entonces sigue a Sosan, a Chuang Tzu; regresa. Pero no te quedes donde estás; en el puente estás dividido. En él no te sentirás a gusto, en él no puedes construir tu hogar. Un puente no es lugar para un hogar. No es un destino, es solamente algo por donde pasar.

Nietzsche dice que el ser humano es algo que se tiene que transcender, que no es un ser. Los animales tienen ser, Dios tiene ser, pero el ser humano aún no tiene ser: es sólo una transición, un estado transitorio, el paso de una perfección a otra; y mientras tanto, permanece dividido.

Sosan dice: «Regresa»; y si me lo preguntas a mí, diré que Sosan es más fácil que Patanjali. Al final ocurrirá lo mismo. El mucho esfuerzo te conducirá al sin-esfuerzo, y el no-esfuerzo también te llevará al sin-esfuerzo; porque el esfuerzo no es el fin, el esfuerzo sólo puede ser el medio. No puedes continuar haciendo esfuerzos continuamente. Te esfuerzas para alcanzar un estado en el que no haya esfuerzos.

Con Patanjali, el esfuerzo es el camino, la relajación la meta; el esfuerzo es el medio, la relajación el fin. Con Sosan, la relajación es el medio y la relajación es el fin. Con Sosan, el primer paso es el último; con él no hay distinción entre los medios y los fines. Pero con Patanjali sí la hay; tienes que dar muchos pasos.

Así que con Patanjali la iluminación será gradual. Con Sosan la iluminación puede ser instantánea, en este mismo momento; de repente. Si puedes entender a Sosan entonces no hay nada más hermoso. Pero si no puedes entenderle, entonces solamente Patanjali es el camino.

El Camino es perfecto, como el espacio infinito
donde nada falta y nada sobra.
De hecho, es debido a nuestra elección de aceptar o rechazar
que no vemos la verdadera naturaleza de las cosas.

Aceptamos o rechazamos, es por eso que no podemos ver la verdadera naturaleza de las cosas. Entonces metes tus ideas, tus opiniones, tus prejuicios, y lo coloreas todo. Sólo tienes que ver; de una forma pura, con una mirada sin ideas, con una mirada sin ningún rechazo o aceptación. Con una mirada pura, como si tus ojos no tuvieran una mente detrás, como si tus ojos fueran solamente espejos. Ellos no dicen: «Hermoso. Feo». Un espejo simplemente refleja lo que se pone ante él; no tiene prejuicios.

Si tus ojos tienen una no-mente detrás, si simplemente reflejan, si sólo miran, si no dicen: «Esto es bueno o esto es malo», si no condenan, si no aprecian, entonces todo es tan claro como pueda ser, no hay nada que hacer. *Esta* claridad, esos ojos sin prejuicios ni opiniones..., y te has iluminado.

Entonces no hay ningún problema que resolver, entonces la vida ya no es un dilema. Es un misterio que vivir, que gozar, una danza que bailar. Entonces no estás en ningún conflicto con ella, entonces no hay nada que tengas que hacer aquí. Entonces simplemente disfrutas, eres feliz.

Esto es lo que significa el cielo: un lugar en donde no se espera de ti que hagas nada, en donde no tratas de conseguir felicidad; donde la felicidad es algo natural, donde la felicidad te empapa. Esto puede ocurrir aquí y ahora. Le ha ocurrido a Sosan, me ha ocurrido a mí, te puede ocurrir a ti. Si puede ocurrirle a una persona, puede ocurrirle a todas.

No vivas en los enredos de las cosas externas
ni en los sentimientos internos de vacío.
Manténte sereno, sin hacer esfuerzos, en la unidad de las cosas,
y tales falsos conceptos desaparecerán por sí solos.

No dividas lo exterior y lo interior. Sosan dice: «No digas "Estoy interesado en lo exterior"». Hay dos tipos de personas y ambos sufren. C. G. Jung divide la humanidad en dos categorías: a una la llama la de los extrovertidos, y a la otra la de los introvertidos. Los extrovertidos están interesados en lo externo. Es gente activa, mundana; que persigue la riqueza, el prestigio, la posición, el poder. Se convierten en políticos, se hacen reformadores sociales, se vuelven grandes líderes, grandes industriales. Están interesados en cosas, en el mundo exterior; no están interesados en ellos mismos. Y luego están los introvertidos. Ellos no son personas muy activas. Si tienen que hacer algo lo hacen, pero no tienen una inclinación a hacerlo. Lo que les gustaría sería quedarse con los ojos cerrados. Se hacen poetas, místicos, meditadores, gente contemplativa. No les interesa el mundo, solamente están interesados en ellos mismos; cierran los ojos e introvierten sus energías. Pero Sosan dice que ambos están equivocados porque ambos están divididos.

En su interior, una persona que sea extrovertida siempre sentirá que le falta algo. Puede que llegue a ser muy poderosa; pero en el fondo sentirá impotencia, frustración. En lo externo podrá haber acumulado mucha riqueza, pero en su interior se sentirá pobre. Puede haber triunfado en el mundo; pero en el fondo, si indagas, sabe que ha fracasado. Está desequilibrada, le ha concedido demasiada atención a lo externo. Se ha estado moviendo en un extremo, y siempre que uno se va a un extremo hay un desequilibrio.

Y el que se ha hecho poeta, el ser contemplativo, el místico, el que siempre ha estado consigo mismo, también sentirá que le falta algo, porque es pobre en el mundo exterior. Y el mundo exterior también es hermoso. Hay flores y estrellas, sale el sol, los ríos fluyen, y las cascadas cantan. Es pobre porque ha negado todo el Universo; ha vivido innecesariamente en su propia cueva cuando podría haber salido y conocido los muchos misterios, los infinitos misterios que hay a su alrededor. Ha permanecido cerrado, cerrado en sí mismo, encarcelado. Ambos son extremos.

Evita los extremos. No hagas ninguna distinción entre lo exterior y lo interior, y no te conviertas en ninguno de los tipos de Jung, ni en el extrovertido ni en el introvertido.

Sosan dice: «Fluye, sé equilibrado». El exterior y el interior son igual que la pierna derecha y la pierna izquierda. ¿Por qué elegir una? Al elegir una de ellas, todo movimiento se para. Son como los dos ojos: si eliges uno serás capaz de ver, pero tu visión ya no será tridimensional, perderá la profundidad. Tienes dos oídos: puedes usar sólo uno, puedes hacerte a la idea de que oyes mejor por el oído izquierdo o por el oído derecho, pero así te perderás mucho. Entonces la mitad del mundo estará cerrado para ti.

El interior y el exterior son sólo dos ojos, dos oídos, dos piernas; ¿por qué elegir? ¿Por qué no usar ambos sin elegir? Y ¿por qué dividir? ¡Si tú eres uno! La pierna izquierda y la pierna derecha sólo son dos en apariencia. Tú fluyes con las dos; la misma energía, el mismo ser. Ves con los dos ojos. ¿Por qué no usar lo interno y lo externo y equilibrarlos? ¿Por qué irse a un extremo?

Recuerda, no solamente ha sido la gente la que se ha ido a un extremo, también las sociedades enteras se han ido a algún extremo. Oriente ha permanecido introvertido, de ahí su pobreza. ¿Y quién es responsable de ello? Millones de personas se mueren cada día; incluso los vivos tampoco están realmente vivos: están medio desnutridos. ¿Quién es el responsable de esto? Los introvertidos, los místicos, los poetas, los que han hablado demasiado del mundo interior y condenado el mundo exterior, los que han dicho: «Lo externo no es para nosotros», los que han dicho: «Lo externo no es importante», los que han dicho: «El exterior es algo pecaminoso. Vive en el interior». Han elevado lo interno por encima de lo externo, y así han perdido el punto de equilibrio.

Oriente ha creado introvertidos, pero ha perdido toda la belleza externa. En Oriente sólo se ve suciedad por todas partes. Sé lo difícil que es para un occidental venir y vivir en la suciedad de la India. Está sucia; ¿y quién es el responsable? ¿Por qué tanta suciedad? ¿Por qué tanta enfermedad? ¿Por qué tan poca higiene y tanta desnutrición? Porque se ha descuidado lo externo.

Hemos estado interesados en purificar el interior, así que: «¿Por qué preocuparse por la suciedad exterior? Déjala estar. Es algo material, nada de lo que haya que preocuparse. Estamos interesados en la pureza interior. ¿Por qué molestarse con el cuerpo? ¿Por qué molestarse por los demás?».

El resultado es que Oriente está desequilibrado de una forma y Occidente de otra. Occidente es extrovertido. Ha creado una riqueza como nunca antes había habido, ha creado mucha limpieza en el exterior, mejores ropas (hasta un emperador sentiría envidia), mejor comida, mejores condiciones higiénicas, hermosos ambientes, mejor de todo, pero todo extrovertido. Mientras, el ser interior es pobre, el ser interior está vacío.

Por eso Oriente le está enseñando a Occidente acerca del ser interior. Los gurús orientales enseñan a Occidente cómo meditar, y los gurús occidentales le enseñan a Oriente cómo ser mejores ingenieros, mejores electricistas, cómo planificar mejor sus ciudades, cómo crear riqueza, cómo avanzar tecnológicamente, cómo elevar su calidad de vida. Así que si tienes que estudiar medicina, tendrás que ir a Occidente; y si tienes que aprender meditación, tendrás que venir a Oriente.

Ambos son extremos, y ambos peligrosos. Los extremos siempre son peligrosos. Y el peligro radica en que se cambien las tornas y Oriente pueda volverse materialista y Occidente espiritual. Y hay muchas posibilidades de que esto ocurra, porque ahora Oriente se está volviendo comunista (lo cual es el extremo del materialismo) y Occidente se está volviendo muy espiritual. Ahí está el peligro, en que cambien las tornas. Si estás harto del mundo exterior, quieres ir hacia adentro, necesitas un viaje interior.

Puedes hacer el viaje interior. Fíjate en los *hippies*; son el futuro de Occidente. Están en contra de la tecnología (son del mismo tipo que ha devastado todo el Oriente, que está en contra de la tecnología, que está en contra de la limpieza exterior; son del tipo introvertido. No puedes encontrar gente más sucia que los *hippies*: ni se bañan ni se mudan de ropa. Dicen que esas son cosas externas); ellos están en el viaje interior. Están interesados en la meditación, pero no en la higiene; no.

La misma tontería, el mismo extremismo, el mismo opuesto. Es atractivo, porque cuando has vivido en un extremo la mente dice: «Ahora vete al otro extremo porque este no te ha satisfecho. Este extremo ha fracasado, vete al extremo opuesto». Pero recuerda, es fácil ir de un extremo a otro, pero los extremos nunca satisfacen. Fíjate en Oriente: el extremo de lo interior no ha satisfecho, también ha sido un fracaso. No es una cuestión de interior o exterior, es una cuestión de equilibrio. El equilibrio es lo que tiene éxito, el desequilibrio es lo que fracasa.

Lo externo y lo interno no son dos. ¿Dónde comienza lo interno y dónde lo externo? ¿Puedes hacer una demarcación, puedes hacer una línea divisoria? ¿Puedes decir: «Aquí acaba lo interno y comienza lo externo»? ¿Dónde? No están divididos. Esas divisiones pertenecen a la mente. El interior y el exterior son uno: el exterior es sólo la prolongación del interior, el interior es sólo la penetración del exterior. Son uno; dos manos, dos piernas, dos ojos de un solo ser.

¿Está lo externo fuera de Dios? No puede ser, porque nada puede estar fuera de Dios, nada puede estar fuera de él. El todo tiene que incluir lo externo y lo interno. Para el todo no existe tal cosa como el exterior y el interior. Esto es lo que Sosan dice. Sus palabras son:

No vivas en los enredos de las cosas externas
ni en los sentimientos internos de vacío.
Manténte sereno, sin hacer esfuerzos, en la unidad de las cosas,
y tales falsos conceptos desaparecerán por sí solos.

Algunas personas vienen a mí (y la mente es muy astuta) y me dicen: «Quisiéramos que nos iniciaras pero sólo interiormente, no exteriormente. No hace falta que cambiemos de ropas.* ¿Por qué el cambio tiene que ser externo? ¡Es solamente algo interno!». No saben lo que están diciendo. ¿Dónde empieza lo interno?

Cuando comes nunca dices: «Es algo interno». Cuando tienes sed y bebes agua, nunca dices: «Es algo interno». La sed es algo interno, así que ¿por qué tomar agua del exterior? Pero ¿dónde acaba el agua y dónde comienza la sed? Porque si bebes agua la sed desaparecerá, así que esto quiere decir que hay un encuentro; en algún punto el agua del exterior se encuentra con la sed del interior. De otra forma ¿cómo iba a desaparecer la sed?

Tienes hambre y comes. La comida es algo exterior y el hambre es algo interior; ¿para qué tomar comida que pertenece al exterior para calmar el hambre que pertenece al interior? ¿Por qué ser tan tonto? Toma algo del interior. Pero en el interior no hay alimentos. El hambre es interior, la comida es exterior, pero la comida va a algún lugar y cambia de territorio. Se convierte en tu sangre, en tus huesos. Se convierte en la misma materia de la que está hecha tu mente, se convierte en tu pensamiento.

La comida se transforma en pensamiento. Y si la comida se transforma en tu pensamiento, recuerda, también se transforma-

* En las fechas en que Osho daba estos discursos, iniciarse implicaba que toda la ropa que se usara fuera de color azafrán. *(N. de los T.)*

rá en tu no-pensamiento. La comida se convierte en tu mente, en tu meditación. Sin mente, ¿puedes meditar? Sin mente, ¿cómo te convertirás en no-mente? Sin pensar, ¿cómo vas a dejar el pensar? La mente es un alimento muy sutil, la no-mente es el más sutil de los alimentos; pero no hay división.

Así que cuando quieres iniciarte hasta el color transciende el territorio. Comienza desde el exterior y poco a poco va penetrando hasta lo más profundo. Colorea tu mismo ser; hasta la ropa toca tu alma. Así es como tiene que ser, porque lo interno y lo externo no son dos, son uno. Un simple gesto; aparentemente externo, va al mismo ser, procede de allí. Recuerda, no te engañes y no dividas la existencia. La existencia es indivisible.

Cuando amas a una persona te gustaría abrazar su cuerpo. No dices: «Te amo, pero te amo internamente». Aquí había una muchacha obesa, muy muy obesa. Ella me dijo: «Yo tengo solamente un amigo y también me dice: "Solamente amo tu espíritu, no tu cuerpo"».

Ella se sentía muy herida, porque cuando le dices a una persona: «Sólo amo tu alma, no tu cuerpo», ¿qué quiere decir? Cuando amas a una persona la amas en su totalidad, no puedes hacer divisiones. Este truco es muy ingenioso. Ese muchacho en realidad no ama a la chica, está engañándose. Lo que quiere decir es: «No te amo», pero no puede decir eso.

Si no quieres iniciarte, ¡no te inicies! Pero no te engañes, no trates de hacerte el listo. No digas: «Esto es algo externo y yo quisiera algo interno».

En la existencia, lo externo se encuentra con lo interno, lo interno se encuentra con lo externo; son dos alas de un solo ser. Ningún pájaro puede volar sólo con una ala, ningún ser puede crecer con un ala solamente; se necesitan las dos. Este mundo necesita de Dios tanto como Dios necesita de este mundo. Este mundo no puede existir sin Dios; ni tampoco Dios puede existir sin este mundo.

Hay un rabino que me encanta; su nombre es Baal Shem, y es un místico judío, uno de los pocos iluminados judíos. Solía decir en todas sus oraciones: «Recuerda, tú me necesitas a mí tanto como yo te necesito a ti. ¿Dónde estarías tú sin Baal Shem? Yo te necesito a ti, tú también me necesitas a mí. ¿Qué sería de ti sin Baal Shem? ¿Quién te rezaría?».

Recuérdalo. Él sabe algo y tiene razón. El interior necesita del exterior, porque el exterior no es otra cosa que la prolongación del interior. El exterior necesita del interior, porque el interior no es otra cosa que el centro de la periferia.

¿Puede existir un centro sin periferia? ¿Puede existir una periferia sin centro? Es imposible. ¿Cómo puede existir un centro sin circunferencia? Si existe un centro, si lo llamas centro, en ese mismo instante aparecerá una circunferencia. ¿Y cómo puede existir una circunferencia sin un centro? Puede que no sea visible pero está ahí, de otra forma la circunferencia no podría existir. Entonces, si te fijas correcta y profundamente, la circunferencia no es otra cosa que la extensión del centro, y el centro no es otra cosa que la semilla de la circunferencia; condensada, concentrada, en esencia.

No vivas en los enredos de las cosa externas
ni en los sentimientos internos de vacío.
Manténte sereno, sin hacer esfuerzos,
en la unidad de las cosas,
y tales falsos conceptos desaparecerán por sí solos.
Cuando tratas de parar la actividad
para alcanzar la pasividad,
el propio esfuerzo te llena de actividad.
Esta es la ley del efecto contrario.
Cuando tratas de parar la actividad
para alcanzar la pasividad,
el propio esfuerzo te llena de actividad.
Mientras estés en un extremo o en el otro,
nunca conocerás la Unidad.
Aquellos que no viven en el Camino único
fracasan en ambas: actividad y pasividad,
afirmación y negación.

NO TRATES DE SER PASIVO, porque el esfuerzo es parte de la actividad. Nadie puede tratar de ser pasivo. ¿Entonces qué hacer? Sé totalmente activo, así es como llega la pasividad. Le sigue como una sombra, ha de seguirle. Piensa perfectamente y así llegará el no-pensar. No puedes dejar de pensar. No se puede dejar nada que esté incompleto, sólo puede dejarse lo perfecto. De hecho, lo perfecto se deja a sí mismo automáticamente.

Sé activo; la propia actividad crea la situación en la que la pasividad ocurre. Si has estado activo durante todo el día, totalmente activo en cualquier cosa que hayas estado haciendo... Cavando un hoyo en el jardín, o trabajando en una fábrica o en una tienda, o enseñando en una escuela; lo que sea que estés haciendo hazlo totalmente, y cuando caiga la tarde y se ponga el sol, una pasividad descenderá sobre ti. Esa pasividad es hermosa, tan hermosa como la actividad. ¡No hay nada que elegir! Ambas cosas son hermosas, y ambas se necesitan.

No trates de ser pasivo. ¿Cómo puedes tratar de ser pasivo? Puedes sentarte como un buda, pero esa pasividad será sólo superficial. En el fondo estarás intranquilo, hirviendo, como un volcán; en cualquier momento puedes entrar en erupción. Puedes forzar al cuerpo a sentarse en silencio; ¿pero cómo vas a forzar al ser? El ser es y es y es. Es por eso que no puedes dejar de pensar. La gente se sienta en *zazen* durante años, durante veinte, veinticinco años, seis horas seguidas cada día, tan sólo para tratar de silenciar la mente, y continúa esforzándose y esforzándose.

De ahí mi énfasis en las meditaciones activas. Son un equilibrio. Primero sé activo, tan totalmente que la pasividad le siga automáticamente. Cuando has estado activo y se ha movido toda la energía, quieres descansar. Si no has estado activo, ¿cómo va a llegar el reposo? La lógica dirá algo absolutamente distinto. La lógica dirá: «Reposa durante todo el día, y así podrás descansar maravillosamente por la noche».

Mulla Nasrudin fue a ver a su médico. Entró tosiendo. El médico le dijo: «¿Todavía tosiendo? Pero parece que la tos suena mejor». Nasrudin dijo: «Normal, me he pasado toda la noche practicando».

Si reposas durante todo el día, no esperes tener sueño por la noche. El reposo no te traerá más descanso; por el contrario lo que trae es actividad. Entonces, al tumbarte en la cama, empezarás a pensar y a moverte de un lado a otro. Te pasarás la noche haciendo ejercicio. Y si fuerzas al cuerpo a reposar, entonces la mente tendrá que sustituirlo y tendrás pesadillas.

No. Un hombre sabio se equilibra y sabe que la vida se equilibra a sí misma. Si haces una cosa (pero totalmente sin que quede nada por hacer, habiendo disfrutado de la actividad con toda la energía) entonces el descanso es automático, le sigue. Y cuando disfrutas del descanso le sigue la actividad, porque cuando reposas recuperas energía, te rejuveneces. Todo el cuerpo se llena, rebosa energía. Ahora tienes que compartirla de nuevo, tienes que liberarla con actividad. Y luego te volverás a llenar de nuevo.

Es como las nubes: tienen que dejar caer la lluvia y luego se volverán a cargar; el océano está ahí para cargarlas. Tienen que descargarse, llover, y de nuevo volverse a cargar. El río tiene que descargarse en el océano y de nuevo se volverá a cargar. Cuanto más se descargue, más se llenará.

Sosan dice: «Sé totalmente activo, sólo así serás capaz de ser totalmente pasivo». Entonces los dos extremos se encuentran y se alcanza un equilibrio sutil. Este sutil equilibrio es *sanyaktva*, este sutil equilibrio es la tranquilidad. Este sutil equilibrio es la paz *más elevada* que pueda existir, la cima, el clímax, el crescendo, porque cuando dos cosas se equilibran (el exterior y el interior, la actividad y la pasividad) de repente transciendes ambas. Cuando ambas se equilibran, tú ya no eres ni esto ni aquello. De repente eres una tercera fuerza: el observador, el testigo. Pero no puedes luchar por conseguirlo.

Cuando tratas de parar la actividad
para alcanzar la pasividad,
el propio esfuerzo te llena de actividad.
Mientras estés en un extremo o en el otro,
nunca conocerás la Unidad.

¡Transciende los extremos! No seas ni un hombre mundano ni lo que llaman un hombre espiritual. No seas creyente ni seas ateo. No te vuelvas loco con las riquezas del mundo externo ni te obsesiones con la tranquilidad interior. Equilíbrate; el equilibrio debe ser la motivación.

Aquellos que no viven en el Camino único fracasan en ambas: actividad y pasividad, afirmación y negación.

Y ESTE ES EL RESULTADO: aquellos que eligen los extremos fracasan en ambos, porque si continúas siendo activo y activo, sin permitir la pasividad, ¿cómo te vas a revitalizar? Te acabarás volviendo un caparazón vacío, impotente, inútil, estéril. Eso es lo que les ocurre a los llamados triunfadores en el mundo, a los políticos, a los Presidentes, a los Primeros Ministros. Para cuando han llegado a tener éxito, ya lo han perdido todo, ya no están ahí. Han triunfado, pero en el camino se han vendido a sí mismos; ya no son ellos mismos. Y lo mismo les ocurre a los que eligen lo interior, los introvertidos. Cuando llegan a su interior, sólo encuentran un caos a su alrededor. Si eliges un extremo, fracasarás en ambos. Si no eliges, triunfarás en ambos. El equilibrio triunfa, el extremo fracasa. A este equilibrio Buda lo llama el camino del medio, *majihim nikaya,* y Confucio lo llama el camino dorado.

Permanece en el medio. Este es el oficio, el arte más elevado: estar justo en el medio, sin elegir, sin irse a la izquierda ni a la derecha. No seas ni de derechas ni de izquierdas; quédate justo en el medio. Si estás exactamente en el medio transciendes el mundo. Entonces ya no eres ni un hombre ni una mujer. Eso es lo que Jesús dice. Entonces ya ni eres un ser materialista ni un ser espiritual. Entonces ya ni estás vivo ni estarás muerto. Ni esto ni aquello; el puente ha sido cruzado. Has alcanzado la meta. Y la meta no está en algún lugar en el futuro, está aquí entre los dos extremos. Ni odio ni amor...

Recuerda, siempre que te encuentres con dos extremos, no elijas. Trata de encontrar un equilibrio entre ambos. Al principio, debido al hábito, será difícil.

Ocurrió una vez que:

Mulla Nasrudin estaba enfermo y fue hospitalizado. Al rato alguien llamó a la puerta y entró una mujer de aspecto enérgico.

Ella dijo: «Soy su médico. Desnúdese, he venido a examinarle».

Mulla preguntó: «¿Del todo?».

La doctora contestó: «Sí, del todo».

Así que se desnudó. La mujer lo examinó. Y luego le dijo: «Ya puede usted acostarse. ¿Tiene alguna pregunta que hacer?».

Mulla Nasrudin contestó: «Sólo una: ¿por qué se ha molestado en llamar a la puerta?».

La mujer respondió: «La fuerza de la costumbre».

Los viejos hábitos persisten hasta en tus gestos. Los hábitos son fáciles de mantener porque no necesitas ser consciente de ellos; se mantienen por sí solos. Ser consciente es difícil, porque para ti nunca ha sido un hábito.

Eliges fácilmente; condenas y aprecias fácilmente; rechazas y aceptas con mucha facilidad. Dices: «Esto está bien, o esto está mal», con demasiada facilidad, porque se ha convertido en un hábito a través de miles de vidas; siempre has estado eligiendo. Es un fenómeno mecánico.

Sin ninguna consciencia, en el momento en que ves algo, ya lo has juzgado y decidido. Ves una flor y dices: «Es hermosa», o: «No es hermosa». Inmediatamente entra el juicio (con la percepción, entra el juicio) entonces nunca serás capaz de permanecer en el medio.

Alguien que fue a ver a Chuang Tzu le comentó, refiriéndose a un hombre del pueblo: «Es un pecador, un hombre realmente malo, un ladrón»; y le criticó en muchos sentidos

Chuang Tzu le escuchó y luego dijo: «Pero toca la flauta maravillosamente».

Luego llegó un segundo hombre (el primero estaba todavía allí sentado) y le dijo refiriéndose al mismo hombre: «Es un excelente flautista».

Chuang Tzu dijo: «Pero es un ladrón».

Ambos estaban presentes, así que exclamaron: «¿Qué quieres decir?».

Chuang Tzu dijo: «Sólo estaba equilibrando la cosa un poco; y además ¿quién soy yo para juzgar a nadie? Ese hombre es un ladrón y un buen flautista. Para mí no hay ni rechazo ni aceptación. Yo no hago ninguna elección. Él es lo que es. ¿Quién soy yo para juzgar o elegir un extremo u otro? Para mí no es ni bueno ni malo. Él es él mismo y sólo a él le concierne. ¿Quién soy yo para decir nada? Si digo algo es tan sólo para equilibraos a vosotros dos».

Es difícil no elegir, pero inténtalo; en todo... Cuando sientas odio, trata de irte al medio. Cuando sientas amor, trata de irte al medio. Lo que sea que sientas intenta irte al medio. Y te sorprenderás de que hay un punto entre cada dos extremos donde ambos dejan de ser; donde no sientes odio ni sientes amor. Esto es lo que Buda llama *upeksha*, indiferencia. Indiferencia no es la palabra adecuada.

Upeksha quiere decir: un punto tan en el medio que no eres ni esto ni aquello. No puedes decir «Amo», ni «Odio». Sencillamente no puedes decir nada, estás simplemente en el medio. No te identificas. Ocurre una transcendencia, y esa transcendencia es el florecimiento. Esa es la madurez que hay que alcanzar, la meta.

Negar la realidad de las cosas

es no ver su realidad;

afirmar el vacío de las cosas

es no ver su realidad.

Cuanto más hablas y piensas acerca de ello,

más te alejas de la verdad.

Deja de hablar y de pensar,

y no habrá nada

que no puedas saber.

3

LA VERDAD NO SE PUEDE BUSCAR

23 de octubre de 1974

LA REALIDAD ESTÁ JUSTO AHÍ, siempre esperando cerca de tu corazón, cerca de tus ojos, cerca de tus manos. Puedes tocarla, puedes sentirla, puedes vivirla, pero no puedes «pensarla». Se puede ver, se puede sentir, se puede tocar; pero no se puede «pensar». Intenta entender la naturaleza del pensamiento. El pensamiento siempre es acerca de, nunca es directo. Puedes ver la realidad, pero si piensas en ella tendrá que ser *acerca de* y ese «acerca de» es la trampa, porque cuando piensas acerca de algo ya te has alejado de ello. «Acerca de» quiere decir indirectamente. «Acerca de» quiere decir que no verás la flor aquí y ahora, que pensarás acerca de ella, y ese «acerca de» se convertirá en una barrera. A través de este «acerca de» nunca llegarás a *esta* flor.

Ver es algo directo, tocar es algo directo; pero pensar es algo indirecto. Es por eso que el pensar no toca la realidad. Un amante puede conocer la realidad, hasta un bailarín puede conocerla, un cantante puede sentirla, pero un pensador sigue sin tocarla.

He oído acerca de un filósofo judío. Era un campesino ordinario pero muy filosófico. Se llamaba Yossel. Pensaba acerca de todo, como suelen hacer los filósofos. Le era muy difícil hacer nada porque el pensar llenaba todo su tiempo, y cuando por fin estaba listo ya había pasado la oportunidad.

Una vez fue al mercado de una aldea cercana para vender su trigo. Le dijo a su esposa: «En cuanto haya vendido el trigo, te mandaré un telegrama». Vendió el trigo obteniendo una gran ganancia, y luego fue a mandar el telegrama; entró en la oficina de correos, rellenó el impreso de envío y empezó a pensar en qué poner.

Escribió: «Trigo vendido provechosamente. Llego mañana. Amor y besos, Yossel».

Entonces empezó a reflexionar y pensó: «Mi esposa se va a creer que me he vuelto loco. ¿Por qué "provechosamente"? ¿Acaso vendería el trigo con pérdidas?». Así que tachó la palabra "provechosamente". Entonces se preocupó más aún porque, si había cometido un error con una palabra, puede que hubiera cometido otros errores. Así que volvió a leerlo todo parándose a pensar en cada palabra. Y pensó: «¿Por qué poner: "Llego mañana"? ¿Acaso voy a regresar el mes que viene? ¿El año que viene? Ella ya sabe que voy a regresar tan pronto como haya vendido el trigo». Así que tachó las palabras "llego mañana".

Más tarde pensó: «Mi esposa también sabe que he venido a vender el trigo, ¿entonces para que escribir: "Trigo vendido"? Y también tachó eso.

Entonces se echó a reír y dijo: «Le estoy escribiendo a mi propia esposa, ¿para qué le voy a poner "amor y besos"? ¿Acaso le estoy escribiendo a la esposa de otro? ¿Acaso es su cumpleaños o algo por estilo?». Y también tachó eso.

Ya sólo quedaba su nombre: Yossel. Y se dijo a sí mismo: «¿Yossel, te has vuelto loco? Tu mujer ya sabe tu nombre». Así que rompió el telegrama, contento de haberse ahorrado un dinerillo y algunas palabras sin sentido.

Pero así es como son las cosas: si vas pensando «acerca de», te pierdes la vida entera; poco a poco vas tachándolo todo. Y al final hasta tú acabas tachado; no solamente quedan tachadas las palabras, sino que al final hasta tú quedas tachado. El pensar se convierte en humo; todo se vuelve humo y se acaba.

Hacer algo se vuelve imposible; ni siquiera puedes mandar un telegrama. La acción se vuelve imposible porque es algo directo, y el pensar es algo indirecto. Nunca se encuentran.

Este es el problema que hay en el mundo. La gente que piensa, nunca actúa; y los que no piensan, actúan. El mundo es un caos. Los estúpidos continúan actuando porque nunca piensan, se meten de cabeza en todo. Los Hitlers, los Napoleones, los Maos, siempre están haciendo cosas, y la gente sabia, los llamados pensadores (Aristóteles, o Kant, o Hegel), siempre están pensando y nunca hacen nada.

El problema para un hombre que busca la realidad es cómo parar el círculo vicioso del pensar y aun así ser consciente. Porque los estúpidos tampoco piensan, pero no son conscientes. Sé consciente; la energía que va al pensar tiene que volverse consciencia. La consciencia que se mueve en un círculo vicioso al pensar tiene que conservarse, tiene que purificarse. El pensar tiene que parar, el girar de la consciencia tiene que parar, pero la consciencia no. La consciencia tiene que cristalizarse y la acción tiene que permanecer, la acción no debe parar.

Al unir la consciencia y la acción inmediatamente alcanzas la realidad. Y no sólo tú, sino que crearás una situación en la que otros también podrán encontrar la realidad. Te convertirás en el ambiente, en el clima alrededor del cual las cosas empezarán a ocurrir. Esto es lo que ocurrió con Buda, con Sosan, con Chuang Tzu.

Recuerda: la acción es buena; el pensar es un círculo vicioso, nunca te lleva a ninguna parte. Así que hay que dejar de pensar pero no de actuar. Hay gente que continuará pensando; dejará de hacer. Eso es lo que ocurre cuando una persona renuncia a la vida, se va a la selva, a los Himalayas. Renuncia a la acción, no al pensar. Renuncia al mundo en el que se necesita la acción. Renuncia a la propia realidad, porque es a través de la acción que te pones en contacto con la realidad. Ver es una acción, moverse es una acción, danzar es una acción, pintar es una acción. Cuando haces cualquier cosa, sea lo que sea, te pones en contacto con la realidad.

Tienes que volverte cada vez más sensible en tu hacer. No hay que renunciar a la acción; la acción tiene que estar totalmente presente, porque ese es el puente a través del cual tú te mueves en la realidad y la realidad se mueve en ti. Intenta comprenderlo, porque esto es algo muy básico; básico para mí: renuncia al pensar, no renuncies a la acción.

Hay gente que piensa y piensa, hay gente que renuncia a actuar. ¿Pero qué van a hacer en los Himalayas? Allí toda la energía, al no ser usada en la acción, se irá al pensamiento. Se harán grandes filósofos. Pero la filosofía es una tierra de tontos; se vive en palabras, no en realidades. El amor desaparece, sólo queda la palabra «amor». Dios desaparece; porque él estaba en los campos, en el mercado, en el mundo, y ahora tan sólo queda la palabra «Dios». Las acciones desaparecen y sólo quedan los conceptos. Tu cabeza se convierte en todo tu ser.

Evítalo. Nunca renuncies a la acción, renuncia solamente al pensar. Pero si renuncias al pensar cabe la posibilidad de que te vuelvas inconsciente o de que te conviertas en un estúpido. Puede que empieces a hacer cualquier cosa, puesto que ahora no sabes qué hacer y tampoco piensas. Puedes volverte loco. Uno tiene que renunciar a pensar, pero no tiene que hacerse menos consciente, más inconsciente. Al contrario, tienes que hacerte más consciente.

En esto consiste todo el arte de la meditación: en cómo estar totalmente en la acción, cómo renunciar al pensar, cómo convertir en consciencia la energía que se empleaba en pensar.

Va a ser algo muy delicado y sutil, porque si das un sólo paso en falso caerás en la ignorancia infinita.

ES FÁCIL dejar de pensar, pero entonces te dormirás. Esto es lo que ocurre cada día en los momentos de sueño profundo: renuncias, dejas de pensar; pero entonces dejas de estar presente, abandonas la consciencia. Tu consciencia se ha identificado enormemente con el pensar, así que siempre que dejas de pensar caes en coma.

Y ese es el problema. Uno *tiene* que dejar de pensar y al mismo tiempo *no* caer en coma, porque el coma no te llevará a la realidad. Al volverte inconsciente no vas a la realidad, simplemente te duermes: el consciente se ha disuelto en el inconsciente. Y tiene que ocurrir justo lo contrario: el inconsciente tiene que disolverse en el consciente. Si el consciente cae en el inconsciente, tú caes en un coma, y si el inconsciente penetra en el consciente y se convierte en el propio consciente, te iluminas, te conviertes en un buda, en un «Sosan».

Y es muy fácil ayudar a la consciencia a que caiga en la inconsciencia, porque la consciencia es una parte muy pequeña. Una décima parte de tu ser es consciente, y las nueve partes restantes son inconscientes. Sólo una pequeña parte se ha vuelto consciente, y hasta esa parte está siempre oscilando. Puede caer en cualquier momento, es muy fácil.

Así es como ocurre cuando te intoxicas: tomas alcohol, y la consciencia cae en la inconsciencia. De ahí la atracción hacia el alcohol a través de todos los tiempos y en toda clase de climas y países. Esto es lo que ocurre cuando tomas cualquier droga: la consciencia cae en la inconsciencia. Es hermoso porque se deja de pensar. Dormir es hermoso, tienes muchos sueños. Y si eres un buen soñador entonces la droga te dará hermosos sueños; fantásticos, más coloridos que cualquier otro sueño, más luminosos. Te vas al paraíso, al mundo de los sueños, pero no vas a la realidad.

El LSD, la marihuana, la mescalina o cualquier otra droga, solamente te producen un buen dormir, y al dormir bien, sueñas. Esos sueños están llenos de color, y tu vida es tan pobre y está tan llena de sufrimiento que prefieres vivir esos sueños a vivir en esta miserable vida. Preferirías (si esta fuera la única elección) vivir en un hermoso sueño antes que vivir en esta vida miserable. Esta vida es como una pesadilla. Aunque lo único que te dé la droga sea un sueño luminoso, lleno de color, tridimensional, ¿por qué no tomarla? Porque ¿qué hay en esta vida? Y como la vida es tal caos prefieres los sueños.

Las drogas, el alcohol, o cualquier otra clase de sustancia embriagadora, han sido usados siempre por la gente religiosa. Pero a través de ellos nunca se alcanza la realidad. A través de ellos caes en un estupor, en un coma. Y en este coma puedes soñar. Y si has estado pensando mucho en Dios, puedes ver a Dios, porque puedes proyectar tus propios sueños. Los sueños se pueden guiar, dirigir. Si has estado pensando mucho en Cristo, entonces bajo la influencia de la droga se te aparecerá Cristo. Es tu propia mente jugando contigo. Si has estado muy apegado a Krishna entonces ahí estará él, de pie, con la flauta en sus labios, bailando y cantando. Si un hindú, un devoto de Krishna, toma LSD, verá a Krishna, y un cristiano verá a Jesús, y un budista a Buda; pero eso tan sólo son proyecciones de la mente.

La realidad es triste, pero no persigas sueños, porque si eso es lo que quieres sólo hay una manera de hacerlo: ayudar a la consciencia a volverse inconsciente de nuevo.

Una pequeña parte ha salido de la inconsciencia, y esa es la belleza del ser humano. La agonía y el éxtasis de haberse convertido en una isla en medio de la inmensidad de la inconsciencia, pero esta es su belleza. Esta isla tiene que crecer más y más hasta convertirse en un continente. A través de las drogas se sumergirá de nuevo bajo el agua, vivirás de nuevo como los animales, o como los árboles, que son hermosos en sí mismos, pero cuya forma de vida no es digna de ti porque de esta manera pierdes mucho. Y podrías haber alcanzado la realidad; esta isla podría haberse convertido en un continente.

Pero esto no ocurre solamente con las drogas; existen también otros medios sutiles para hacer que el consciente se vuelva inconsciente. Por ejemplo a través de la música, a través de cánticos. Si repites un mantra continuamente te dormirás, porque cualquier cosa monótona te llevará al coma.

Existen medios sutiles, aparentemente diferentes a las drogas. Se usan en todos los templos, en todas las iglesias; y en los templos y en las iglesias están en contra de las drogas, sin darse cuenta de lo que están haciendo. También allí se está usando una droga muy sutil, no tan burda como el LSD o la marihuana, pero aún así es una droga; porque al repetir una cierta palabra continuamente, te produce sueño, no puede producirte otra cosa.

Te relajas. El mismo canturreo te produce un profundo aburrimiento. Al repetir la misma palabra (*ram*, *ram*, *ram*) una y otra vez... ¿Qué otra cosa podría ocurrir? Porque la mente solamente permanece atenta si ocurre algo nuevo, si no la mente se va a dormir. Si está ocurriendo algo nuevo, la mente está alerta.

Si no ocurre nada nuevo, sólo *ram, ram, ram,* un canturreo, y sabes que va a seguir así infinitamente, la mente empieza a dormirse.

Todas las madres lo saben. Cuando el niño no se duerme le repiten algún estribillo, muy simple, de dos o tres palabras, y lo repiten una y otra vez; una canción de cuna. Se convierte en un mantra, y el niño se duerme. A la mente le ocurre lo mismo (no importa que seas un niño o un anciano), a la mente se la pone a dormir con canciones de cuna; pero el proceso es el mismo.

Hay que parar el pensar, pero no volviéndose inconsciente. Hay que parar el pensar haciéndose más consciente, más alerta, más atento, dándose uno más cuenta, para que la energía que se pone en el pensar se mueva hacia ser consciente y surja en ti un testigo. Así que recuerda, no hay que parar el pensar a través de cánticos, sino convirtiéndose en un testigo del proceso del pensar; mirándolo, observándolo, siendo un observador en la distancia, siendo alguien que observa desde lo alto, desde la colina, mirando, viendo...

Si miras y penetras profundamente en las palabras, empezarán a desaparecer. Se formará un lapso, un intervalo. Las nubes desaparecerán y se verá el cielo azul. Entonces estarás alerta, sensible; no en coma. Se disolverá más inconsciencia en la consciencia; tu llama crecerá, más alta, más viva, y podrás ver más, tocar más, oler más. Y tus acciones desarrollarán una nueva cualidad, la cualidad de la divinidad.

Cuando un buda te toca, su forma de tocar es diferente. Tú también tocas, también sientes algunas veces la diferencia. Tocas a un hombre de una forma casual, le das la mano pero él no está presente. Sientes que su mano está muerta, cerrada; te saluda con una mano muerta. Puedes sentir que te han dado la mano pero que no te la han dado; que ha sido algo diplomático. La mano no estaba viva, no tenía calor, no se encontraba y se fundía con la tuya. En cambio otras veces te dan la mano con amor, y entonces hay una fusión, la energía fluye a través de esa mano, es una apertura. A través de la mano el ser viene a encontrarse contigo. Es cálida, está viva, confía en ti.

Cuando un buda te toca, es absolutamente distinto, la cualidad ha cambiado. Porque siempre que la consciencia es total, absoluta, todas las acciones se vuelven totales. Cuando toca, todo su ser se convierte en tacto. No es ninguna otra cosa. Todo su ser está en el tacto, todo su ser fluye en él. No está en ningún otro lugar más que en el tacto.

En *ese* momento él no es ni ojos ni oídos; en ese momento todo su ser se transforma en tacto. Se vuelve todo tacto, y te sentirás iluminado a través de su tacto; una energía se ha movido en ti. Si no estás preparado para ello puede que hasta te provoque una conmoción desagradable. Si estás preparado, entonces lo disfrutarás, te maravillará.

Cuando un buda te mira, todo su ser se convierte en ojos. No puede ser de otra manera, porque no está dividido en su interior. Cuando miras, miras y a la vez haces muchas otras cosas. El pensar prosigue, y por eso estás dividido. Tus ojos no son totales.

Cuando un buda te mira, sus ojos son totales. Son como un sol brillante. Te penetran, hacen un agujero en tu ser, van directamente a tu corazón. Si le dejas, nunca serás el mismo otra vez. O por el contrario, puedes permanecer cerrado y él no podrá penetrarte. Aunque te toque, tocará un cadáver; puedes quedarte cerrado.

Cuando la consciencia está presente, y hay acción, la consciencia y la acción se vuelven una totalidad. Ahora intenta comprender estas palabras, son muy hermosas.

Negar la realidad de las cosas
es no ver su realidad;
afirmar el vacío de las cosas
es no ver su realidad.

Negar la realidad de las cosas...

HA HABIDO FILÓSOFOS que han negado la realidad de las cosas. Fíjate bien, esto se puede hacer de dos maneras. Hay una historia preciosa.

Ocurrió una vez:

Akbar, el gran emperador mongol, dibujó una línea en la pared y le dijo a sus sabios que sin tocarla la hicieran más corta. Se quedaron perplejos y pensaron: «¡Eso es imposible!».

Entonces uno de sus sabios, Birbal, dibujó una línea más larga al lado de la otra, sin tocar la primera. Y al dibujar la línea más larga, la otra se volvió más corta.

Si dibujas una línea más pequeña entonces la primera se volverá mayor. Así que hay dos maneras. Una es hacer tu ser más grande; entonces el mundo se va volviendo cada vez más pequeño..., y llega un momento en el que tu ser se convierte en la totalidad, en *Brahma,* y el mundo desaparece, deja de existir. Y la otra manera..., esa otra manera es simplemente una artimaña, es empezar a decir que el mundo es una ilusión, *maya,* que no existe, que no está ahí. Negar la realidad del mundo e ir convenciéndose de que no existe, de que no es, de que es irreal, de que es sueño. Así que te convences de que el mundo es un sueño; y entonces sientes que eres real, pero ese sentimiento no es verdadero. Es tan sólo una ilusión.

La filosofía siempre hace eso; dice que el mundo no es real. Consulta a los védicos. A Shankara le ocurrió de una forma diferente. Shankara realizó su ser: se volvió infinito, entonces el mundo desapareció, porque no puede haber dos infinitos. Si te vuelves infinito, el mundo desaparece, lo absorbes, porque dos infinitos juntos no son posibles, sólo puede haber un infinito.

Shankara se convirtió en el infinito, *Brahma,* lo absoluto; entonces pudo decir que el mundo es ilusorio, y estaba en lo cierto. Pero esto no era un argumento filosófico, era un sentimiento religioso. Él lo sintió así, sintió que el mundo no existía. Pero entonces sus seguidores se hicieron con la canción y la han estado cantando durante mil años. Ellos dicen que el mundo es ilusorio, que es *maya,* que no existe. Que no está ahí, que sólo existe en apariencia.

A través de la filosofía puedes llegar a creer que sí..., puedes ir descartando, puedes convencerte de que no existe, puedes tratar de encontrar pruebas y argumentos que demuestren que es ilusorio. Y puedes convencer a tu mente de ello, y tendrás un sentimiento, un falso sentimiento, de que te has convertido en *Brahma*. *Tienes* que convertirte en *Brahma*, entonces el mundo se vuelve ilusorio, no viceversa. ¿Cómo te vas a volver *Brahma* si el mundo se vuelve ilusorio? Y no puede volverse ilusorio porque es tan sólo un concepto; piensa en ello.

Los védicos siguen diciendo que el mundo es ilusorio, pero obsérvalos. Si les tiras una piedra, se enfadarán, se pelearán contigo. El mundo no es una ilusión; lo que ellos tienen es sólo un concepto, una filosofía. Y los filósofos pueden ser muy astutos.

Ocurrió una vez que:

Un seguidor de Nagarjuna... Nagarjuna fue uno de los más grandes místicos que ha tenido la India: se hizo consciente de su ser infinito, y el mundo se disolvió. Entonces llegaron los seguidores, y los seguidores son siempre copias, están destinados a serlo; a no ser que traten de penetrar en la realidad de ellos mismos y no tomen las palabras de su maestro como dogma.

Las palabras del maestro simplemente inspiran, provocan, ayudan, pero no se deben tomar como dogma, si no se convertirán en una filosofía. Tienes que realizarlas. Y cuando las realizas, sólo entonces puedes decir: «Sí, el maestro tenía razón». ¿Cómo puedes decirlo antes? Pero es fácil mover la cabeza filosóficamente: «Sí».

Llegaron los seguidores y uno de ellos, un gran filósofo, un hombre de muchos argumentos, demostró de muchas maneras que el mundo no existe.

Fue llamado por el rey del país pues su nombre había llegado hasta la corte, y cuando acudió, el rey le preguntó: «¿De verdad crees que el mundo es irreal? Piénsatelo bien, porque yo soy un hombre peligroso. Yo no soy un hombre de palabras, soy un hombre de acción. Y haré algo que probará que el mundo no es irreal. Así que piénsatelo dos veces».

El hombre respondió: «No es cuestión de volvérmelo a pensar, lo he pensado millones de veces y estoy absolutamente convencido de que el mundo es irreal».

Pero el filósofo no era consciente de lo que el rey iba a hacer. El rey tenía un elefante que estaba loco; mandó llevarlo al patio y allí mismo metieron al filósofo. Este comenzó a correr y a gritar perseguido por el elefante. El elefante le alcanzó. Y en ese momento comenzó a suplicarle al rey: «¡Sálveme! El elefante es real. ¡Retiro todo lo que he dicho!».

Cuando fue salvado estaba temblando, sudando, lleno de moratones y sangrando por muchas partes. Cuando se recuperó de nuevo fue llamado ante el rey. El rey le preguntó: «¿Y ahora qué es lo que tienes que decir?».

Él contestó: «El mundo es irreal».

El rey dijo: «¿Qué quieres decir? Cuando el elefante iba a matarte, dijiste que el mundo era real. ¿Y ahora cambias de opinión de nuevo?».

El filósofo contestó: «El elefante, el hombre, lo que dije: todo es irreal. El elefante, la locura del elefante, el hombre que ves delante de ti, el hombre que afirmó que el mundo era real: todo es irreal».

El rey dijo: «Entonces mandaré traer de nuevo al elefante».

Y el filósofo replicó: «Entonces volverá a ocurrir lo mismo otra vez: diré que es real. ¿Qué otra cosa puedo hacer?».

La filosofía puede ser muy astuta. Puedes seguir engañándote a ti mismo y convencerte de que el mundo es irreal. ¿Pero qué necesidad hay de probar nada o de convencer a nadie? La necesidad surge porque no sabes. Cuando sabes, no hay necesidad de convencer a nadie ni de discutir ni de demostrar nada. La filosofía es un sucedáneo del conocimiento. Si sabes, no hay ninguna necesidad de filosofar. Si no sabes, entonces sí hay necesidad, porque el conocimiento obtenido a través de la filosofía parece que fuera un verdadero conocimiento. No es cuestión de demostrar que el mundo es irreal.

Este sutra dice:

Negar la realidad de las cosas
es no ver su realidad...

Y su realidad es Dios, su realidad es la verdad. Ahí está el árbol. Si niegas su realidad niegas lo Divino en él, niegas la verdad en él. El árbol es un hecho; un hecho es sólo lo que recubre la verdad. El pájaro es otro hecho, pero la verdad es la misma. Algunas veces la verdad se presenta en forma de pájaro, otras en forma de árbol, otras en forma de roca, y otras en forma de hombre. Todas ellas son formas.

Los hechos son formas, pero en cada hecho, si profundizas, está la verdad. Si niegas todas las formas, niegas el interior sin forma. Si dices que nada es real, entonces ¿cómo puede lo Divino, cómo puede Dios ser real? Si dices que este mundo es ilusorio, entonces ¿cómo va a ser real el creador de este mundo ilusorio? ¿Cómo puede un Dios real crear un mundo irreal?

Es imposible, porque la realidad viene de la realidad; la irrealidad surge de la irrealidad. Un Dios real no puede crear un mundo irreal. Y si el mundo es irreal, el creador también será irreal. Si niegas la factibilidad de las cosas, entonces niegas la verdad.

El sutra de Sosan dice:

Negar la realidad de las cosas
es no ver su realidad...

Y esta realidad es verdad.

...afirmar el vacío de las cosas
es no ver, de nuevo, *su realidad.*

Y si dices que las cosas existen pero que están vacías, también esa es una postura filosófica; un poco mejor que la primera. La primera dice que el mundo entero es irreal, que no es, que no existe; que sólo existe en tu mente, y en ningún otro lugar; que es una proyección de tu mente, un pensamiento, que es como un sueño. La otra filosofía, que es un poco mejor, dice que las cosas existen, pero que están vacías. Que no tienen ningún ser en ellas, que no tienen sustancia. Que están muertas, vacías por dentro. Que tan sólo son combinaciones; sin ningún ser. Que el árbol está ahí, pero sólo como una combinación; el árbol no tiene ser, no tiene *atman*. Si separas sus partes no quedará nada. Es como un mecanismo: si desmontas una máquina en piezas, no queda nada.

Esto tampoco es verdad, porque el árbol existe como un ser, no como un compuesto. Hasta una roca tiene su propio ser. Cuando te vuelvas más sensible y observador verás que hasta una roca tiene sus estados de ánimo. Entonces cuando la roca esté feliz podrás sentir su felicidad, cuando esté infeliz podrás sentir su desdicha, y hasta cuando cante podrás sentir su canción.

Pero *tú* necesitas muchísima sensibilidad porque, si ahora ni siquiera puedes escuchar la canción de un buda, ¿cómo vas a poder escuchar la canción de una roca? Estás ciego y sordo, eres insensible y lerdo.

No eres consciente; tu consciencia es un fragmento tan pequeño que se agota en los hechos diarios, en la rutina diaria. Eres sólo lo suficientemente consciente para llegar a la oficina y regresar a casa sin tener ningún accidente en el camino; sólo esa cantidad de consciencia tienes. Pero no puedes sentir la roca, no puedes sentir el árbol.

Ahora los científicos están descubriendo que los árboles tienen tal grado de sensibilidad que no te puedes ni imaginar. Los árboles le dan la bienvenida a la gente si esta es amistosa, y se cierran si es hostil. Si quien viene es el jardinero que va cortando y podando, los árboles se cierran. Aun antes de que él llegue..., en cuanto entra en el recinto, todo el jardín se cierra, porque viene el enemigo.

Gracias a profundas investigaciones, un científico llegó a la conclusión de que los árboles no sólo notan tus acciones, sino hasta tus pensamientos. Estaba trabajando en un experimento con una planta a la que habían conectado, mediante unos cables, a unos instrumentos sensibles a sus reacciones interiores. Y pensó: «¿Qué le pasará a la planta si la parto por la mitad?». La aguja del instrumento comenzó a oscilar frenéticamente; la planta había sentido el pensamiento.

Entonces hizo muchos otros experimentos. No había llegado a cortar la planta, no la había dañado; ¡tan sólo tuvo la idea! Y siempre que expresaba esa idea la aguja volvía a indicar que la planta estaba muy preocupada y enfadada. Y no solamente eso, sino que además, al cortar una planta, las plantas vecinas mostraban tristeza, preocupación, ira, ansiedad. Ahora existen instrumentos que pueden mostrar lo que ocurre en el interior de una planta, y tarde o temprano llegará a haber instrumentos que mostrarán lo que ocurre en el interior de una roca.

Todo está vivo, nada está vacío. Todo está lleno de consciencia, diferentes tipos de consciencia; es por eso que no puedes penetrar en ellas. Es difícil debido a los diferentes lenguajes de la consciencia. Un árbol tiene un tipo de consciencia y una roca otro totalmente diferente. Es difícil comunicarse con ellos porque nuestros lenguajes son diferentes, pero si te vuelves más atento, más consciente, si no tienes la mente llena de pensamientos, entonces te podrás acercar incluso a una roca. Nada está vacío; todo tiene un ser propio.

Los hindúes siempre han sido conscientes de que todo tiene un Dios en su interior. Es por eso que ellos pueden adorar a un río, o venerar a un árbol, porque dicen que el Dios del árbol, el Dios del río, el Dios de la roca esta ahí... El mundo entero está lleno de Dios; nada está vacío.

Cuando dices que las cosas están vacías, no ves, de nuevo, su realidad. Pero ¿por qué los filósofos tratan de demostrar que las cosas no son, o que están vacías? Lo intentan, porque si se pudiera demostrar que las cosas están vacías, eso probaría que tú estás lleno; en comparación tú estarás más lleno. Si todo a tu alrededor está vacío, te sentirás lleno.

Pero este camino es falso. ¡Llénate! Esta argucia relativa no te será de ninguna ayuda. Cuando te llenes de amor, de consciencia, de meditación, entonces no verás que el mundo está vacío. De hecho, es debido a que tú estás vacío, que todo te parece vacío. Todo te parece vacío porque miras con ojos vacíos; te proyectas en las cosas.

Si no tienes amor, entonces verás que no hay amor en el mundo. Si tienes un corazón que late con amor, sentirás el latido en todos los sitios, en todo lo que te rodea: en la brisa que pasa a través de los árboles, en el río que fluye hacia el océano. ¡Sentirás amor en todas las cosas! Serás capaz de sentirlo. Sólo puedes sentir aquello que tienes; no se puede sentir otra cosa.

La filosofía es un truco para sentir de forma relativa. Y todos somos víctimas de esto, porque todos somos expertos en esta clase de argucias. Por eso si alguien dice que tu vecino es una mala persona, que es inmoral, tú inmediatamente lo crees, porque si es maligno e inmoral, enseguida te conviertes en una persona buena y moral. Cuando alguien dice que tu vecino es un santo, una persona virtuosa y moral, no puedes creértelo. Dirás: «¡Demuéstramelo! ¿Qué pruebas tienes? ¿En qué te basas? Yo le conozco bien, es mi vecino. Y no es así en absoluto». ¿Por qué?

En cuanto alguien dice algo en contra de otro, le crees inmediatamente, ni siquiera lo dudas. Por eso se cotillea tanto. Pero en cuanto alguien dice algo a favor de otro, inmediatamente te pones en guardia. ¿Por qué? Porque si él es tan bueno, inmediatamente tú te vuelves malo. Si él es un santo, ¿qué eres tú? Eres un imbécil. Si alguien es santo tú eres un pecador. Puede que no seas consciente de este juego, pero así es como funciona.

Hay dos caminos: o te vuelves un santo, o demuestras que todo el mundo es pecador. La filosofía va creando ese juego. Lo que sea que quieras ser, se lo niegas al mundo. Pero eso no va a servir de nada. Así no vas a engañar a nadie, sólo a ti mismo.

Este sutra de Sosan dice:

Negar la realidad de las cosas
es no ver su realidad;
afirmar el vacío de las cosas
es no ver, de nuevo, *su realidad.*
Cuanto más hablas y piensas acerca de ello,
más te alejas de la verdad.

PENSAR ES DIVAGAR. En cuanto empiezas a pensar acerca de algo, inmediatamente has empezado a alejarte. Yo estoy aquí, tú puedes estar conmigo; pero si empiezas a pensar acerca de mí, te embarcas en un viaje sin fin, y cuanto más piensas más te alejas.

Pensar es una forma de huir de la realidad; te da una dirección interior, te proporciona un camino en tu mente, y tú lo sigues.

Un pensador nunca está aquí y ahora, nunca está en el presente, está siempre en algún otro lugar. Un meditador está siempre aquí y ahora, y en ningún otro lugar. Por eso es que el pensar es el único obstáculo en la meditación. Tienes que hacerte consciente, y poco a poco, cuanto más consciente te vayas volviendo, más dejarás de cooperar con el pensar.

Yo te traigo una rosa y tú empiezas a pensar. En seguida la mente dice: «¡Qué hermosa es! ¡Nunca había visto una rosa como esta!» o «¡Yo ya había visto otras rosas tan hermosas como esa!», y así sigue y sigue. A tu mente hasta se le puede ocurrir preguntar: «¿Qué es la belleza?». Nadie lo sabe, nadie ha llegado a ninguna conclusión.

Uno de los filósofos ingleses más grandes de esta era, G. E. Moore, escribió un libro, *Principia ethica*, uno de los mejores tratados lógicos para definir qué es el bien. Y después de unas doscientas o trescientas páginas de un compacto razonamiento lógico, dice que es difícil definir lo que es el bien. Y al final acaba diciendo que es indefinible; pero todo eso después de doscientas o trescientas páginas de argumentos. Una de las mentes más agudas, a pesar de intentarlo una y otra vez, de una y otra forma, llamando a una puerta y otra, llega a la conclusión de que el bien es indefinible; ¿por qué? Dice que el bien es simplemente una cualidad, como el color amarillo. ¿Cómo defines el color amarillo? ¿Qué dirías si alguien te preguntara?: «¿Qué es el amarillo?». Dirías: «El amarillo es el amarillo». ¿Cómo lo vas a definir?

Una rosa es una rosa, es una rosa. ¿Cómo la vas a definir? Si dices que es hermosa, ¿acaso sabes qué es la belleza? ¿La ha definido alguien? No. Dicen que la belleza es indefinible. Si la comparas con otras rosas... ¿sabes que todo es incomparable? ¿Cómo puedes compararla con otras rosas? Esta rosa es *esta* rosa; no es otra rosa. ¿A qué viene traer aquí otras rosas?

Y cuando traes otras rosas, tu mente se abarrota; entonces tienes muchas cosas en la mente y estas se convertirán en un obstáculo, y la rosa no podrá llegar hasta ti. Y era algo real; podría haberte penetrado. La rosa estaba lista para llamar a tu corazón, pero empezaste a pensar acerca de ella. Y para cuando estés de vuelta, la rosa ya no estará aquí, porque la rosa no esperará; se marchitará.

Ella tenía un mensaje que entregar, traía algo de lo desconocido. Pero este algo es muy delicado, no puede continuar estando ahí para siempre. Trajo algo del más allá; cada rosa lo trae. Cada mañana llega, y llama a vuestra puerta, pero a vosotros os encuentra siempre pensando. A través de la rosa, algo de lo desconocido, de lo Divino, algo de más allá del tiempo, penetra en el tiempo. Pero si piensas, te lo pierdes, porque al pensar te alejas, en cuanto te has puesto a pensar ya te has ido.

El filósofo piensa acerca de la rosa. El poeta siente acerca de la rosa. Y si tuvieras que decidirte, decídete siempre por el poeta; esta más cerca de la realidad que el filósofo. Y un místico, ni piensa ni siente; simplemente está en presencia de la rosa. Porque sentir también es alejarse; no tanto como pensar, pero sentir también es irse, porque sentir es también una clase de actividad.

Un místico simplemente está en presencia de la rosa. Sin actividad, sin pensar, sin sentir; sin corazón ni cabeza. Simplemente está ahí con la rosa. Los hindúes lo llaman *satsang*. Siempre que estés en presencia de un hombre que haya florecido (un buda, un Maestro), simplemente estáte con él. No pienses, no sientas. Simplemente estáte con él; simplemente con él, existe con él. Los hindúes lo llaman *satsang*: estar con la verdad. La palabra *satsang* quiere decir: estar en presencia de la verdad.

Una rosa está ahí; estáte con ella. No crees ninguna actividad, sea burda o sutil. Pensar es una actividad más burda y sentir es una actividad más sutil. Pero sabes que el sentir puede desembocar en el pensar y el pensar puede convertirse en el sentir. Son convertibles, no están muy lejos lo uno de lo otro. El sentir es el pensar que está en camino, quizá la semilla, o más exactamente el germen; y el pensar es el árbol, pero el proceso no es diferente. El corazón y la cabeza no están muy alejados entre sí. Las cosas comienzan en el corazón e, inmediatamente, antes de que te hayas dado cuenta, han alcanzado la cabeza.

Solamente estando con..., y entonces todo se revela, entonces se abren todas las puertas. No hay preguntas ni respuestas. Simplemente te has hecho uno con la realidad. Piensas, y te separas. Sientes, y no te separas tanto pero te separas: juntos pero todavía separados. Ni pensando ni sintiendo, sólo siendo, y de pronto tú ya no estás ahí y el mundo ya no está ahí. El Uno, *Brahma*, se revela. Tú y el mundo, ambos os habéis hecho uno. Lo infinito está ahí, lo que no tiene forma está ahí; y esa es la verdad.

La verdad no es una conclusión filosófica, es una experiencia existencial. No es ni pensamiento ni sentimiento, es existencial; estás con ella con todo tu ser. Cuando una gota de agua cae al océano, caiga con la cabeza, caiga con el corazón o caiga totalmente, caerá totalmente; corazón, cabeza, todo; bueno, malo, todo; santo, pecador, todo. ¡Cae completamente!

Ni los santos pueden conocer lo Divino, porque son demasiado buenos y su bondad se convierte en un obstáculo; ni los pecadores, porque ellos piensan que son muy malos y su maldad se convierte en un obstáculo. El que no es ni santo ni pecador, ni esto ni aquello, el que no elige, el que no proclama que «soy esto o soy aquello», el que simplemente está en la presencia, sólo ese puede conocer lo Divino.

Y no tienes que irte a los Himalayas, te puedes quedar junto a una piedra y ocurrirá: ¡no necesitas ir a ningún templo! Te puedes quedar junto a un árbol y ocurrirá. Ni siquiera necesitas acercarte al árbol: te puedes quedar simplemente contigo mismo y ocurrirá; porque lo Divino está en todos los sitios. Cada átomo vibra con ello, cada átomo lo celebra. Está en todas las cosas.

Cuanto más hablas y piensas acerca de ello,
más te alejas de la verdad.
Deja de hablar y de pensar,
y no habrá nada
que no puedas saber.

NO-PENSAR ES LA PUERTA. Sin-palabras es la entrada. Sin-mente es el camino.

¿Cómo lograrlo? ¿Qué harás para conseguirlo? Solamente escuchar no va a servir de ayuda, porque la mente es muy astuta. La mente se pondrá a pensar acerca de ello, acerca de lo que Sosan está diciendo; la mente empezará a pensar y a desarrollar teorías al respecto. La mente dirá: «Sí, es verdad». Y te habrás alejado. La mente dirá: «No, eso es muy difícil, es imposible. ¿Cómo puedes dejar de pensar?», y te habrás alejado.

Si escuchas a la mente nunca estarás cerca de la verdad. Si escuchas a la mente estarás siempre de viaje.

He oído una historia acerca de una mujer filósofa, una pensadora; había escrito muchos libros y era bien conocida. Un día, de repente, anunció a todos sus amigos que se iba a casar.

Nunca antes se había oído ni un rumor acerca de sus relaciones amorosas, porque los que piensan no aman. A nadie se le había ocurrido jamás que pudiera casarse, así que todos se quedaron muy sorprendidos.

Preguntaron: «¿Quién es él?».

Ella dijo el nombre, lo cual les sorprendió aún más, y le volvieron a preguntar: «¿Pero qué es lo que ves en ese hombre?».

Él era un hombre corriente..., y ella era una mujer muy famosa. Era profesora de universidad, había escrito muchos libros, y su nombre era conocido en todo el país. «¿Te vas a casar con ese hombre? ¿Pero por qué?, ¿qué ves en él?».

Ella respondió: «Algo maravilloso: que es viajante de comercio. Y nunca estará en casa, siempre estará de viaje». Los pensadores se casan siempre con viajantes de comercio. «Él nunca estará en casa y yo estaré libre para pensar y hacer mis cosas».

Casarse con la mente es casarse con un vendedor, con un viajante de comercio: siempre está de viaje. Y debido a esta mente que siempre está de viaje nunca puedes estar en contacto con lo real. Comes pero no te das cuenta. Te pierdes el sabor, el gusto, el olor. Simplemente ingieres cosas. ¡Es desagradable! ¿Pero por qué no te das cuenta? Porque la mente sigue pensando; mientras comes estás pensando en mil cosas.

Rinzai dice: «Cuando como sólo como, y cuando duermo sólo duermo».

Alguien replicó: «Pero en eso no hay nada de especial, todo el mundo lo hace».

Rinzai se río y dijo: «Si todo el mundo lo hace, entonces todo el mundo está iluminado, todo el mundo es un buda».

Cuando estés comiendo; simplemente come, estáte en ello. Cuando camines; simplemente camina, estáte ahí. No te adelantes, no te vayas aquí y allí. La mente siempre se adelanta o se atrasa. Estáte en el momento.

Al principio te será muy difícil permanecer en el momento. Y a veces el momento puede que no sea muy feliz. Te enfadas, y entonces la mente empieza a pensar en arrepentirse o trata de hacer algo para que no vuelva a ocurrir. A veces estás triste; y enciendes la radio o el televisor, o te pones a leer un libro, porque no te gusta estar triste. Quieres distraer la mente. Y debido a que los momentos infelices son más numerosos que los felices, esto se convierte en un hábito constante. Y una vez que el hábito se ha fijado, aún cuando llega la felicidad, no estás en casa. Estás en algún otro sitio.

Toma una determinación: cualquier cosa que venga... tristeza, ira, depresión o infelicidad; sea lo que sea, estáte con ella. Y de repente te sorprenderás de que si permaneces con la tristeza, la tristeza se transforma en algo hermoso, la tristeza se vuelve algo profundo. Si permaneces con la ira, no pensando en ella sino estando con ella, la ira se transforma: se vuelve perdón. Si permaneces con el sexo, el sexo toma una cualidad diferente: se convierte en amor.

Si empiezas a vivir en el momento verás que tu ser es un milagro, que tiene magia en sí mismo. La felicidad se volverá más profunda. Normalmente tu felicidad es muy superficial. En lo más profundo de ti cargas con millones de cosas, la felicidad sólo ocurre en la superficie. Si permaneces con ella, se volverá más y más profunda. Si comienzas a vivir con ella, todo se transformará porque aportarás una nueva cualidad de ser, de consciencia, de presencia. No luches contra la tristeza ni persigas la felicidad, porque eso es alejarte, perderte.

¿Te has dado cuenta?: si te vas de vacaciones a los Himalayas o a Suiza, y durante meses has estado planeando llegar allí, en el mismo instante en que llegas, tu mente empieza a planear el momento de regresar, cómo regresar a casa. ¡Observa! Durante meses planeas cómo llegar y cuando llegas, o aun antes de llegar, cuando estás de camino, tu mente ya ha empezado a pensar en volver: en cómo volver.

Cada una de tus llegadas es el principio de una salida. Y nunca estás ahí porque eres incapaz de estar ahí. De nuevo en casa volverás a pensar. A la vuelta empezarás a pensar acerca de lo que ocurrió en los Himalayas, y repasarás las maravillosas experiencias que tuviste allí; pero cuando estabas allí, no estabas realmente allí. Es como si lo hubieras leído, como si alguien te lo hubiera contado. Buscas en la memoria como si la memoria funcionara por sí misma, tomando fotografías y convirtiéndose en un álbum. De vuelta en casa abrirás el álbum y lo mirarás, y le contarás a los amigos: «¡Ha sido maravilloso!». Y empezarás a planear otra vez cómo ir a los Himalayas el próximo año.

La mente no está nunca donde estás tú: la consciencia está siempre donde estás tú. Ve abandonando más y más la mente y el darle vueltas a la mente, y hazte más y más consciente y atento. Tráete a ti mismo al momento.

Al principio será difícil. Porque debido al hábito, la mente se irá una y otra vez. Tráela de vuelta. ¡No hay necesidad de luchar! Simplemente dile que vuelva, dile: «Ven». De nuevo se irá..., en unos segundos ya no estará ahí. Dile de nuevo que vuelva.

Y poco a poco, cuando empieces a disfrutar de *este* momento (el eterno presente, el único tiempo que existe, la única vida que hay), cuanto más empieces a disfrutarlo, más presente estará la mente en ello. Y menos se irá.

Entonces se produce una sintonización. De repente estás aquí, en casa, y la realidad se desvela. La realidad siempre ha estado ahí, *tú* eres el que no estaba ahí. No es la verdad lo que hay que buscar, sino que eres tú el que tiene que volver a casa.

Volver a las raíces es encontrar el significado,
pero perseguir apariencias es alejarse del origen.
En el momento de la iluminación interior
se transcienden las apariencias y el vacío.
A los cambios que parecen ocurrir en el mundo vacío
los llamamos reales solamente debido
a nuestra ignorancia.
No busques la verdad;
tan sólo deja de mantener opiniones.

No permanezcas en el estado de dualidad;
evita cuidadosamente esas búsquedas.
Si queda rastro de esto o aquello,
de lo correcto o lo incorrecto,
la esencia de la Mente se perderá en la confusión.
Aunque todas las dualidades proceden del Uno,
no te apegues ni siquiera a este Uno.
Cuando la mente existe imperturbable en el Camino,
nada en el mundo puede ofender;
y cuando ya nada puede ofender,
deja de existir tal como era antes.

Cuando no surgen pensamientos discriminatorios,
la mente de antaño deja de existir.

4

VUELVE A LAS RAÍCES

24 de octubre de 1974

LA NATURALEZA DE LA CONSCIENCIA consiste en ser solamente un espejo. El espejo no tiene elecciones propias. Refleja lo que aparece delante de él, sea bueno o malo, hermoso o feo; sea lo que sea. El espejo no tiene preferencias, no juzga y no condena. La naturaleza de la consciencia, en su origen, es exactamente igual que un espejo.

Cuando un niño acaba de nacer refleja lo que aparece ante él. No dice nada, no interpreta. En el momento en que entra la interpretación, el espejo pierde la propiedad de reflejar. Entonces ya no es puro. Entonces está lleno de opiniones, trastornado, dividido, fragmentado. Se ha vuelto esquizofrénico.

Cuando la consciencia se divide y deja de reflejar, se convierte en la mente. La mente es un espejo roto.

La mente, en su raíz, es consciencia. Si dejas de discriminar, si dejas de hacer divisiones dualistas (eligiendo esto en oposición a aquello, gustándote esto y disgustándote aquello), si te sales de esas divisiones, la mente se convierte de nuevo en un espejo, en pura consciencia.

Así que todo el afán de un buscador consiste en cómo abandonar todas las opiniones, las filosofías, las preferencias, los juicios, las elecciones. Y esto no debería convertirse de nuevo en otra elección; ese es el problema.

Intenta entender el problema básico, de otra forma puedes hacer de *esto* una elección. «No voy a elegir, a partir de ahora ya no voy a elegir más. Ya no estoy interesado en elegir, a partir de ahora permaneceré en un estado de consciencia sin elección.» Y de nuevo vuelves a estar en la misma situación; has vuelto a elegir. Ahora estás en contra de elegir y a favor de no elegir. No lo has comprendido. No se puede estar a favor de no elegir, porque al estar a favor, de nuevo se ha convertido en una elección.

Entonces ¿qué hacer? Sólo se necesita entender, no hay que hacer nada. Lo más elevado se alcanza a través del entendimiento, no a través del esfuerzo.

Ningún esfuerzo te conducirá hasta ello, porque el esfuerzo siempre es parte de la mente dualista. Entonces rechazarás el mundo y elegirás a Dios; entonces rechazarás las ataduras y elegirás la libertad; entonces perseguirás el *moksha,* la liberación suprema. Pero de nuevo habrá entrado la mente, y la mente siempre está entrando. No puedes hacer nada; simplemente estar atento a toda la situación. Si estás atento, la mente se evapora en una repentina iluminación. De repente eres uno con esa consciencia que es como un espejo; has descendido a tu base, a tus raíces. Y cuando has descendido profundamente a las raíces, toda la existencia desciende a las raíces.

La existencia se muestra ante ti de la forma que tú seas. Esta es una de las leyes fundamentales. Todo lo que ves depende de cómo lo veas. Si eres una mente, si estás dividido, entonces toda la vida estará dividida. La existencia le hace eco a tu ser. Si tienes una mente dividida, entonces todo el mundo aparecerá dividido, entonces el día estará en contra de la noche. Y no es así, porque el día se convierte en la noche, y la noche en día; ambos forman un círculo completo. No están en contra, son complementarios. El día no puede existir sin la noche, y la noche no puede existir sin el día. Así que no pueden ser opuestos; en el fondo son uno.

La vida y la muerte aparecen como opuestos porque *tú* estás dividido. De otra forma la vida se vuelve muerte y la muerte se vuelve vida. El mismo día que naces has empezado a morir. Y en el momento en que mueres aparece una nueva vida. Es un círculo; el círculo chino del *yin* y el *yang.*

Hay que recordar este círculo una y otra vez. Es uno de los símbolos más básicos que jamás se hayan descubierto. Ningún otro símbolo se puede comparar con él; la cruz, la esvástica, el Om; no, no tienen punto de comparación con el símbolo chino del yin y el yang, porque el yin y el yang incluyen todos los opuestos de la existencia: la oscura noche y el luminoso día, la vida y la muerte, el amor y el odio.

Todos los opuestos están unidos en la existencia. Tú estas dividido en el interior, ellos están divididos en el exterior. Cuando vuelves a tu origen y te haces uno, de repente toda la existencia se alinea y se hace una. Cuando eres uno, aparece *Brahma,* aparece lo supremo, porque al uno sólo se le puede aparecer el uno; al dos el dos, a lo múltiple lo múltiple. Y tú eres muchos, eres una multitud; ni tan siquiera eres dos. Llevas muchos seres en tu interior.

Gurdjief solía decir que tú eres una casa en la que nadie conoce al dueño. En la casa vive mucha gente, hay muchos invitados; pero como nadie sabe quién es el dueño, todo el mundo piensa que es el dueño. Y quien sea que en cada momento tome el poder hace el papel de dueño.

Cuando la ira asume el poder, la ira se convierte en el anfitrión. Cuando el amor se vuelve poderoso, el amor es el anfitrión. Cuando los celos toman el poder, los celos se adueñan de la casa. Pero hay una lucha constante, porque hay muchos invitados y todos quieren ser el anfitrión, el dueño de la casa. Y el dueño, o se ha ido de viaje y no ha regresado, o está durmiendo.

Tu ser está profundamente dormido. De ahí la insistencia de todos los Cristos, los Krishnas y los Budas: «¡Despierta!». Jesús usa constantemente la palabra «despierta»: «Despierta, observa, estáte atento». Buda repite constantemente: «Hazte más consciente».

Ambas cosas significan lo mismo: que si te vuelves consciente, el dueño aparece. Y en el *momento* (y esto es lo bonito) en que el dueño aparece, los invitados desaparecen. En el momento en que llega el amo, los sirvientes se ponen en fila y reconocen su servidumbre. No pretenden ser lo que no son. Así que la verdadera cuestión no es luchar contra la ira, los celos o el odio. La verdadera cuestión es traer al dueño, despertarle. Una vez que está consciente, cada cosa se pone en su lugar. Pero esta consciencia sólo es posible si regresas al origen.

La mente está destinada a permanecer dividida, no puede volverse una; la propia naturaleza de la mente es así. Intenta entender la naturaleza de la mente, y entonces estos sutras de Sosan se volverán claros, transparentes.

LA NATURALEZA DE LA MENTE es mirar a las cosas de tal manera que siempre van con su opuesto. Sin el opuesto la mente no entiende. Si digo: «¿Qué es la luz?», ¿cómo lo entenderá la mente? Inmediatamente traerá la oscuridad.

Si vas al diccionario (el diccionario es un círculo vicioso) y buscas la palabra luz, te dirá: lo contrario a la oscuridad. Para definir la luz, hay que introducir la oscuridad. ¡Qué tontería! Y cuando vas a buscar la definición de la oscuridad, te sorprenderás; entonces hay que traer la luz. ¿Qué es la oscuridad?; y entonces dice: aquello que no es luz.

Ninguna de ellas ha quedado definida, porque ambas son indefinibles. ¿Y partiendo de algo indefinible cómo vas a definir eso otro que aún está sin definir? Todo este juego del diccionario consiste en no mirar al conjunto.

Si le preguntas a los lingüistas: «¿Qué es la mente?», dirán: «Aquello que no es materia». Y si preguntas: «¿Qué es la materia?», dirán: «Aquello que no es mente». Nada queda definido. ¿Cómo puede un término sin definir definir algo? Si te pregunto dónde vives, y me contestas: «Soy vecino de *A*». Y si te pregunto dónde vive este *A*, y me contestas: «Es mi vecino». ¿Cómo voy a saber dónde vives? Porque ni se define *A* ni se te define a ti; *A* vive cerca de *B* y *B* cerca de *A*. Pero así es como van las cosas.

La mente no puede entender nada a no ser que traiga al opuesto, porque la mente sólo es capaz de ver a través del contraste. La vida no se puede entender si no hay muerte, es imposible sentir la felicidad si no existe la infelicidad. ¿Cómo vas a saber lo que es la salud si nunca has conocido la enfermedad? Puede que estés sano pero no te darás cuenta. Se puede tener salud sin haber conocido la enfermedad, pero la mente no puede detectarla, la mente no puede conocerla. Para conocerla tienes que enfermarte.

Para la mente, para ser santo antes tienes que haber sido pecador, para tener salud antes tienes que haber estado enfermo, y para amar antes tienes que odiar. Si amas y en tu amor no hay odio, no te será posible darte cuenta. Tu mente no podrá detectarlo de ninguna manera. Y además nadie podrá saberlo. Este es el problema con un buda o un «Jesús». Buda está lleno de amor, pero no podemos detectar su amor; en su amor no hay ningún fondo que le haga de contraste, ningún odio. Nunca hemos visto odio o ira en sus ojos. ¿Cómo podemos saber que ama? Su amor nos parece incomprensible.

Para la mente cualquier cosa es comprensible si trae consigo su opuesto. Pero en el momento en que traes el opuesto falsificas la existencia, porque en la existencia no existe tal cosa como «el opuesto».

La mente se mueve a través de los opuestos, y la existencia es unitaria. La existencia es *advaita*, la existencia es no-dual; no tiene ningún problema. ¿Dónde está la línea divisoria?, ¿dónde acaba el día, cuando deja de ser y comienza la noche? ¿Hay algún espacio entre ambos? Sólo si así fuera sería posible trazar una línea divisoria. ¡Pero no es así! El día simplemente se funde en la noche, y de nuevo la noche se funde en el día. La vida es una, la existencia es una; la mente es dualista. Así que si continúas eligiendo, nunca llegarás al origen. Entonces te aferrarás a la vida y tendrás miedo a la muerte. Te aferrarás al amor y tendrás miedo al odio. Te aferrarás a lo bueno y tendrás miedo a lo malo. Te aferrarás a Dios y tendrás miedo al Diablo.

La vida es una. Dios y el Diablo son uno. No hay una línea divisoria en la que Dios acabe y comience el Diablo; no puede haberla. En la vida, Ram y Ravan son uno, pero para la mente son enemigos, luchan entre sí. Para la mente todo es un conflicto, una guerra.

Si eliges, entonces eres parte del juego. Y todo el arte de la religión consiste en cómo no elegir, cómo entrar en ese estado en el que no hay elección.

Pero recuerda, ¡tampoco elijas no elegir! O, si no, al escucharme a mí, a Sosan o a Krishnamurti caerás bajo el encanto de las palabras «no elegir». Tu mente dirá: «Eso está muy bien. Así es posible el éxtasis, si dejo de elegir vendrá mucha felicidad. Entonces se me abrirán las puertas de los misterios de la vida». La mente siente codicia. La mente dice: «Esta bien, así que elegiré ese estado de no-elección». Y así, la puerta se cierra, sólo cambia la etiqueta, pero vuelves a caer en la misma trampa.

Ahora trata de entender estos sutras. Son unos de los mejores sutras que jamás se hayan escrito en toda la historia.

Volver a las raíces es encontrar el significado,
pero perseguir apariencias es alejarse del origen.

Volver a las raíces es encontrar el significado...

¿CUÁL ES EL PROPÓSITO de todo este juego de la existencia? ¿Cuál es el significado de todos esos árboles creciendo, de los seres humanos, de los animales? ¿Cuál es el significado de esta tierra y este cielo? ¿Cuál es el significado de todo esto? ¿Dónde está el significado?

Para la mente, el significado debe de estar al final; el significado debe de estar en el lugar hacia donde se mueve esta existencia, en su destino. Para la mente el significado debe de estar en alguna parte de su destino: en el lugar adonde vamos.

Y este sutra de Sosan dice: *Volver a las raíces es encontrar el significado...*, no en el futuro, no en el deseo y el lugar de destino, no en algún otro lugar, sino en sus raíces. No en el final sino en el principio.

Trata de entender. Hay muchas cosas que entender. Primero, si existe algún significado debe de estar en la semilla. Quizá oculto, quizá no sea visible, pero debe de estar en la semilla, porque no puede surgir nada que no esté en la semilla. Nada puede surgir del vacío.

Incluso si existe un destino, debe de estar oculto en la semilla, como la flor está oculta en la semilla; la flor es el significado del árbol. El éxtasis radica en su florecimiento, cuando florece canta y baila. Se ha realizado, está contento, feliz, ya no le falta nada. La flor es su deleite, es la danza del árbol expresando: «¡Me he realizado!». Pero esas flores ya tenían que existir en sus semillas; si no ¿cómo iban a surgir? El final tiene que estar en el principio; el omega tiene que estar oculto en el alfa. Jesús dice: «Yo soy el principio y el fin. Soy el alfa y el omega».

El principio es el fin, porque puede que el fin no esté patente en este momento, pero tiene que estar aquí. Y si está en la semilla, no necesitas esperar a que llegue el futuro para que florezca la flor. Puedes entrar en el principio ahora mismo, porque está aquí. La semilla, recuerda, no está en el pasado. La semilla siempre está aquí y ahora, en el presente, porque todo el pasado está en el presente.

Y por supuesto, también está todo el futuro, pero el futuro no ha ocurrido, mientras que el pasado ya ha ocurrido, el principio ya ha ocurrido. Penetra en el principio, ve a las raíces, al origen, y el significado te será revelado.

Y ahora llevas en tu interior la semilla; la semilla de todo significado, de toda posibilidad, de todas las puertas que pueden abrirse y de todos los misterios que pueden ocurrir. ¡Llevas la semilla en ti! Pero si esperas al futuro puede que nunca jamás ocurra, porque el futuro es infinito y esperar será perder vida, tiempo y energía.

Y si esperar se convierte en un hábito, *puede* que la flor florezca y tú no la veas. Al haberte acostumbrado a mirar al futuro, tus ojos se han quedado fijos. No pueden ver lo cercano, siempre estarán mirando a la lejanía.

Si durante muchas vidas has estado mirando hacia el futuro para encontrar el significado, cuando la flor florezca, no serás capaz de verla; porque el ver no depende de la flor, el ver depende de la capacidad de penetración de tus ojos. Y tus ojos no son tan penetrantes, si lo fueran verías que el principio está siempre ahí, que la semilla está siempre ahí. Podrías haberlo visto en ella.

Si miras hacia el futuro y esperas a que, en algún lugar, se revele el significado, entonces tarde o temprano sentirás que la vida no tiene significado. Eso es lo que está ocurriendo en Occidente, porque la filosofía ha estado pensando siempre que el destino estaba en algún lugar del futuro.

Parece absurdo pensar que el destino está en el principio. Parece contradictorio, porque ¿cómo es posible que el destino esté en el principio? Así que la mente dice que el destino tiene que estar en algún lugar hacia adelante, porque ella vive a través del deseo, se mueve a través del deseo. La motivación tiene que estar en algún lugar en el futuro. Y ahora, que durante dos mil años siempre se ha estado pensando en términos de futuro, la mente occidental piensa que no existe ningún significado porque el futuro nunca ha llegado.

¡El futuro nunca llega! No puede llegar debido a su propia naturaleza; nunca termina de llegar. Siempre está llegando pero nunca llega. Es como el mañana que nunca llega. Siempre que llega es hoy, siempre que llega siempre es el presente.

El futuro nunca llega, no puede llegar. Su propia naturaleza es igual que la esperanza: un sueño, una ilusión. Parece como si viniera, es como el horizonte que nunca se alcanza. Entonces, esperando y esperando sientes que nada tiene ningún sentido. Hoy día todo el pensamiento occidental siente que la vida no tiene ningún significado, que es absurda. Y si sientes que la vida no tiene ningún significado, entonces el suicidio es la única salida.

Uno de los más grandes pensadores occidentales de este siglo, Marcel, escribió que el único problema es el suicidio. Si ves que la vida no tiene ningún sentido entonces ¿qué queda? Entonces ¿para qué seguir arrastrándose? ¿Para qué vivir?

Si no tiene ningún significado y te mueves en la misma rutina...: levantarse cada día, ir al trabajo, ganar algo de dinero, dormir por la noche, soñar, y otra vez la mañana...; la rueda sigue girando y no llegas a ninguna parte. Al final está la muerte. ¿Así que para qué esperar? ¿Por qué no suicidarse? ¿Por qué no acabar con todo este sinsentido? ¿Por qué preocuparse tanto y vivir con una carga tan pesada y con tanta ansiedad y angustia por algo que no tiene sentido? Es una conclusión lógica.

Si miras hacia el futuro llegas a la conclusión de que no hay ningún significado. Pero si realmente quieres encontrar un significado, la única forma es mirando en el interior de la semilla; la semilla está aquí y ahora. Pero la mente prefiere mirar al futuro. Es más fácil. Mirar dentro de la semilla es difícil.

Esta es la única *sadhana*, este es el único esfuerzo arduo: mirar en el interior de la semilla. Porque si quieres indagar en la semilla, necesitarás una cualidad de visión diferente. Necesitarás un tercer ojo, porque estos ojos ordinarios sólo pueden ver la corteza. Pero no puedes ver lo invisible, lo que está oculto en su interior, lo secreto; estos ojos no pueden ver tan adentro.

Se necesitan otros ojos, con otra cualidad, que sean capaces de penetrar en la semilla y ver ahora lo que lleva consigo. Si miras hacia afuera no podrás penetrar porque tus ojos sólo verán cuerpos, los cuales no son más que las cáscaras de las semillas. Si de verdad quieres mirar en el interior de la semilla, mira hacia adentro porque entonces la cáscara ya no será un problema; tú también eres una semilla en el interior. Perteneces a esta existencia, has surgido de ella. Esta existencia ha puesto su sello en ti, esta existencia está tratando de cumplir algún destino a través de ti. Mira adentro, porque entonces la cáscara dejará de ser un problema. Y ni siquiera necesitas penetrar esa cáscara, ya estás en el interior.

Esto es la meditación: mirar en el interior de la semilla, dentro de uno mismo. Allí el significado florece inmediatamente. Siempre ha estado allí; sólo necesitaba de tu atención. Pero lo habías descartado, te había sido indiferente. Habías estado ocupado, liado con otras cosas; has estado dándote la espalda a ti mismo. Y el significado espera, y todo el propósito de la vida permanece oculto, y toda su gracia y sus bendiciones sólo esperan y esperan a que te des la vuelta.

La palabra cristiana «conversión» quiere decir volverse. No quiere decir hacer que un hindú o un musulmán se vuelva cristiano; quiere decir dar un giro consciente hacia el interior.

Volver a las raíces es encontrar el significado,
pero perseguir apariencias es alejarse del origen.

AFUERA SÓLO HAY APARIENCIAS. No puedes conocer lo que hay afuera, porque a través de los sentidos sólo puedes tocar la apariencia. Yo no puedo verte. Sólo puedo ver tu cuerpo; ni siquiera el cuerpo entero, tan sólo la superficie, sólo se puede ver la superficie de la piel. Ni siquiera sé si estás ahí o no. Quizá sólo seas un autómata, un robot; ¿quién sabe?

Un robot es algo factible; más aún hoy día; ahora se puede hacer un robot. Y ni siquiera ante un robot puedes juzgar por el exterior, porque puede que hasta pestañee, incluso te responderá; cuando le saludes y le digas: «¡Hola!», te contestará: «¡Hola, ¿cómo estás?!» ¿Cómo podrás saber que no es un robot? En la superficie será como cualquier otro hombre, sin ninguna diferencia.

Camina y habla inteligentemente; a veces hasta más inteligentemente que tú porque su programación será muy completa. Su información será precisa; sabrá mucho, sabrá más que tú. Dicen que hasta un pequeño ordenador puede acumular más conocimientos que quinientos científicos en quinientas vidas. Un robot puede llevar un ordenador en el interior de su mente; desde luego a pilas. Preguntas y responderá, y sus respuestas no tendrán tantos fallos como las tuyas. Y nunca se comportará como un idiota, siempre actuará inteligentemente.

¿Cómo saber quién hay adentro? No puedes penetrar. Sólo puedes moverte alrededor, acercarte. Tocar la superficie.

Solamente tú puedes entrar en ti mismo. Solamente ahí puedes estar seguro de la consciencia; en ningún otro lugar. Este mundo entero puede ser sólo un sueño. ¿Quién sabe? Puede que yo esté soñando que estáis ahí sentados y que os estoy hablando. Puede que vosotros estéis soñando que estáis ahí sentados escuchándome. ¿Tenéis algún criterio con el que probar que esto no es un sueño? No hay manera.

Hasta ahora nadie ha sido capaz de probar que esto no es un sueño, porque en los sueños las cosas también parecen ser reales; aún más reales que cuando estás despierto, porque incluso a veces dudas si tu despertar es real o no. Pero en un sueño nunca hay la menor duda; en un sueño uno siempre toma las cosas como si fueran reales.

Se dice de Chuang Tzu que:

Una mañana comenzó a llorar. Sus discípulos se reunieron y le preguntaron: «Maestro, ¿qué haces? ¿Qué te ha pasado?».

Chuang Tzu dijo: «Tengo un problema. Esta noche he soñado que me convertía en una mariposa».

Los discípulos dijeron: «¿Pero que hay de malo en ello para que llores y te pongas tan triste? ¡Todo el mundo sueña muchas cosas! No hay nada de malo en que en un sueño te conviertas en una mariposa».

Chuang Tzu dijo: «Ese no es el problema. El problema es que ahora estoy preocupado porque me ha surgido una duda y no sé como llegar a una conclusión. Por la noche Chuang Tzu soñó que se había convertido en una mariposa. Y ahora me ha surgido la duda: puede que la mariposa esté soñando que se ha convertido en Chuang Tzu».

¿Y quién va a decidirlo? Y ¿cómo? Si un Chuang Tzu puede convertirse en una mariposa en su sueño, entonces ¿por qué no puede estar sucediendo lo contrario: que una mariposa posada sobre una flor pueda estar soñando que se ha convertido en un buda? La cosa es sencilla. Chuang Tzu ha hecho surgir una cuestión hermosa y muy básica: ¿Cómo puedes estar seguro de que el mundo exterior no es un sueño? Ha habido muchas filosofías que han intentado probar que el mundo entero es un sueño. Nadie cree en esas filosofías, pero tampoco nadie ha sido capaz de refutarlas.

Berkeley, en Occidente, ha probado que toda la existencia es un sueño. Nadie le cree, ni él mismo se lo cree, porque toda su vida demuestra que no cree que sea un sueño. Si le insultas se enfada. Si le tiras una piedra trata de esquivarla. Y si le hieres corre al médico para que le cure la herida. Así es como el doctor Johnson trató de refutar la teoría de Berkeley:

Eran amigos, y un día mientras paseaban, Berkeley dijo: «Ahora ya he demostrado que toda la vida es un sueño, y siento que nadie me lo puede refutar».

Y es verdad, tenía razón. Hasta ahora nadie ha sido capaz de refutarlo; ¡es imposible refutarlo! ¿Cómo refutarlo?

El doctor Johnson se agachó, cogió una piedra y se la tiró a un pie. Berkeley gritó. El doctor Johnson dijo: «Lo ves, esta piedra es real». Berkeley se río y dijo: «Eso no niega mi filosofía, porque hasta el propio grito puede ser parte de un sueño que tú has soñado. Y esta sangre que brota de mi pierna, ¿cómo vas a probar que es real y no un sueño? Porque también en sueños, si te hieren sangras. También en los sueños muchas veces gritas. También en los sueños, en las pesadillas, sudas, tiemblas y tu corazón late de prisa, y aunque te despiertes tardarás un tiempo en recomponerte. Sabes que el sueño se ha acabado, que te has despertado, y que sólo ha sido un sueño, pero todavía el corazón está alterado, el sudor te cae por la frente y el miedo aún perdura.

Puede que todo sea un sueño, no hay forma de refutarlo. Coloquialmente, como mucho, podemos decir que son apariencias. Pero en el fondo no hay forma de saberlo.

Hay sólo una realidad de la cual puedes estar absolutamente seguro, y esta es la realidad interior. Puedes ir hacia tu interior. Sólo puedes estar seguro de ti mismo, de nada más. Pero una vez que penetras en la certeza de que tú eres...

Recuerda, hasta en sueños tú eres. Puede que te hayas convertido en una mariposa, pero tú eres. Hasta para que pueda existir un sueño por lo menos *tú* eres necesario. Todo lo demás puede ser un sueño pero tú no, porque sin ti ni siquiera el sueño puede existir. Hasta para soñar se necesita la consciencia.

Puedes demostrar que todo es un sueño, pero no puedes demostrar que el que sueña es un sueño, porque el que sueña tiene que ser real, de otra forma los sueños no pueden existir. Sólo una cosa es absolutamente cierta y esa es tu realidad interior. Conversión quiere decir ir de un mundo incierto, el mundo de las apariencias, al mundo de la realidad.

Y una vez que tienes esta certeza interior y se solidifica, una vez que sabes que eres, entonces desde *esta* certeza la visión cambia, y la cualidad cambia. Entonces miras el mundo exterior y se abre ante ti un mundo diferente; este mundo es Dios.

Cuando estás enraizado en una realidad auténtica, absolutamente cierta, entonces tu mirada tiene una cualidad diferente: entonces hay confianza. Ahora puedes mirar..., y el mundo entero cambia. Entonces ya no son apariencias, sino la realidad, lo auténticamente real.

Y ¿qué es eso auténticamente real? No son las formas externas. Las formas cambian, pero lo que se mueve a través de las formas es inmutable.

Primero fuiste niño, luego joven, y ahora te has hecho viejo; la forma ha estado cambiando constantemente. Tu cuerpo cambia a cada momento, la forma cambia; pero si te fijas, en tu interior siempre has sido el mismo.

Al principio eras una pequeña célula, un átomo en el vientre de tu madre, ni siquiera eras visible a simple vista; después fuiste un niño pequeño; luego un joven lleno de sueños y deseos; y después, frustrado y abatido, un fracaso; un viejo. Pero si miras en tu interior, todo ha seguido igual. La consciencia nunca cambia.

Si miras adentro te sorprenderás: no puedes sentir qué edad tienes, porque la consciencia no tiene edad. Si cierras los ojos no puedes decir si tienes veinte, cuarenta o sesenta años, porque la edad es algo que pertenece al cuerpo, a la corteza. Tu realidad no tiene edad; nunca ha nacido y nunca morirá.

Una vez que te centras en esta eternidad, inmutable, absolutamente inmóvil, entonces tu cualidad cambia. Entonces puedes ver, entonces te conviertes en un espejo. En ese espejo se refleja la realidad. Pero antes tienes que convertirte en un espejo. De momento estás tan agitado, tan inquieto, que no puedes reflejar nada; sólo distorsionas. La mente distorsiona la realidad, y la consciencia la revela.

Volver a las raíces es encontrar el significado,
pero perseguir apariencias es alejarse del origen.

Si continúas persiguiendo apariencias te alejarás del origen, porque las apariencias pertenecen al exterior. Unas veces persigues riqueza, otras una mujer o un hombre, otras prestigio y poder..., y sigues persiguiendo apariencias. Y todo ese tiempo te alejas de ti mismo, todo ese tiempo vives en un sueño. Si te alejas del origen te lo pierdes todo. Puede que en el mundo exterior consigas muchas cosas pero al final descubrirás que no has conseguido nada. Te has perdido al que lleva consigo todo el significado.

Puede que te mueras siendo muy rico, pero en el interior morirás pobre, tan pobre como un mendigo. Al morir, puede que hayas conseguido tener mucho poder, puede que seas el Presidente o el Primer Ministro de un país, pero en el fondo sabrás que no tienes ningún poder. La muerte demostrará que tu poder era sólo una apariencia; tu poder es impotente, impotente ante la muerte. Sólo aquello que transciende la muerte es poderoso; todo lo demás es impotencia. Puede que durante algún tiempo te lo creas, pero la muerte te mostrará la verdad.

Recuerda siempre que la muerte llegará, y ella es el criterio: lo que la muerte desapruebe será desaprobado, lo que la muerte apruebe será aprobado. Lo que sea que pueda transcender la muerte, lo que sea más poderoso que la muerte, será la realidad. Lo real no puede morir, lo irreal muere una y mil veces.

En el momento de la iluminación interior
se transcienden las apariencias y el vacío.

SÓLO CUANDO LA ILUMINACIÓN INTERIOR OCURRE, cuando estás lleno de luz interior... La luz está ahí pero tú la echas fuera. Se mueve con tu deseo. El deseo es el foco, y la luz le sigue. Si te obsesionas demasiado con la riqueza, todo tu ser se enfoca en ella; entonces sólo ves dinero y nada más. Si te cruzas con una persona, no ves a la persona, sino su dinero. Si la persona es pobre, no deja ninguna huella en tu mente; pero si es rica, sí. Y si es muy rica entonces la recuerdas, la guardas en la memoria.

Si quieres conseguir poder y te encuentras con un Hitler, con un Stalin, o con un Mao, entonces te encuentras con alguien, pero su persona es algo secundario. El poder... Cuando Nixon ya no sea el Presidente no serás capaz de verle; puede que pase a tu lado pero ya no será nadie.

Ves lo que deseas. Tu deseo es tu visión, tu luz siempre se enfoca en tu deseo. Cuando esta luz se gira, se invierte, se mueve hacia adentro, es la iluminación. Entonces estás lleno de luz. Te conviertes en una casa con luz, dentro ya no estás en la oscuridad.

En el momento de la iluminación interior
se transcienden las apariencias y el vacío.

Y de repente vas más allá de las apariencias y del vacío. Entonces nada es sólo la apariencia y nada está vacío; todo está lleno de lo Divino. Todo está lleno, rebosante de divinidad; cada árbol, cada río, cada océano; rebosante de divinidad. Entonces Dios está en todas partes. Puedes llamarlo la verdad, o lo que quieras, pero lo real está en todas partes.

Cuando *tú* eres real, el mundo es real; cuando estás viviendo en deseos irreales creas un mundo de apariencias. Tu mundo es lo que tú eres. Y hay tantos mundos como personas, porque toda la gente vive en su propio mundo, toda la gente crea su propio mundo a su alrededor. Esa es tu proyección, tu creación.

A los cambios que parecen ocurrir en el mundo vacío
los llamamos reales solamente debido a nuestra ignorancia.

TÚ DICES QUE ALGUIEN ES VIEJO; mantienes que la vejez es algo real porque no sabes lo que es real. Por otra parte nadie es joven y nadie es viejo y nadie es niño. El interior no tiene edad, sólo cambia la forma exterior.

Si mis vestidos fueran viejos, ¿acaso dirías que yo soy viejo porque mis vestidos estén viejos? Y si mis vestidos son nuevos, recién salidos de la sastrería, ¿acaso dirías que yo soy joven porque mis vestidos sean nuevos?

El cuerpo no es más que un vestido. ¿Se puede decir que alguien sea viejo, joven o niño basándose en el cuerpo? ¿Por la forma, que está cambiando constantemente? Los que han llegado a saber dicen que la realidad es inmutable, que no cambia. Lo que va cambiando son los vestidos.

Justo antes de la muerte de Ramakrishna, cuando el médico dijo: «Ya no puede seguir viviendo», su esposa, Sharda, empezó a llorar. Y estas son las últimas palabras de Ramakrishna: «No llores, porque yo no voy a morir. Lo que el médico dice sólo tiene que ver con las ropas».

Ramakrishna, que murió de cáncer, dijo: «En lo que a mí concierne no tengo ningún cáncer. El cáncer es algo que concierne a las ropas. Así que acuérdate, cuando el médico diga que yo he muerto no le creas, créeme a mí; estaré vivo».

Y Sharda fue la única viuda en la India, en toda la historia de la India, que nunca enviudó; porque las viudas hindúes, cuando sus maridos mueren, tienen que cambiar su estilo de vida. No pueden usar ropas de color, porque el color se ha ido de sus vidas. No pueden usar ornamentos, porque ¿para quién?

Pero Sharda continuó igual que cuando Ramakrishna vivía. Y la gente pensó que se había vuelto loca, venían y le decían: «Sharda deja ya tus ornamentos, en especial las pulseras. ¡Rómpelas! Eres una viuda».

Y ella se reía y decía: «¿A quién voy a creer, a vosotros o a Ramakrishna? Porque *él* me dijo: "Sólo las ropas morirán, no yo". Y yo estaba casada con él no con sus ropas. Así que, ¿a quién debería escuchar, a vosotros o a Ramakrishna?».

Ella le hizo caso a Ramakrishna y siguió como una mujer casada hasta el final. Y vivió en éxtasis, porque al escucharle se transformó. Se dio cuenta de un hecho: que el cuerpo no es lo real. Ella continuó viviendo de la misma manera que había vivido hasta entonces. Parecerá una locura porque, en este mundo de locos donde se cree que las ropas son lo real, a alguien que se comporta de una forma que contradiga esto se le toma por loco.

Ella hacía la cama cada día, y por la noche iba a la habitación de Ramakrishna y decía: «Paramhansdev, venga, es la hora de acostarse»; aunque allí no había nadie. Y preparaba la comida, cantando, tan feliz como siempre. Llamaba entonces a Ramakrishna: «Ven, Paramhansdev, la comida está lista».

Ella debe de haberse dado cuenta de algo. Y esto no ocurrió sólo un día, sino que duró durante años. Este simple mensaje de

Ramakrishna («sólo las ropas morirán, no yo») la transformó en una mujer santa. Ella se convirtió, por sí misma, en una persona iluminada.

A los cambios que parecen ocurrir en el mundo vacío
los llamamos reales solamente debido a nuestra ignorancia.
No busques la verdad;
tan sólo deja de mantener opiniones.

Este es un mantra *beeja*; un mensaje profundísimo:

No busques la verdad;
tan sólo deja de mantener opiniones.

¿CÓMO PUEDES *TÚ* BUSCAR LA VERDAD? ¡Tú eres irreal! ¿Cómo vas a buscar lo Divino? ¿Cómo vas a buscar la verdad? ¿Cómo vas a buscar? ¿Qué vas a hacer?

Como mucho, tu mente proyectará una ilusión. Como mucho, proyectarás una verdad. Te imaginarás una verdad, soñarás una verdad. Por eso los hindúes ven a Krishna cuando alcanzan lo Divino y los cristianos ven a Jesús cuando llegan a la verdad.

Pero la verdad no es ni hindú ni cristiana, la verdad no es ni Krishna ni Cristo. ¡Esas son formas, ropajes! Y si lo que te llega todavía siguen siendo vestidos, eso muestra que estás lleno de opiniones (cristianas, hindúes) y las proyectas.

Sosan dice: *No busques la verdad...* No puedes buscarla. ¿Cómo vas a buscarla? Toda búsqueda es de la mente, todas las búsquedas surgen de la mente. La consciencia nunca busca, nunca persigue nada; la consciencia simplemente es. Es ser, no es un deseo.

La búsqueda es un deseo. Has buscado la riqueza en el mundo, el poder y el prestigio, y has fracasado. Ahora buscas a Dios y la verdad, pero tú eres el mismo. Nada ha cambiado, sólo las palabras. Antes era «poder», ahora es «Dios»; pero eres el mismo buscador.

La verdad no se puede buscar. Por el contrario cuando toda búsqueda cesa, es cuando la verdad llama a tu puerta; cuando el buscar ya no existe, la verdad te llega. Cuando dejas todos los deseos, cuando ya no tienes ningún motivo para ir a ninguna parte, de repente descubres que estás iluminado.

De pronto encuentras que tú mismo eres el templo que buscabas. De repente llegas a darte cuenta de que *tú* eres Krishna, de que *tú* eres Jesús. No te llega ninguna visión; eres el origen de todo, eres la propia realidad.

No busques la verdad;
tan sólo deja de mantener opiniones.

No mantengas opiniones (ya sean cristianas, hindúes, mahometanas o jainitas), no las mantengas. No lleves contigo ninguna escritura, si no podrás llegar a ser un hombre con conocimientos pero nunca un hombre sabio. Podrás llenarte de conocimientos e información, pero todo será prestado y estará muerto. La opinión no es la verdad, no puede ser. La opinión es de la mente, y la verdad no viene de la mente; la verdad ocurre cuando ya no hay mente. La opinión es lo conocido y la verdad es lo desconocido. Cuando cesa lo conocido, lo desconocido llega a ti. Cuando no te envuelve lo conocido, lo desconocido está ahí. Con la mente no puedes alcanzar la verdad. Esto es lo único a lo que hay que renunciar: la mente, la opinión, el ser cristiano, el ser hindú, el Gita, la Biblia, el Corán. No puedes cargar con ningún conocimiento, porque el conocimiento pertenece a la mente, no a la consciencia.

Observa la diferencia. Te he dicho que la consciencia es como un espejo: lo que sea que se ponga ante él es reflejado, sin ningún prejuicio. El espejo no dirá: «Esta mujer es hermosa, me gustaría reflejarla. Y esta otra no me gusta; no la voy a reflejar, es fea». No, el espejo no tiene ninguna opinión. El espejo simplemente refleja; esa es su naturaleza.

Otra cosa es una placa fotográfica. También refleja, pero sólo una vez; luego, el reflejo se queda adherido. Una placa fotográfica oculta en la parte trasera de la cámara también refleja, pero sólo una vez. La mente es como una placa fotográfica: refleja, y entonces se aferra al reflejo; entonces lleva esa información muerta; entonces llevará siempre la misma información.

Un espejo refleja y de nuevo se vacía..., de nuevo está listo para recibir. Un espejo está siempre dispuesto a recibir porque nunca se queda apegado a nada. El espejo no opina. La mente tiene muchas opiniones, y debido a ese muro de opiniones nunca serás capaz de llegar a la verdad.

La verdad está ahí. No es una teoría, es una realidad; tiene que ser experimentada; no puedes pensar acerca de ella, no puedes filosofar sobre ella. Cuanto más filosofas, más te alejas. Puede que los pecadores la vislumbren alguna vez, pero los filósofos nunca.

Sosan dice:

No busques la verdad;
tan sólo deja de mantener opiniones.
No permanezcas en el estado de dualidad;
evita cuidadosamente esas búsquedas.
Si queda rastro de esto o aquello,
de lo correcto o lo incorrecto,
la esencia de la Mente se perderá en la confusión.

DIFÍCIL. Hasta puedes entender que hay que abandonar toda información. Pero tu conciencia de lo bueno y lo malo está en un nivel aún más profundo que la información ordinaria. Puedes pensar: «Está bien, ya no soy ni cristiano ni hindú», pero ¿la moralidad, el bien y el mal...? ¿Acaso crees que la moralidad no es cristiana o hindú?

La moralidad es algo humano; hasta un ateo es moral. No pertenece a ninguna religión, pero también piensa en términos de *bien* y *mal*. Y este es uno de los problemas más básicos que tiene que resolver un buscador. Un buscador auténtico tiene que abandonar todos los conceptos; bien y mal.

He oído que:

Unas personas viajaban en un barco pequeño. De repente el océano se enloqueció y parecía que el barco fuera a hundirse en cualquier momento. Todo el mundo se arrodilló y empezó a rezar.

En el barco iban un santo, conocido por todos, y un pecador, a quien también todo el mundo conocía. El pecador también se arrodilló y dijo: «¡Dios mío! ¡Sálvanos!».

El santo se acercó a él y le dijo: «¡No tan alto. Si él se entera de que tú también estás aquí, no se va a salvar nadie. Nos vamos a ahogar todos. Así que no grites tanto!».

¿Pero puede un santo ser un santo si ve en alguien a un pecador? ¿Puede un santo realmente, auténticamente, ser un santo si piensa que el otro es un pecador? Podrá ser una persona de gran moralidad, pero está apegado al bien y todavía condena al otro. Un hombre religioso no condena. Simplemente acepta. Un hombre religioso es humilde, ¿cómo va a decir?: «Yo soy un santo y tú eres un pecador». Un hombre religioso simplemente abandona todos los juicios sobre el bien y el mal.

Sosan dice:

No permanezcas en el estado de dualidad;
evita cuidadosamente esas búsquedas.
Si queda rastro de esto o aquello,
de lo correcto o lo incorrecto,
la esencia de la Mente se perderá en la confusión.

Y piensa, tú también lo sabes por experiencia... Si piensas demasiado en ser bueno, ¿qué harás? Lo malo seguirá ahí, lo reprimirás. En la superficie lo pulirás, pero en el fondo habrá inquietud. En la superficie serás un santo, pero el pecador estará oculto en lo profundo.

Y lo mismo le ocurre a un pecador. En la superficie es un pecador pero en el fondo él también quisiera ser un santo. También piensa: «Esto está mal, lo voy a dejar». También quiere mostrar que no es un pecador.

Los dos están divididos. La diferencia no está en la división, la diferencia sólo radica en qué es lo que está en la superficie y qué es lo que está oculto. El santo sueña con el pecado; sueña con todas esas cosas malas que ha reprimido. Es un fenómeno extraño, si pudieras ver los sueños de los santos siempre los encontrarías pecando, y si observaras los sueños de los pecadores siempre los encontrarías como santos.

Los pecadores siempre sueñan con ser santos, y los santos siempre sueñan con hacerse pecadores, porque todo lo que se reprime sale en los sueños, el inconsciente se trasluce a sí mismo en los sueños. Pero la división permanece; si estás dividido no puedes entrar en la fuente original.

Es como un árbol, un gran árbol con miles de ramas. Las ramas están divididas. ¿Si te aferras a las ramas cómo vas a llegar a las raíces? Cuanto más profundo vayas, menos ramas habrá; a medida que vayas yendo más abajo, las ramas irán desapareciendo y llegarás al tronco único, sin ramificaciones; con todas las ramas en él, pero sin divisiones en sí mismo. Todo sale de él. Lo múltiple sale del uno, pero el uno sigue siendo uno. Tienes que regresar al uno. Y esta es la raíz, el origen.

Aunque todas las dualidades proceden del Uno,
no te apegues ni siquiera a este Uno.

...Todas las dualidades proceden del Uno,
no te apegues ni siquiera a este Uno...

NO HAGAS DE ESTO UNA TEORÍA a la que aferrarse, dispuesto a pelearte si alguien te dice: «¡No!». Eso es lo que ha ocurrido en la India.

Hay una escuela de la no-dualidad: Shankara, junto con su escuela, usaba toda clase de argumentos para defender la filosofía de que sólo el uno existe, lo no-dual. Si alguien decía que lo dual existe, él estaba dispuesto a argumentar. Y el que defendía la dualidad se defendía diciendo: «¿Cómo puede el uno existir? El uno no puede existir porque necesita al otro para existir».

¿Puedes hacer operaciones aritméticas con sólo un dígito? No se necesitan diez pero al menos dos son necesarios. Einstein lo intentó usando sólo dos dígitos en aritmética (el uno y el dos: uno, dos; luego vino el diez, el once, el doce, y después el veinte. Esta forma funciona, puede hacerse. No se necesitan nueve o diez dígitos), pero sólo con uno no es posible.

Los que están a favor de la dualidad dicen que la existencia no es posible sólo con el uno. Hasta un río necesita las dos orillas para fluir. Se necesita un hombre y una mujer para que nazca un niño; la vida necesita de la vida y de la muerte como las dos orillas del río para fluir entre ellas. El uno sería muy monótono; ¿cómo va a proceder la vida del uno? Ellos mantienen que es dos. Y aquellos que dicen que es uno, no-dual, también luchan contra los que están a favor de la dualidad.

Sosan dice que si realmente has entendido que todo procede del uno, ni siquiera te identificas con ello, porque el identificarte muestra que estás a favor de algo y en contra de algo. Si dices: «Soy no-dualista», no has entendido nada; porque si sólo existe el uno, ¿cómo puedes ser dualista o no-dualista? ¿Y qué quieres decir con lo de no-dualista? Si no hay dualidad, ¿qué quieres decir con eso de no-dualista? ¡Quédate en silencio!

Un verdadero no-dualista no puede afirmar, no puede decir: «Yo creo en esto», porque el creer siempre implica el opuesto. Si digo: «Creo esto», entonces queda implicado que no creo en lo otro. Entonces se crea el dos.

Sosan (y él es un verdadero no-dualista) dice:

Aunque todas las dualidades proceden del Uno,
no te apegues ni siquiera a este Uno.

Cuando la mente existe imperturbable en el Camino,
nada en el mundo puede ofender;
y cuando ya nada puede ofender,
deja de existir tal como era antes.

Esto es muy hermoso, ¡trata de recordarlo!

Cuando la mente existe imperturbable en el Camino,
nada en el mundo puede ofender;
y cuando ya nada puede ofender,
deja de existir tal como era antes.

ALGUIEN TE INSULTA... Si realmente vives imperturbable, no se te puede insultar; pueden intentarlo, pero tú no te sentirás insultado. Pueden hacer lo que sea para insultarte, pero no te afectará. Y a no ser que a *ti* te afecte, fracasarán.

Ocurrió una vez:

Un psicoanalista estaba dando un paseo matinal con su amigo. Un hombre que era paciente de este psicoanalista, un loco, llegó corriendo y golpeó con fuerza al psicoanalista en la espalda. El psicoanalista se tambaleó, cayó al suelo, y el hombre salió corriendo. El psicoanalista se recompuso y continuó con su paseo.

El amigo sorprendido le dijo: «¿Pero no vas a hacer nada? ¡Tienes que hacer algo, es tu deber! ¡Ese hombre está loco!».

El psicoanalista contestó: «Ese es *su* problema». Y tiene razón, porque: «Golpear a la gente es su problema, no el mío. ¿Por qué me voy a molestar?».

Tiene razón, porque si alguien se enfada es *su* problema; si insulta a alguien es *su* problema; si abusa de alguien es *su* problema. Si *tú* estas tranquilo, estás tranquilo. Pero inmediatamente te inquietas; eso quiere decir que su ira y su insulto son sólo una excusa. Tú estabas dispuesto, hirviendo por dentro, sólo a la espera de cruzarte con cualquier excusa.

Sosan dice:

Cuando la mente existe imperturbable...

Y cuando vuelves al origen es imperturbable.

...en el Camino,
nada en el mundo puede ofender;

y cuando ya nada puede ofender,
deja de existir tal como era antes.

Y la cualidad cambia con la actitud. Si alguien te insulta, es un insulto porque a ti te lo parece, porque te sientes insultado. Si no te sintieras insultado, no te lo parecería. ¿Cómo te iba a parecer un insulto si no te sientes insultado?

Alguien está enfadado; tú sientes su enfado porque te molesta. Si no te molesta no puedes sentirlo como ira. La cualidad cambia porque tu interpretación cambia, porque *tú eres diferente*. Alguien te odia, y lo sientes como odio porque te molesta. Si alguien te odia pero a ti no te molesta, ¿lo llamarás odio? ¿Cómo vas a llamarlo odio? Ese nombre ya no será el adecuado, porque ya no tienes la misma mente.

Puede que hasta sientas compasión, que te apene. Puedes pensar: «¿Qué le ha ocurrido a este hombre? ¡Cuánto está sufriendo, e innecesariamente, sin ningún motivo!». Puede que hasta trates de ayudarle a salir de ahí, porque cuando alguien está enfadado está envenenando su propio cuerpo, su propio ser; está enfermo. Le ayudarás a salir de ello. Si alguien tiene cáncer no te peleas con él. Le ayudas, le sirves, le llevas al hospital.

Para un buda, para un hombre como Sosan, cuando te enfadas tu mente tiene cáncer; necesitas compasión, necesitas ayuda. Y si el mundo se iluminara un poco más, siempre que alguien se enfadara, toda su familia, sus amigos, le llevarían al hospital. Lo que necesita es una buena cura. Es estúpido pelearse y enfadarse con él. Es absolutamente absurdo: está enfermo, y además todos se ponen en su contra, ¿cómo se le va a ayudar así?

Con las enfermedades físicas tenemos compasión, pero con las mentales no tenemos ninguna porque, si alguien está enfermo físicamente, no nos lo tomamos como una ofensa. Cuando alguien está enfermo mentalmente, pensamos que está enfermo por nuestra causa. Porque tú también lo estás, de ahí esa actitud.

Una vez que eres imperturbable, todo cambia, porque tu actitud cambia. Eres diferente, el mundo entero es diferente; *deja de existir tal como era antes.*

Cuando no surgen pensamientos discriminatorios,
la mente de antaño deja de existir.

LA DISCRIMINACIÓN (eso es bueno y esto es malo, esto me gusta y esto no me gusta)..., esta discriminación es la mismísima base de tu mente. Si desaparece la discriminación, la mente cae en un abismo; y llegarás al origen. Y este origen lleva consigo todo el significado, todo el sentido, todo el éxtasis, todas las bendiciones.

Cuando los objetos del pensamiento se desvanecen,

el sujeto pensante se desvanece;

y cuando la mente se desvanece, los objetos se desvanecen.

Las cosas son objetos debido al sujeto,

y la mente es tal debido a las cosas.

Entiende la relatividad de ambos,

así como la realidad básica: la unidad del vacío.

En este Vacío ambos son indistinguibles

y cada uno contiene en sí mismo el mundo entero.

Si no haces ninguna discriminación

entre burdo y sutil,

no te tentarán

el prejuicio y la opinión.

5

LA UNIDAD DEL VACÍO

25 de octubre de 1974

EL MUNDO EXISTE DEBIDO A TI; tú lo creas, eres su creador. Cada ser crea un mundo alrededor de sí mismo, el cual depende de su mente. La mente puede que sea una ilusión, pero es creativa; crea sueños. Y depende de ti si creas un cielo o un infierno.

Aunque dejes este mundo no te será posible abandonarlo. Donde sea que vayas volverás a crear el mismo mundo, porque el mundo brota constantemente de ti, como las hojas brotan del árbol.

Vosotros no vivís en el mismo mundo, no podéis porque vuestras mentes no son iguales. Tú puedes estar viviendo en el infierno y el que está justo a tu lado puede estar viviendo en el cielo; ¿acaso crees que vivís en el mismo mundo? ¿Cómo vais a vivir en el mismo mundo si vuestras mentes son diferentes?

Así que lo primero que hay que entender es que no se puede abandonar el mundo a no ser que la mente desaparezca. Ambos están relacionados, dependen el uno del otro, forman un círculo vicioso. Si la mente está ahí... Y una mente es siempre una mente particular. Cuando la mente deja de ser una mente particular, cuando se convierte en Mente con mayúscula, ya no es una mente, se convierte en consciencia. Una mente es siempre una mente particular y desprende un aroma particular a su alrededor, que es tu mundo.

La mente crea al mundo, luego el mundo crea a la mente y la ayuda a permanecer como tal. Este es el círculo vicioso. Pero el origen está en la mente; el mundo es sólo una consecuencia.

La mente es substancial; el mundo es sólo su sombra. Y uno no puede deshacerse de su sombra, pero eso es lo que toda la gente trata de hacer.

Si *esta* mujer no encaja contigo, tú piensas que otra encajará. Tratas de cambiar el mundo, pero tú sigues siendo el mismo. Convertirás a la próxima mujer en una réplica exacta de la anterior. Volverás a crear, porque la mujer será sólo una pantalla.

Y te sorprenderás: la gente que se ha casado muchas veces tiene una experiencia realmente extraña. Una persona que se ha casado diez veces reconoce el hecho de que: «¿Cómo es que siempre me ocurre lo mismo? ¿Cómo es que en un mundo tan enorme siempre me encuentro con el mismo tipo de mujer? ¡Parece imposible hasta por casualidad!, ¡una y otra vez!».

El problema no es la mujer, el problema es la mente. La mente vuelve a ser atraída por el mismo tipo de mujer, y otra vez crea la misma relación; se vuelve a encontrar con el mismo lío y el mismo infierno.

Y lo mismo ocurre con todo lo que haces. ¿Crees que serías más feliz si vivieras en un palacio? ¡Te equivocas! ¿Quién es el que va a vivir en el palacio? Serás tú quien viva allí. Y si no eres capaz de ser feliz en una cabaña, tampoco serás capaz de ser feliz en un palacio. ¿Quién va a vivir en el palacio? Los palacios no existen fuera de ti.

Si puedes ser feliz viviendo en una cabaña, podrás ser feliz viviendo en un palacio, porque quien crea el mundo a tu alrededor eres tú. De otra forma, al igual que te disgusta la cabaña, te disgustará el palacio; aún más, porque será más grande. Será un infierno, exactamente igual; con más decoración, pero un infierno decorado no es el cielo. Y aun si te meten a la fuerza en el cielo tratarás de encontrar una salida o allí mismo crearás tu infierno.

He oído una historia acerca de un hombre que murió; era modisto, un gran hombre de negocios. Y de alguna forma, por algún error, entró en el cielo. Allí se encontró con su socio. Al socio se le veía tan triste como en la Tierra. Así que le preguntó:

«¿Qué pasa? ¿Cómo es que se te ve tan infeliz estando en el cielo?».

El socio le respondió: «Esto está bien, pero yo personalmente prefiero Miami».

Y él también llegó a esta conclusión a los pocos días. Así que volvieron a hacerse socios y se propusieron abrir otra empresa.

Y ocurrirá *lo mismo* en cualquier parte que vayas, porque *tú* eres el mundo. *Tú* creas un mundo alrededor tuyo, y luego el mundo ayuda a la mente que lo ha creado. El hijo ayuda al padre, el hijo ayuda a la madre, la sombra ayuda a lo que la mantiene; y así la mente se refuerza y de nuevo vuelves a crear el mismo mundo sobre las mismas bases. ¿Por dónde empezar la transformación? ¿Cómo cambiar?

SI MIRAS, la primera mirada te dirá que cambies el mundo, porque es lo más obvio a tu alrededor. ¡Cámbialo! Y eso es lo que has estado haciendo durante vidas: cambiando constantemente el mundo, cambiando esto y lo de más allá, cambiando de casas, de cuerpos, de mujeres, de amigos; cambiando, pero sin darte cuenta nunca del hecho de que sigues igual, ¿cómo vas a cambiar el mundo así?

A eso se debe que se haya creado una falsa tradición de renunciación en todo el mundo. Deja tu hogar y vete a un monasterio. Huye de lo mundano y vete a los Himalayas. ¡Huye del mundo! Es muy fácil irse a los Himalayas, pero ¿cómo vas a huir de ti mismo? *Allí* volverás a crear el mismo mundo; exactamente el mismo. Puede que esta vez sea en miniatura, puede que no sea a tan gran escala, pero volverás a hacer lo mismo. *Tú* eres el mismo, ¿cómo vas a hacer algo diferente?

Una comprensión más profunda revela que, cuando cambie la mente, cambiará el mundo. Entonces, estés donde estés se te revelará un mundo diferente. Profundizas, y entonces entiendes que si quieres vivir realmente sin el mundo a tu alrededor... Porque por muy maravilloso que sea el mundo, tarde o temprano se volverá aburrido y te cansarás de él. Aunque estés en el mismo cielo añorarás el infierno, porque la mente necesita cambiar. No puede vivir en lo eterno, no puede vivir en lo que no cambia, porque la mente siempre añora una nueva curiosidad, alguna sensación nueva, alguna excitación nueva. La mente no puede parar el tiempo y habitar en lo atemporal. Es por eso que la mente no puede vivir en el ahora, en el aquí, porque el ahora no forma parte del tiempo; no cambia nunca, es eterno. Es sencillamente tal como es. Allí no ocurre nada. Está vacío.

Buda a esto lo llamó *shunyata;* vacío absoluto. En ese vacío no ocurre nada, nadie viene, nadie va. No hay nadie porque, si hubiera alguien, algo ocurriría.

La mente no puede vivir en el eterno ahora. La mente quiere cambios, espera y espera contra toda esperanza. La situación en sí es desesperada, pero la mente sigue esperando.

He oído que:

Mulla Nasrudin estuvo muchos años sin trabajo porque quería ser actor y no tenía talento para ello. Pero cada día, religiosamente, iba a ver a su representante. Llamaba a la puerta muy esperanzado, entraba en la oficina y preguntaba: «¿Hay algo nuevo? ¿Has conseguido algo para mí?».

Y el representante siempre le respondía lo mismo: «Nada, por el momento no hay nada».

Pasaron los días, los meses y los años, y la llamada de Nasrudin se convirtió en una rutina. En cualquier época del año, hiciera el tiempo que hiciera, bueno o malo, su representante estaba seguro de que Nasrudin aparecería. Y volvería, lleno de esperanza, a preguntar de nuevo, y el hombre volvería a responderle lo mismo: «Nasrudin, no he conseguido nada, no te he encontrado nada».

Un día la llamada sonó diferente, un poco más triste, y cuando Mulla entró, hasta su representante se sorprendió, y pensó: «¿Por qué estará tan triste hoy?».

Mulla dijo: «Escucha, durante las dos semanas siguientes no me comprometas con nadie, me voy de vacaciones».

Así es como funciona la mente: sigue esperando, ¡y no sólo durante varios años, sino durante varias vidas! Una y otra vez llamas a la misma puerta con la misma insistencia y la misma pregunta, y la respuesta siempre es no. ¿Qué otra cosa has conseguido a través de la mente excepto noes?

El sí nunca ha llegado de esta forma, no puede. La mente es un esfuerzo inútil. Es como un desierto, nada crece en él, nada puede crecer. Pero ella sigue esperando. Hasta el desierto sueña; y sueña con jardines maravillosos, con ríos que fluyen, con arroyos y cascadas. Hasta el desierto sueña..., y ese es el sueño de la mente. Uno tiene que estar atento. No hay necesidad de perder más tiempo; no hay necesidad de llamar a la puerta de ningún representante. Ya has vivido lo suficiente con la mente. No has conseguido nada a través de ella. ¿No ha llegado ya el momento de estar atento y consciente?

Lo que has conseguido ha sido mucho sufrimiento, desdicha, angustia y frustración; si a eso lo llamas conseguir algo, entonces todo va bien. Siempre que te mueves con la mente algo va mal, porque la mente es el mecanismo de lo erróneo. Observa: siempre hay algo que va mal.

El hijo de Mulla Nasrudin acababa de entrar en la escuela. La maestra, que estaba dando geografía y hablaba de la forma de la Tierra, le preguntó: «¿Qué forma tiene la Tierra?».

Él se quedó en silencio; así que para provocar su respuesta ella le preguntó: «¿Es plana?».

El niño contestó: «No».

Un poco más esperanzada, le volvió a preguntar: «¿Entonces es una esfera, tiene forma redonda?».

El hijo de Nasrudin volvió a contestar: «No».

Entonces sorprendida, le dijo: «Sólo hay dos posibilidades: o es plana o es redonda, y dices que ni una ni otra. ¿Entonces cómo te imaginas que es?».

El niño contestó: «¡Mi papá siempre dice que el mundo está torcido!».

Para la mente todo está torcido; no porque realmente lo esté, sino porque esa es la manera de ver de la mente: cualquier cosa que pasa a través de ese medio que es la mente, se tuerce. Igual que cuando metes algo recto en el agua, por ejemplo una paja, y de repente ves que al introducirla en el agua ocurre algo: se tuerce, ya no está recta. La sacas del agua, y de nuevo vuelve a estar recta. La vuelves a introducir y...

Y tú sabes que aunque esté dentro del agua la paja sigue estando recta, pero tus ojos no lo ven así. Puedes sacarla y meterla cien veces. Y aunque de sobra sepas que la paja sigue estando recta, el agua, como medio, te dará la falsa información de que no está recta.

Sabes por innumerables experiencias que el sufrimiento es creado por la mente, pero de nuevo vuelves a caer en la trampa. La mente crea sufrimiento. No puede crear otra cosa porque no puede encontrarse con la realidad. Sólo puede soñar; esa es la única capacidad que tiene. Sólo puede soñar. Y los sueños no pueden satisfacerte, porque siempre que se enfrentan a la realidad se hacen añicos.

Vives en una casa de cristal, no puedes afrontar la realidad. Siempre que la realidad llega, tu casa se derrumba, y ya has vivido en muchas casas que se han hecho pedazos. Llevas sus ruinas en tu mente, la angustia resultante. Y eso ha hecho que te vuelvas amargado.

Saborea a cualquiera y te sabrá amargo. Y esa es también la experiencia que los demás tienen de ti: todo el mundo sabe amargo. Si te acercas todo se vuelve agrio; si te mantienes alejado todo te parecerá maravilloso. Si te acercas se vuelve amargo; porque cuando te acercas, las mentes se penetran entre sí y todo se tuerce. Nada queda recto.

Tienes que darte cuenta de esto por experiencia propia, no como una teoría mía o de Sosan. Sosan no te puede ayudar en eso, tampoco yo. *Tiene* que ser un fenómeno de tu propia experiencia. Cuando lo experimentas se convierte en una verdad, y empiezan a cambiar muchas cosas: entonces te desprendes de la mente.

Cuando la mente se evapora, desaparecen todos los mundos. Cuando la mente se evapora, los objetos desaparecen; entonces dejan de ser objetos. Entonces ya no sabes dónde acabas tú y dónde comienzan las cosas, entonces ya no hay fronteras. Las divisiones desaparecen.

Al principio te sientes como si todo se hubiera vuelto borroso, pero, poco a poco, te vas asentando en este nuevo fenómeno que es el de la no-mente. Las estrellas siguen estando ahí pero ahora forman parte de ti, ya no son objetos. Las flores y los árboles siguen estando ahí pero ahora florecen en ti, ya no florecen afuera. Entonces vives con la totalidad.

Se ha roto la barrera; la barrera era tu mente. Por primera vez ya no hay mundo, porque el mundo significa la totalidad de los objetos. Por primera vez hay un Universo; «universo» significa «uno». Recuerda el vocablo «*uni*». ¿A esto le llamas tú Universo? Estás equivocado. No lo llames Universo, para ti es un multiverso. Muchos mundos, no uno solo, no es un Universo; no todavía.

Pero cuando la mente desaparece, los mundos desaparecen. No hay objetos. Los límites se cruzan y se mezclan entre ellos. El árbol se convierte en la roca, la roca se convierte en el sol, el sol se convierte en la estrella, la estrella se convierte en la mujer que amas, y todo se mezcla entre sí. Y ahí no estás separado. Ahí lates, vibras en el centro del propio corazón. Entonces es un Universo.

La mente se evapora, los objetos desaparecen; la fuente de los sueños se desvanece. ¿Qué has estado haciendo hasta ahora? Has estado tratando de conseguir un sueño mejor. Por supuesto que ha sido en vano, pero todo el afán de la mente radica en conseguir un sueño mejor. No creas que la mente puede darte un mejor sueño: un sueño es un sueño. Aunque sea mejor, no te satisfará. No puede darte una satisfacción profunda. ¡*Un sueño* es *un sueño!*

Si estás sediento necesitas agua real, no agua de sueños. Si estás hambriento necesitas pan real, pan substancial, no un pan de sueños. Puede que durante cierto tiempo puedas engañarte, pero ¿cuánto tiempo?

Cada noche ocurre: algunas veces tienes hambre, la mente crea un sueño en el que comes manjares. Por unos minutos está bien, aun por horas, pero ¿cuánto tiempo puede durar? ¿Puedes seguir soñando ese sueño infinitamente?

Te ayuda a dormir, a que no te interrumpa el sueño. Si no, el hambre no te dejaría dormir, y tendrías que levantarte e ir a la despensa. Esto ayuda: de esta manera puedes continuar durmiendo, creyendo que estás comiendo; sin necesidad de levantarte. Pero por la mañana sabrás que la mente te ha engañado.

Toda tu vida es como un sueño, sustituyes la realidad por sueños. Así cada día todo se hace pedazos, cada día tropiezas con la realidad, porque la realidad brota por todos los sitios. ¡No lo puedes evitar! Un sueño es algo muy frágil; y la realidad lo sacude y lo rompe.

Por tu propio bien, es bueno que la realidad rompa tus sueños, que los haga añicos. Pero de nuevo vuelves a recoger sus pedazos y vuelves a crear otros sueños. ¡Déjalo ya! Ya lo has hecho muchas veces. No has conseguido nada. ¡Basta ya! Una vez que entiendes que tienes que dejar de soñar, el mundo de los objetos desaparece. El mundo estará ahí, pero no será el mundo de los objetos. Entonces todo cobra vida, todo se vuelve subjetivo.

A esto es a lo que se refieren las personas religiosas cuando dicen que todo es Dios. En realidad, ¿qué quieren decir con eso? Dios es sólo una metáfora. No hay nadie sentado en el cielo, controlando, dirigiendo, haciendo que las cosas funcionen. Dios es sólo una metáfora; una metáfora para decir que las cosas en el mundo no son cosas, sino personas. En su interior tienen una subjetividad. Todo está vivo y vibrando. Y este vibrar no es un proceso fragmentado, este vibrar es un *todo* vibrando.

Sientes el latir del corazón cerca del corazón, en el corazón. Pero ¿crees que ocurre sólo en el corazón? Estás equivocado; todo el cuerpo vibra. El corazón sólo lo indica; todo el cuerpo vibra. Por eso cuando el corazón se para, el cuerpo se muere. No era realmente el corazón lo que vibraba; todo el cuerpo estaba vibrando a través del corazón; el corazón era sólo un indicador.

Tú vibras, pero el todo vibra a través de ti; tú eres sólo un indicador, un corazón. El Universo vibra y late a través de ti. Tú no eres, el Universo es.

Y el Universo no es la totalidad de los objetos, es una subjetividad. Existe como una persona. Está vivo, consciente. No es una organización mecánica. Es una unidad orgánica.

Ahora intenta entender estas palabras de Sosan:

Cuando los objetos del pensamiento se desvanecen,
el sujeto pensante se desvanece;
y cuando la mente se desvanece, los objetos se desvanecen.
Las cosas son objetos debido al sujeto,
y la mente es tal debido a las cosas.

LAS COSAS ESTÁN AHÍ A TU ALREDEDOR debido a ti. Tú las atraes. Si sientes el infierno a tu alrededor, eres tú quien lo ha atraído. No te enfades por ello, no empieces a luchar contra ello; no sirve de nada. Lo has atraído *tú*, *tú* lo has invitado; ¡tú lo has creado! Y tus deseos se han realizado: lo que necesitabas, ahora está a tu alrededor. Y entonces empiezas a pelearte y a enfadarte. ¡Lo has conseguido!

Recuerda siempre que todo lo que ocurre a tu alrededor está enraizado en la mente. La mente es siempre la causa. Es el proyector, afuera sólo hay pantallas; tú te proyectas a ti mismo. Si te parece desagradable, entonces cambia la mente. Si sientes que cualquier cosa que procede de la mente es un infierno, una pesadilla, entonces abandona la mente. Trabaja sobre la mente, no pretendas arreglar la pantalla, no vayas pintándola, cambiándola. Trabaja sobre la mente.

Pero hay un problema, y el problema es que piensas que *tú* eres la mente. Así que, ¿cómo vas a dejarla? Sientes que puedes dejarlo todo, cambiarlo, volverlo a pintar, decorarlo de nuevo, volverlo a arreglar, pero ¿cómo vas a dejarte a ti mismo? Esta es la raíz de todo problema. Tú no eres la mente, estás más allá de ella. Has llegado a identificarte con ella, eso sí es verdad, pero no eres la mente.

Y este es el propósito de la meditación: darte pequeños vislumbres de que no eres la mente. Por unos momentos la mente para..., y ¡tú todavía estás ahí! Por el contrario, eres *más*, estás lleno de ser. Cuando la mente para, es como si se hubiera parado un drenaje que te estuviera constantemente drenando. De pronto la energía te desborda. ¡Sientes más!

Si te das cuenta de que la mente no está ahí, pero «yo soy», aunque sólo sea por un momento, habrás alcanzado el profundo núcleo de la verdad. Entonces será fácil abandonar la mente. Tú no eres la mente, de otra forma ¿cómo podrías abandonarte a ti mismo? Primero hay que abandonar la identificación, entonces puede abandonarse la mente.

Todo el método de Gurdjieff radica en cómo desidentificarse. La próxima vez que tengas un deseo, obsérvalo. Di para tu interior: «Voy a observar adónde va esta mente». Y al estar mirándolo sentirás una distancia. ¿Quién es este observador, el espectador? Y el deseo se mueve y crea sueños.

A veces, puede que te olvides y te vuelvas uno con el deseo. Céntrate de nuevo, mira otra vez el deseo: el deseo se mueve por sí mismo. Es como si hubiera aparecido una nube, ha surgido un pensamiento en el cielo de tu ser. Y recuerda, si puedes no identificarte aunque sea por un instante (el deseo está ahí y tú estás ahí pero hay una distancia), de repente hay iluminación, te llega una luz.

Ahora sabes que la mente funciona por sí misma, que es un mecanismo. ¡Puedes dejarla a un lado! Puedes usarla, o puedes no usarla; tú eres el maestro. Ahora el esclavo, el mecanismo, está en su lugar; ya no es el amo. Entonces es posible dejarlo. Sólo cuando eres diferente de algo, puedes abandonarlo.

Meditar, atestiguar, sentarse en silencio y mirar la mente será de gran ayuda. Sin forzar, simplemente sentándose y observando. Sin hacer mucho, sólo observando, como se observa a los pájaros volando en el cielo. Sólo tumbándose en el suelo y observando, sin hacer nada, indiferente. Sin que realmente te concierna adónde van; van a su aire, van a lo suyo.

Recuerda, los pensamientos también son como los pájaros: se mueven por sí mismos, a su aire. Y a veces ocurre que los pensamientos de la gente que está a tu alrededor entran en tu cielo, y tus pensamientos entran en su cielo. Por eso es que a veces sientes que en presencia de alguna persona de repente te entristeces; en cambio con otra sientes cómo te sube la energía, sientes alegría y felicidad. Sólo con mirar a alguien, con estar cerca de él, cambia algo en tu estado de ánimo.

Ocurre hasta con los lugares. Entras en una casa y de repente te inunda una pesadez. Entras en otra, y de repente te sientes muy liviano, como si te hubieran salido alas, sientes que puedes volar, que no tienes peso. Penetras en un ambiente y ya no eres el mismo, algo ha cambiado. Entras en otro ambiente, y de nuevo algo vuelve a cambiar.

Esta es la base del *satsang:* estar en presencia de un Maestro, el cual no tiene pensamientos. Sólo con su presencia, sólo estando junto a él, a veces sus no-pensamientos, su no-mente, llaman a tu puerta. En ciertos momentos..., y no puede ser manipulado, uno tiene que esperar, uno sólo puede rezar, esperar y observar. No puede forzarse porque no es un pensamiento. Un pensamiento es una cosa, puede ser proyectado. El no-pensamiento no es una cosa, no puede proyectarse.

Un pensamiento tiene su propio movimiento y propulsión. Siempre que estés cerca de una persona que tenga muchos pensamientos, te llenará con ellos. Sólo estando cerca derramará su mente en ti; no importa si habla o no, esa no es la cuestión. Desde su cabeza están cayendo constantemente pensamientos, como chispas, por todas partes; y tú los recoges.

Y a veces hasta te das cuenta de que este pensamiento no es tuyo, pero cuando llega te llena, y te identificas con él. Esa ira no es tuya; el que estaba enfadado era otro pero tú sentiste algo dentro de ti. Alguien estaba resentido y su odio te tocó. Todo es infeccioso, y la mente es la enfermedad más infecciosa del mundo. Ningún virus puede competir con ella, infecta a todo el mundo a su alrededor.

Si pudieras ver, te darías cuenta de que de la cabeza de los demás salen chispas. Son de diferentes colores. Es por eso que muchos místicos pueden ver el aura, porque cuando se encuentran con una persona oscura, ven que su aura es oscura. Si tus ojos vieran con claridad podrías verlo. Cuando tienes una persona feliz a tu lado puedes verlo. Aunque todavía no la hayas visto, aunque llegue por detrás, de pronto sientes que hay algo feliz a tu alrededor.

Los pensamientos no son tuyos, no son tú. Cuando mueres, tus pensamientos se esparcen por todos los sitios. Ocurre así, la próxima vez que estés cerca de un moribundo, obsérvalo; es una experiencia en sí misma. Cuando un hombre se esté muriendo, siéntate y observa lo que le ocurre a tu mente. Te sorprenderás; pensamientos que nunca habías tenido antes, pensamientos a los que no estás acostumbrado, pensamientos que te son absolutamente desconocidos, de repente brotarán en ti; ¡flop! El hombre se está muriendo y arroja sus pensamientos por todas partes, igual que arroja sus semillas un árbol cuando se está muriendo. Es presa del pánico; antes de morir, el árbol tiene que soltar sus semillas para que nazcan otros.

Nunca te acerques a un hombre que se está muriendo si no eres consciente, porque si no el muerto te influenciará. Básicamente, nunca te quedes cerca de un hombre con el que te sientas oscuro, pesado, triste, a no ser que seas consciente. Pero si te das cuenta, no hay problema. La oscuridad viene y pasa; nunca te identificas con ella.

¿Has notado alguna vez, al entrar en una iglesia con la gente rezando que te sientes inmediatamente diferente? Tanta gente rezando..., aunque la oración no sea muy real, aunque sólo sea una oración dominical, pero aun así están rezando, y por unos momentos se abren las ventanas; esos momentos son diferentes. El fuego te enciende, y de repente sientes que algo en ti cambia.

¡Estáte consciente! Y mira cómo entran los pensamientos en la mente, cómo te identificas y te haces uno con ellos. Y se mueven muy rápidamente, su velocidad es enorme, no hay nada tan rápido como un pensamiento. No se puede crear nada más veloz que un pensamiento. No tarda nada en llegar a cualquier sitio. Salta de una infinidad a otra; el espacio no existe para él.

Los pensamientos están ahí, moviéndose a gran velocidad. Y debido a esa rapidez no puedes ver dos pensamientos por separado. Siéntate, cierra los ojos, ralentiza todos los procesos corporales. Que la respiración se vuelva más lenta, el latir del corazón más lento, la presión sanguínea más lenta. Ralentiza todo, relájate, porque si todo va más lento, los pensamientos tendrán que ir más lentos pues todo está unido. Cuando todo se ralentiza, el pensamiento tiene que ir más lento.

Es por eso que al dormir profundamente los pensamientos paran: porque todo va muy lento y el pensamiento es algo tan veloz que se produce una ruptura y el proceso no puede continuar. El hombre está en un estado muy lento, mientras que el pensamiento es algo tan rápido que ambos no pueden continuar juntos. El pensamiento desaparece. En el dormir profundo, tan sólo por algunas horas, como mucho durante dos horas, el pensamiento se para, porque estás completamente relajado.

RELÁJATE Y SIMPLEMENTE OBSERVA: a medida que el proceso se vaya haciendo más lento serás capaz de ver espacios. Entre dos pensamientos hay un intervalo; en este intervalo *habita* la consciencia. Entre dos nubes hay un intervalo; en este intervalo aparece el cielo azul.

Ralentiza el proceso del pensamiento y fíjate en los intervalos, presta más atención a los intervalos que a las nubes. Cambia la atención de lugar, cambia la gestalt. No te fijes en la figura, fíjate en el fondo.

Si pongo una pizarra, una pizarra grande del tamaño de toda esta pared, la marco con un punto blanco y os pregunto qué veis, hay un noventa y nueve por ciento de posibilidades de que no veáis la pizarra, sino el punto blanco; porque vemos la figura, no el fondo. La pizarra es enorme, y aun así si os pregunto: «¿Qué veis aquí?», diréis: «Veo un puntito blanco». No se ve una pizarra tan enorme y, en cambio, se ve un puntito blanco, que es casi invisible. ¿Por qué?, porque este es el modelo fijo de la mente: mirar la figura, no el fondo, mirar la nube, no el cielo; mirar el pensamiento, no la consciencia.

Hay que cambiar esta gestalt. Préstale más atención al fondo y menos a la figura. Te acercarás más a la realidad. Esto es lo que se hace constantemente en la meditación. La mente, debido a su hábito, se fijará en la figura. Tú tan sólo vuelve a cambiar..., fíjate en el fondo.

Tú estás aquí, yo estoy aquí. Podemos mirar a los demás de dos maneras. Yo puedo mirar el fondo (en el fondo hay árboles, plantas, tierra, cielo), tienes de fondo el Universo infinito; o te puedo mirar a ti, tú eres la figura. Pero la mente siempre se fija en la figura.

Por eso ocurre que si vas a ver a alguna persona como Sosan, Jesús o Buda, sientes que sus ojos no te miran. Tú eres sólo la figura y ellos están mirando el fondo. Su gestalt es diferente. Puede que sientas que en sus ojos haya cierta frialdad porque no *te* prestan atención.

Tú eres sólo una nube. Para personas como Buda, cuando miran, *estás* ahí, pero sólo como una pequeña parte del fondo. El fondo es infinito, y eres sólo un punto. Pero a ti te gustaría que alguien te mirara, que mirara al puntito, como si fueras el Universo, como si nada existiera más allá de ti.

El amor de Buda te parecerá distante. Y tú necesitas un amor apasionado, unos ojos que te miren a ti y se olviden del todo. Eso no le es posible a un buda. Ocupas tu lugar, pero aun así eres sólo un pequeño punto. Por muy maravilloso que seas, eres sólo una parte de un fondo infinito; y no se te puede prestar toda la atención.

Por eso el ego se siente muy herido cuando está cerca de un buda, porque quiere toda la atención: «Mírame, yo soy el centro del mundo». Pero no eres el centro del mundo. En realidad el mundo no tiene ningún centro, porque un centro sólo sería posible si el mundo fuera limitado. Si fuera un círculo finito entonces podría haber un centro, pero es un círculo infinito.

Es absurdo pensar en un centro. No hay centro en el mundo; el mundo existe sin ningún centro. Y eso es hermoso. Por eso todo el mundo puede pensar: «Soy el centro». Si hubiera un centro eso sería imposible.

Por eso los mahometanos, los cristianos y los judíos no permiten afirmaciones tales como las de los hindúes, que afirman:

«Yo soy Dios; *aham brahmasmi*». Para ellos eso es una herejía: «¿Qué estás diciendo? Sólo Dios es el centro. Y nadie más lo es». Pero los hindúes pueden afirmar desenfadadamente: «Yo soy Dios», porque ellos dicen que *no* hay ningún centro o que todo el mundo es el centro.

Pero cuando pides que se te preste toda la atención, eso es la mente, el viejo hábito de la mente de no mirar el fondo y fijarse solamente en la figura.

Durante la meditación tienes que cambiar de la figura al fondo, de la estrella al firmamento. Cuanto más ocurra este giro, más sentirás que no eres la mente y llegarás a sentir más fácilmente que la puedes dejar...

Es como quitarte un vestido. Te lo has hecho tan ceñido que parece que fuera tu propia piel. Pero no lo es, es sólo un vestido; y te lo puedes quitar fácilmente. Pero hay que entender que uno es el fondo, no la figura. Y cuando esta mente se evapora, dice Sosan, el mundo objetivo simplemente se desvanece.

¿Qué quiere decir? ¿Quiere esto decir que si estás en profunda meditación, que si has alcanzado la meta de la no-mente, desaparecerán estos árboles, se desvanecerán? ¿Que entonces esta casa ya no estará aquí? ¿Que tú ya no estarás sentado aquí? ¿Que, si lo has conseguido, esta silla en la que estoy sentado se desvanecerá?

No. Los objetos desaparecen como tales. No esta silla, no este árbol; ellos permanecen, pero ahora no están limitados. Ahora ya no tienen fronteras. Ahora esta silla se encuentra enlazada con el sol y con el cielo, ahora la figura y el fondo se vuelven uno. No hay una figura separada del fondo, sus identidades han desaparecido. Ya no son objetos, porque ahora tú ya no eres un sujeto.

Krishnamurti repite constantemente algo muy hermoso: en profunda meditación el observador se convierte en lo observado. Esto es verdad, pero te parecerá absurdo. Si estás mirando una flor, ¿está Krishnamurti diciendo que te convertirás en la flor? ¿Entonces cómo vas a volver a casa? O puede que alguien venga y la arranque, y entonces te hallarás en un problema.

«El observador se convierte en lo observado.» ¿Quiere él decir que te conviertes en la flor? No; pero aun así, en cierto sentido sí. No te conviertes en la flor en el sentido de que dejes de ser un hombre y alguien te pueda arrancar y llevarte consigo. No, en ese sentido no. Pero cuando no hay mente, no existe ya ninguna línea divisoria que te separe de la flor y la flor ya no tiene ningún límite que la separe de ti. Ambos os habéis convertido en un algo subjetivo, os habéis encontrado y fundido. Tú sigues siendo tú, la flor sigue siendo la flor, nadie puede arrancarte por error, pero existe una unión.

Esto ocurre solamente algunas veces en tu vida, en algunos momentos en los que amas a alguien. Y eso también es infrecuente, porque la mente del ser humano nunca le deja ni siquiera amar. Constantemente va creando su propio absurdo, creando su propio mundo. Y al amante no se le permite una cercanía tal que llegue al fondo. La figura, el ego, está siempre entremedias. Pero algunas veces ocurre.

Desde luego ocurre a pesar tuyo. Es tan natural que, aun a pesar de todas las objeciones, a veces la realidad se topa contigo. A pesar de todas tus medidas, a pesar de todos tus sueños, a veces te penetra, a veces no estás suficientemente protegido. A veces te olvidas, o estás tan ocupado en algo que se abre alguna ventana, de forma que la realidad entra cuando tú no estás mirando.

En algunos momentos de amor, esto ocurre: que el observador se convierte en lo observado. Esta es una hermosa meditación: si amas a alguien, siéntate con esa persona y miraos a los ojos; sin pensar nada, sin pensar en quién es esa persona, sin crear un proceso de pensamiento, sólo mirándoos a los ojos.

Puede que haya algunos vislumbres en los que el observador se convierta en lo observado, en los que te perderás y no sabrás quién eres; no sabrás si tú te has convertido en el amado o el amado se ha convertido en ti. Los ojos son unas puertas maravillosas para entrar el uno en el otro.

¿Y por qué digo que sólo es posible en el amor? Porque sólo en el amor dejas de estar a la defensiva. Te relajas. No tienes miedo del otro, puedes ser vulnerable, puedes permitírtelo. De otra forma uno está siempre a la defensiva, porque no sabe qué va a hacer el otro, no sabe si le hará daño. Y si no estás a la defensiva, el otro te puede herir gravemente.

En el amor os podéis mirar a los ojos el uno al otro. Habrá momentos en los que el fondo y la figura se disuelvan el uno en el otro. Se te removerán hasta los mismos cimientos. De repente verás que no eres, y aun así eres. En alguna parte, en lo más profundo, ha habido un encuentro.

Esto le ocurre a un verdadero meditador con el propio Universo: no es que se convierta en un árbol, pero aun así se convierte en un árbol. Cuando está con un árbol, no hay ninguna división. Y cuando se armoniza con esta tierra sin fronteras, entonces se mueve sin fronteras.

Este es el significado de Sosan. Cuando la mente desaparece, los objetos se desvanecen. Cuando los objetos se desvanecen, tú te desvaneces, el ego se desvanece. Todo está relacionado.

Entiende la relatividad de ambos,
así como la realidad básica: la unidad del vacío.

TÚ EXISTES debido a los objetos de tu alrededor. Tus límites existen debido a los límites del resto de las cosas que te rodean. Cuando ellas pierden sus límites, tú pierdes los tuyos; sois relativos uno con respecto al otro, estáis juntos.

Tu mente y tus objetos externos están unidos, hay un puente entre ellos. Si desaparece una orilla, el puente se derrumba. Y con el puente también desaparecerá la otra orilla, porque no hay ninguna posibilidad de que exista una orilla sin la otra. Este es el significado de la relatividad.

Y entonces existe una unidad; la unidad del vacío. Tú estás vacío y la flor está vacía, si la flor no tiene ninguna línea divisoria, ¿cómo va a existir un centro? Esta es una de las cosas profundas de las que Buda ha llegado a darse cuenta, y solamente los budistas lo han expresado de una forma tan hermosa. Dicen que no hay *atma*, que no hay ser.

Y esto ha sido muy mal interpretado, porque los hindúes alegan que toda su religión se basa en el *atma*, en el ser, el ser supremo. Y Buda dice: «Cuando no existe ninguna línea divisoria, ¿cómo va a existir el ser?». Cuando no hay delimitación y la mente se ha quedado en silencio total, ¿cómo puede existir el «yo»? Porque el «yo» es un ruido. ¿Cómo puedes decir «yo soy» cuando es el todo? Cuando la figura y el fondo se han hecho uno, ¿cómo puedes decir «yo soy»?

Este es el vacío de Buda; *anatma*. Esta palabra es hermosa: *anatma*, no-ser. Ya no eres y aun así eres. Realmente, por primera vez existes como el todo, pero no como el individuo, no como lo definido, lo demarcado, lo delimitado. Existes como el todo, pero no existes como un individuo, no como una separación demarcada, definida. Ahora ya no eres una isla, eres la vasta expansión del vacío.

Y lo mismo pasa con la flor, lo mismo pasa con el árbol, con los pájaros y los otros animales, con las rocas, con las estrellas y con el sol. Cuando tu ser desaparece, desaparece el ser de todas las cosas, porque ellas eran el reflejo de tu ser, eran el eco de tu ser resonando en el Universo, eran el reflejo de tu locura. Ahora ya no esta ahí.

Sosan está diciendo que cuando hay vacío hay unidad. Si *tú* eres, ¿cómo puede haber alguna unidad? Tu *propio* estar separado crea la separación.

Los musulmanes dicen que aman a los hindúes, que son hermanos; los cristianos dicen que aman a los judíos, que son sus hermanos. Todos son hermanos, ¿pero cómo puedes ser hermano de alguien siendo cristiano? ¿Cómo puedes ser hermano de alguien siendo hindú? Tu demarcación, tu delimitación contiene en sí misma la enemistad. Como mucho, puedes tolerar al otro, pero no puedes ser uno con el otro. Y llamarle «hermano» no sirve de nada, porque nadie se pelea tan ferozmente como lo hacen los hermanos.

Al decir que soy hindú, me estoy separando del todo. Al decir que tengo poder, me estoy separando del Universo. Al decir que soy extraordinario, me estoy separando a mí mismo del

Universo. Esto es lo que dice Chuang Tzu: sé simple, normal. Quiere decir: no te separes de ninguna manera, no hagas definiciones concisas acerca de ti mismo. Vive con límites flexibles, que estén siempre dispuestos a encontrarse y fundirse.

Entiende la relatividad de ambos,
así como la realidad básica: la unidad del vacío.
En este Vacío ambos son indistinguibles...

No se les puede distinguir, no se les puede sentir como algo separado; separado del otro. *Están* separados, pero su separación es algo totalmente diferente. Puedes distinguirla, pero esa no es la separación del ego. Es como una ola en el océano. Puedes distinguirla. La ola es la ola, no el océano; y aun así es el océano. La ola no puede existir sin el océano. El océano la origina, el océano la hace surgir, el océano ondea en ella, el océano late en ella. Como forma está separada, pero como existencia no lo está. Tú sigues estando separado, y aun así no lo estás. Esta es la paradoja más fundamental que un hombre llega a experimentar cuando experimenta el no-ser, *anatma.*

...y cada uno contiene en sí mismo el mundo entero.

No estando separado, no pierdes nada, ganas el todo. Y siempre tienes miedo de perder. Siempre piensas: «Si me pierdo a mí mismo, entonces dejo de ser. ¿Y qué voy a ganar con ello?». Te pierdes a ti, pero ganas el todo. Y no pierdes nada más que tu desdicha, tu angustia, tu ansiedad. ¡Qué otra cosa puedes perder! No tienes nada que perder excepto tu sufrimiento, tu esclavitud.

...y cada uno contiene en él *mismo el mundo entero.*

Cuando te pierdes a ti mismo, te conviertes en el mundo entero. Todo es tuyo. Sois mendigos debido a vosotros mismos; podéis ser emperadores. La mente es la escudilla con la que pedís.

He oído una historia sufí. Es una de las más antiguas enseñanzas sufíes.

Un mendigo llegó al palacio de un emperador. El emperador estaba en el jardín, así que le oyó llegar. El guarda de la entrada le fue a dar algo, pero el mendigo le respondió: «Espera, tengo una condición: yo sólo acepto limosna de los amos, nunca de los sirvientes».

El emperador lo oyó. Estaba paseando cerca de allí, así que salió a ver a este mendigo, pues normalmente los mendigos no ponen condiciones. ¿Cómo vas a poner condiciones si eres un mendigo? Pensó: «Este mendigo es realmente extraño». Así que salió a verle; y realmente este era un mendigo extraño. El emperador nunca había visto antes a un hombre que tuviera tal aspecto de emperador; él no era nada comparado con el mendigo. Este hombre estaba rodeado de cierta gloria, de cierta gracia. Sus ropas eran casi andrajos, iba casi desnudo, pero la escudilla que llevaba era muy bonita.

El emperador preguntó: «¿A qué viene esa condición?».

Y el mendigo contestó: «A que los sirvientes también son mendigos y yo no quiero abusar de nadie. Sólo los amos pueden dar. ¿Cómo van a dar los sirvientes? Pero si puedes dar, da y yo lo aceptaré. Pero luego tengo otra condición: que mi escudilla debe quedar totalmente llena». ¡Una escudilla tan pequeña! El emperador soltó una carcajada y dijo: «Debes de estar loco, ¿acaso crees que no voy a poder llenarla?». Y le ordenó a sus ministros que trajeran piedras preciosas, únicas, incomparables, y que llenarán la escudilla de este mendigo.

Pero pronto se hallaron en dificultades, ya que en cuanto empezaron a llenar la escudilla, las piedras caían en ella y sin hacer ningún sonido, simplemente desaparecían. La escudilla seguía estando siempre vacía. Entonces el emperador se halló en un dilema. Su ego estaba en juego: ¡él, un gran emperador que gobernaba todas esas tierras, ni siquiera podía llenar una pequeña escudilla! Y ordenó: «¡Traedlo todo si hace falta, pero hay que llenar esta escudilla!».

Trajeron todos sus tesoros..., durante días vaciaron todas sus arcas, pero la escudilla seguía vacía. Ya no quedaba nada. El propio emperador se había convertido en un mendigo, lo había perdido todo. El emperador se postró a los pies del mendigo y le dijo: «Ahora yo también soy un mendigo y sólo te pido una cosa: ¡enséñame el secreto de esta escudilla, parece mágica!».

El mendigo dijo: «No hay ningún secreto. Está hecha de mente humana. No hay nada mágico en ella».

La mente humana no es otra cosa que esta escudilla. Aunque sigas llenándola, siempre permanece vacía. Aunque le eches el mundo entero, aunque le eches todos los mundos, simplemente desaparecerán sin hacer un solo ruido. Por mucho que le des, ella sigue pidiendo.

Dale amor, y aparecerá la escudilla del mendigo, y tu amor desaparecerá. Dale la vida entera, y ahí estará la escudilla, mirándote con ojos de queja y diciéndote: «No me has dado nada, aún estoy vacía». La única prueba de que he recibido algo es ver que la escudilla se llena; y sigue vacía. Por supuesto, esta lógica es aplastante: no has dado nada.

Has logrado muchísimas cosas, y todas han desaparecido en la escudilla del mendigo. La mente es un proceso autodestructivo. Hasta que la mente no desaparezca seguirás siendo un mendigo. Todo lo que obtengas será en vano; seguirás estando vacío.

Y si disuelves esta mente, el vacío te llenará por primera vez. Ya no serás, pero te habrás convertido en el todo. Si eres, seguirás siendo un mendigo. Si no eres, te conviertes en un emperador. Por eso, en la India, a los mendigos les llamamos *swamis*. *Swami* quiere decir: maestro, emperador. No puedes encontrar una palabra mejor para los *sannyasin*.* Cuando yo pensaba en qué nombre darle a los nuevos *sannyasin*, no pude encontrar ninguno mejor. *Swami* es el mejor.

* Término sánscrito empleado para referirse a quien sigue un camino espiritual. *(N. de los T.)*

Significa: uno que se ha disuelto a sí mismo tan totalmente que ya no es; uno que se ha convertido en el mundo entero, en el maestro de todo. De otra forma hasta los emperadores siguen siendo mendigos. Siguen deseando, pidiendo y sufriendo.

Si no haces ninguna discriminación entre burdo y sutil
no te tentarán el prejuicio y la opinión.

SI NO HACES NINGUNA DISTINCIÓN entre burdo y sutil, entre bueno y malo, hermoso y feo, esto y aquello; si no haces ninguna distinción, si no discriminas, simplemente aceptas el todo como es. No pones tu mente en ello, no te vuelves un juez. Simplemente dices: «Así es».

La espina está ahí, tú dices: «Así es». La rosa está ahí, tú dices: «Así es». Un santo está ahí, tú dices: «Así es». Un pecador está ahí, tú dices: «Así es». Y el todo sabe; nadie más puede saber por qué existe el pecador. Debe de haber una razón, pero ese es un misterio del que se tiene que ocupar el todo, no es para que te preocupes por él. El todo deja que nazcan santos y pecadores, espinas y rosas; sólo el todo sabrá el porqué. Simplemente entra en el todo y no hagas ninguna distinción. Tú también sabrás por qué, pero solamente cuando te hayas convertido en el todo.

El misterio se resuelve cuando tú mismo te has convertido en el misterio. No lo puedes resolver mientras *sigas siendo* tú mismo. Si sigues siendo tú mismo te convertirás en un gran filósofo. Tendrás muchas respuestas y ninguna; tendrás muchas teorías pero no la verdad. Pero si te conviertes en el propio misterio, entonces sabrás. Pero este conocimiento es tan delicado que no puede decirse con palabras. Este conocimiento es tan paradójico que desafía todo lenguaje. Este conocimiento es tan contradictorio (porque los opuestos pierden sus demarcaciones, se vuelven uno) que ninguna palabra puede expresarlo.

La figura es la palabra y el fondo es el silencio. En este conocimiento la figura y el fondo se han vuelto uno, el silencio y la palabra se han hecho uno. ¿Cómo podrías expresarlo? Y aun así tiene que ser expresado, porque hay muchos que están sedientos de ello. Con sólo oír hablar acerca de ello, puede que el corazón de alguien se ponga en marcha. Por eso Sosan está diciendo todo esto.

Sosan sabe que no puede ponerse en palabras, porque siempre que dices algo tienes que discriminar. Siempre que dices algo tienes que elegir una palabra. Siempre que tienes que decir algo, prefieres esto a aquello, y de esa forma entra la mente. Pero nadie lo ha intentado de mejor forma que Sosan. Él es incomparable. No puedes encontrar a ningún otro hombre que haya puesto tan bellamente este silencio en palabras. Hasta Buda se sentiría celoso. Este Sosan es verdaderamente un Maestro; un Maestro del silencio y un Maestro de las palabras. Él ha puesto en *este* mundo algo que no pertenece a este mundo. Él ha puesto en palabras la experiencia de su profundo silencio.

Escucha sus palabras; no sólo las escuches, absórbelas. Deja que se disuelvan en tu corazón. No las memorices. Deja que entren en tu ser y se conviertan en tu propia sangre, en tus propios huesos. Absórbelas, aliméntate con ellas, digiérelas, y olvídalas.

Estas palabras tienen un tremendo poder de transformación.

Vivir en el Gran Camino
no es ni fácil ni difícil,
pero aquellos que tienen una visión limitada
son miedosos e indecisos:
cuanto más se apresuran, más lentos van,
y el apego no tiene límites;
estar apegado, aunque sea a la idea de la iluminación,
es desviarse.
Deja que las cosas sean a su manera
y no habrá ni ir ni venir.

Obedece a la naturaleza de las cosas (tu propia naturaleza)
y andarás libre y tranquilo.
Cuando el pensamiento está cautivo, la verdad se oculta,
pues todo es oscuro y confuso,
y la gravosa práctica de juzgar
trae consigo irritación y hastío.
¿Qué beneficio se puede sacar
de las distinciones y las separaciones?

Si deseas ir por el Camino Único,
no desprecies ni siquiera el mundo
de los sentidos y las ideas.
En realidad, aceptarlo plenamente
es idéntico a la verdadera Iluminación.
El hombre sabio no persigue ninguna meta,
pero el tonto se encadena a sí mismo.
Hay un Dharma, una verdad, una ley, no varias;
las distinciones surgen
por las tenaces necesidades del ignorante.
Buscar la Mente con la mente discriminatoria
es el mayor de los errores.

6

NO PERSIGAS NINGUNA META

26 de octubre de 1974

HAY MUCHAS cosas maravillosas en este sutra. Y no sólo son maravillosas sino que, para el buscador, también son esenciales, fundamentales; porque Sosan no es un poeta, es alguien que ve. Lo que dice lleva consigo la poesía del infinito, pero esa no es la cuestión. Cuando una persona iluminada habla, lo que dice es maravilloso, poético. Simplemente por su forma de ser, en todo lo que de él sale resuena él, va él, su fragancia. Pero esa no es la cuestión. No te pierdas en la poesía, porque la poesía es parte de la forma y la verdad no tiene forma.

La forma en que Sosan dice las cosas es hermosa y poética, pero recuerda, no te pierdas en su poesía. No te pierdas en la poesía de los Upanishad, del Gita, de las palabras de Jesús. En sí misma la forma es hermosa pero esa no es la cuestión. Entra en el contenido, no te quedes en el recipiente.

Para el buscador lo esencial es el contenido, entender el contenido y convertirse en él; porque no hay verdad más allá del entendimiento. De hecho, el entendimiento en sí mismo es la verdad. Decir que a través del entendimiento se alcanza la verdad no es cierto, porque no hay otra verdad aparte del entendimiento.

El entendimiento es la propia verdad. Entiendes..., te has convertido en la verdad. La verdad no está en algún lugar esperándote a ti para ocurrir: se revela a través de tu entendimiento, se revela dentro de ti.

Estas instrucciones de Sosan son para el buscador, y cada palabra tiene un gran significado.

Vivir en el Gran Camino
no es ni fácil ni difícil...

Siempre que haya una meta, el camino podrá ser fácil o difícil. Depende de dónde estés, de cuánta distancia haya entre tú y la meta, de que para llegar allí haya una autopista o tengas que caminar por un sendero. ¿Está el camino señalado en el mapa o tienes que encontrar tu propio camino?

Si existe una meta será o fácil o difícil. Depende... También depende de si has caminado por ese camino antes. ¿Conoces el camino? Si es así, entonces será fácil, pero si no conoces el camino, entonces será difícil. ¿Eres un buen viajero? Depende de tu condición física, de tu condición mental, que sea fácil o difícil.

Pero la verdad no es en absoluto una meta; ¿así que cómo va a ser fácil o difícil?

Hay gente que dice que la verdad es muy difícil. Estas palabras proceden de su total ignorancia. Hay otra escuela opuesta que dice: «La verdad es fácil; no tiene nada de difícil; sólo hay que comprender, es fácil». También estos están diciendo algo que no es correcto. Y ambas posturas pueden ser entendidas por la mente. ¿Es difícil?; entonces la mente puede encontrar técnicas, caminos y medios, para hacerla fácil.

Hace tres mil años viajar era algo realmente difícil. Ahora es tan fácil como cualquier otra cosa: tú simplemente entras en un avión y no haces nada, sólo descansas. Y cuando te hayas terminado el té, ya habrás llegado. Si la meta es difícil se puede hacer fácil.

Eso es lo que Maharishi Mahesh Yogi va enseñando en Occidente: que ha descubierto una técnica de alta velocidad. Si la meta es difícil, entonces, por supuesto, te resultará muy difícil viajando en un carro, pero si viajas en avión te será más fácil.

¿Hay acaso una meta? Este es el quid de la cuestión. Si hay una meta, en algún lugar, en la lejanía, entonces hay posibilidad de hacer caminos, medios, vehículos..., más fáciles. ¿Pero acaso hay una meta?

Sosan dice que no la hay, así que ¿cómo va a ser fácil o difícil? Y si no hay una meta, ¿cómo va a haber un camino? Y si no lo hay, ¿cómo va a haber métodos y técnicas para llegar a ella? ¡Imposible! Sosan dice que no es ni fácil ni difícil, puesto que no existe ninguna meta en absoluto.

Vivir en el Gran Camino
no es ni fácil ni difícil...

¿Entonces qué es este Gran Camino? Este Gran Camino es tu naturaleza; ¡tú ya eres eso! Es por eso que no es una meta. No es algo que esté en el futuro. No se necesita tiempo para que ocurra. Tú siempre has estado en él; ya es. Ya estás en la meta, tú existes en la meta. No puedes existir fuera de ella, ni hay posibilidad de que te salgas de ahí. Por muy lejos que te vayas no puedes salirte de ahí. Donde sea que vayas tu Tao irá contigo. Es tu naturaleza intrínseca. No es prescindible, no puedes ponerla a un lado y olvidarla. Ya estás ahí porque ese «ahí» es *aquí*. No necesitas mirar al futuro: simplemente estáte aquí, y lo encontrarás.

Si lo buscas, no lo encuentras. No busques, sólo *sé*, y ahí está. Y te reirás, porque siempre ha estado ahí; era sólo debido a tu búsqueda que no te dabas cuenta, que al tener tanta prisa no podías verlo dentro de ti.

Vivir en el Gran Camino
no es ni fácil ni difícil,
pero aquellos que tienen una visión limitada
son miedosos e indecisos:
cuanto más se apresuran, más lentos van,
y el apego no tiene límites;
estar apegado, aunque sea a la idea de la iluminación,
es desviarse.
Deja que las cosas sean a su manera
y no habrá ni ir ni venir.

Deja que las cosas sean a su manera
y no habrá ni ir ni venir.

ERES EL CAMINO y la meta. No hay ninguna distancia entre tú y la meta. Eres el buscador y lo buscado. No hay ninguna distancia entre el buscador y lo buscado. Eres el devoto y la devoción. Eres el discípulo y el maestro. Eres el medio y el fin. Ese es el Gran Camino.

Ha estado siempre a tu alcance. En este mismo instante estás en él. Despierta, y estás en él. Te vas a dormir, y permaneces en él, sólo que al estar dormido no puedes verlo. Y entonces te pones a buscar.

Tú eres como un borracho buscando su hogar, pidiendo algo que está justo delante de tus ojos. Pero en tus ojos no hay claridad: están llenos de opiniones, de distinciones, están llenos de palabras y teorías. Por eso tu visión es borrosa. Por lo demás, lo que sea que estés buscando está justo delante de ti.

Los hindúes emplean el método de mirarse la punta de la nariz: simplemente te sientas en silencio y te miras la punta de la nariz, sin hacer ninguna otra cosa. A la gente le parece gracioso, ¡porque vaya una tontería!: ¿qué vas a conseguir con eso? Pero se ha perdido su significado. Lo que los hindúes quieren decir con esto es que está justo delante de ti, justo en la punta de la nariz. Quédate en silencio, mírate la punta de la nariz y no te líes con ningún pensamiento... Y de pronto, ahí está; justo en la punta de la nariz, siempre delante de ti.

Y esto es lo bonito de mirarse la punta de la nariz: vayas donde vayas está siempre delante de ti. Si vas al lugar adecuado, ahí está; si vas a un lugar equivocado, ahí está. Si eres un pecador, está delante de ti; si eres un santo, ahí está, delante de ti. Cualquier cosa que hagas (ponte boca abajo, en la postura de *shirshasana)*, y ahí está, delante de ti. Duérmete, y ahí está; despierta, y ahí está.

Esto es lo que quiere decir mirarse la punta de la nariz, porque hagas lo que hagas, no puedes ponerla en otro sitio que delante de ti. En cuanto te mueves, se mueve. Sólo mirándote la punta de la nariz entenderás que la verdad está justo delante de ti. Adonde sea que vayas, va contigo. No puedes perderla, así que no es cuestión de encontrarla. Entender que *no* la has perdido... Pero fíjate: normalmente nunca te miras la punta de la nariz, porque siempre estás mirando otras cosas, interesado por otras cosas. Nunca te *miras* la punta de la nariz.

Los hindúes tienen otra hermosa teoría. Dicen que cuando alguien empieza a mirarse la punta de la nariz, significa que su muerte está próxima, que morirá antes de que hayan pasado seis meses. Cuando empieza a verla sin hacerlo voluntariamente (cuando haga lo que haga va viéndose la punta de su nariz), morirá en un periodo de seis meses.

Hay algo de verdad en esto. Porque solamente te haces consciente de la punta de tu nariz cuando todos tus deseos, todos los objetos de deseo, han dejado de tener sentido. Ya no tienes energía para perseguir deseos, se acerca la muerte. Ya te queda muy poca energía, toda la vitalidad se ha desvanecido. No puedes ni mover los ojos, no puedes correr tras las metas y los deseos... la vida se va desvaneciendo. Al final no queda nada excepto mirar la punta de la nariz. Este es uno de sus significados.

Otro, y más importante, es que siempre que una persona pueda verse la punta de la nariz, morirá a este mundo. Tendrá un nuevo nacimiento, porque ha mirado con claridad delante de sí mismo. Este mundo y esta vida desaparecen. En lo que concierne a su viejo ser, él ya está muerto. Él es un nuevo ser, es un renacimiento. Ahora ya no hay un ir y venir.

Se ha realizado; ¿tan sólo mirándose la punta de la nariz? Sí, porque la cuestión radica en mirar lo que hay delante y no a los lados. Porque la verdad está delante de ti, no puede ser de otra forma. No es ni fácil ni difícil.

No es cuestión de esfuerzo, ¿cómo va a ser fácil o difícil? Es cuestión de despertar, no es cuestión de esfuerzo, no es cuestión de hacer algo. Al hacer, te perderás, porque te absorberá el hacer. Y si haces algo, será fácil o difícil.

Es cuestión de no-hacer. ¿Cómo va a ser fácil o difícil el no-hacer? El no-hacer está completamente más allá del mundo del hacer. ¡Es solamente ser! ¿Cómo puede el ser resultar fácil o difícil? Ser es simplemente ser. Este es el Gran Camino. El único esfuerzo está en llegar a conocer y verse la punta de la nariz, sólo en mirar con claridad delante de ti.

...pero aquellos que tienen una visión limitada
son miedosos e indecisos:
cuanto más se apresuran, más lentos van...

Parece contradictorio pero le ocurre a todo el mundo. Eso es lo que te ha ocurrido a ti. Cuanto más rápido vas, más lento eres. ¿Por qué? Porque vas sin mirar delante de ti, ¡y la meta está aquí! Cuanto más rápido te mueves, más rápido te alejas.

Si alguien se fija en tu velocidad creerá que eres rápido, pero si se fija en lo que te pierdes, verá que eres lento. Cuanto más rápido vas, más lento. ¡No vayas a ningún sitio! Estáte aquí; e inmediatamente llegas. No hay ningún espacio que recorrer ni ningún tiempo que transcender. ¡Estáte aquí! Haz del aquí y el ahora tu único mantra, no necesitas nada más. Estáte *ahora* y *aquí*. No vayas a ningún sitio, ya sea rápido o despacio.

Una vez ocurrió:

Un chiquillo llegó a la escuela muy tarde. Siempre llegaba tarde. La maestra estaba muy enfadada y le dijo: «¿Otra vez? ¡Otra vez llegas tarde, y además más tarde que ayer! Y te lo he repetido una y otra vez. ¡Pero no escuchas!».

El chico dijo: «Es que el camino es muy difícil. Afuera está lloviendo, ¿sabe?, y el camino está tan lleno de barro que me resbalo constantemente, doy un paso hacia la escuela y retrocedo dos. Está tan resbaladizo que cuanta más prisa me doy, más tardo. De hecho para llegar he tenido que caminar en la dirección opuesta».

La profesora dijo: «Eres muy listo, pero entonces ¿cómo has llegado?».

El chico respondió: «Pues me puse a caminar hacia mi casa, y así llegué».

Tú también vas por un camino resbaladizo por el que cuanto más rápido vas, más lenta es la velocidad; porque te vas alejando. Si miras hacia la meta, entonces te estás alejando. Tu velocidad es peligrosa, va en contra de la meta, porque no se necesita velocidad. Simplemente tienes que parar y mirar.

Algunos vienen y me preguntan: «¿Cuándo me iluminaré? ¿Cuándo?». Si les digo: «Ahora», no me pueden creer. Y yo digo que ahora. Si te pierdes *este* ahora, entonces será en otro ahora, pero siempre ahora. No hay otro tiempo.

Cuando ocurra, ocurrirá en el ahora, y siempre que ocurra ocurrirá en el aquí. Aquí y ahora no son dos palabras, al igual que el espacio y el tiempo no son dos palabras. Einstein acuñó un nuevo término: «espaciotiempo». Formó una palabra con las dos, «espaciotiempo», porque descubrió científicamente que el tiempo no es otra cosa que la cuarta dimensión del espacio, así que no es necesario usar dos palabras.

Y aquí y ahora tampoco son dos palabras. Miles de años antes que Einstein, místicos como Sosan fueron conscientes de ello. Es «aquí-ahora». Hay que unir estas dos palabras, son una, porque el ahora no es más que una dimensión del aquí; la cuarta dimensión. «Aquí-ahora» es una palabra.

Y cuando ocurra, ocurrirá en el «aquí-ahora». Puede ocurrir ahora, ¡no hay necesidad de esperar! Pero no te decides, tienes miedo; eso crea el problema.

¿Qué significa tener miedo? ¿Qué ocurre dentro cuando tienes miedo? Quieres algo, y al mismo tiempo no lo quieres. Esta es la situación de una mente temerosa: quiere y no quiere porque tiene miedo. Le gustaría pero no está segura, no se decide.

Jesús siempre usaba la palabra «miedo», muchas veces, en contraposición a fe. Nunca usaba «incredulidad» o «desconfianza» en contraposición a fe; siempre usaba la palabra «miedo» en oposición a fe. Decía que aquellos que no tienen miedo, tienen fe, porque la fe es una resolución. La fe es una decisión, una decisión total. Vives totalmente en ella, es una confianza, sin nada que te retenga, es incondicional. No se puede volver atrás. Si has entrado totalmente en ella, ¿quién se echará atrás?

La fe es absoluta. Si entras, entras. No puedes salirte; ¿quién va a salirse? No hay nadie detrás de ti que te pueda hacer volver. Es un salto al abismo, y Jesús está absolutamente en lo cierto al hacer del miedo el antónimo de la fe. Nadie había hecho esto antes. Pero está absolutamente en lo cierto, porque no le interesa el lenguaje externo, lo que le interesa es el lenguaje del ser interior.

Lo que no te permite tener fe es el miedo. No la incredulidad, recuerda, lo que te impide tener fe no es no creer, es el miedo.

Por supuesto que racionalizas tu incredulidad, tu miedo. Lo escondes tras palabras, dices: «Tengo mi escepticismo, mis dudas. ¿Cómo voy a entrar en ello a no ser que esté totalmente convencido?». Pero mira profundamente en tu interior y encontrarás miedo.

El miedo significa que una mitad de ti quiere adentrarse y la otra mitad no quiere. Una mitad de ti se siente atraída por lo desconocido, ha escuchado la llamada, la invocación; y la otra mitad tiene miedo a lo desconocido y se aferra a lo conocido. Porque lo conocido es lo conocido, no implica miedo.

Haces algo, y ese algo se vuelve conocido. Ahora, si quieres cambiar a un nuevo trabajo, a una nueva forma de vida, nuevos hábitos, nuevo estilo, la mitad de ti se aferra a lo conocido, dice: «¡No te muevas! ¿Quién sabe?, puede que sea aún peor que esto. Y una vez que hayas dado el paso no podrás volver». Así que una mitad dice: «¡Quédate aquí!».

Esta mitad pertenece a la memoria, al pasado, porque el pasado es conocido. Y la otra mitad se siente atraída, siente la llamada a entrar en un camino desconocido, a través de lo inexplorado; porque lo nuevo te emociona.

Ahí está el miedo. Estás dividido. El miedo te divide, y si estás dividido hay indecisión. Con un pie vas hacia lo desconocido, y el otro permanece en el pasado, en la tumba del pasado. Y entonces te paralizas, porque nadie puede moverse con un solo pie, con una sola pierna; nadie. Tienes que mover tus dos alas, ambas partes. Sólo así te puedes mover.

Cuando estás indeciso, estás estancado; y todo el mundo está indeciso. Este es el problema, esta es la ansiedad. Estás paralizado, sin poderte mover. La vida sigue fluyendo, y tú te has vuelto como una piedra, bloqueado, un prisionero del pasado.

...pero aquellos que tienen una visión limitada
son miedosos e indecisos:
cuanto más se apresuran, más lentos van...

Toda su vida es contradictoria. Hacen algo con una mano e inmediatamente lo deshacen con la otra; indecisos. Con una mano amas a una persona y con la otra la odias. Con una mano creas amor y con la otra plantas las semillas del odio. Y nunca eres consciente de lo que estás haciendo.

Precisamente ayer por la noche estuve hablando con alguien acerca de un monasterio oculto en Bokhara. Gurdjieff vivió en ese monasterio durante al menos seis años. Allí aprendió muchas técnicas de la escuela sufí. Una de sus técnicas todavía se usa en ese monasterio. La técnica es muy hermosa. Cuando alguien entra en el monasterio, se hace discípulo y se le da una placa, un letrero. En un lado lleva escrito: «Estoy negativo, por favor, no me toméis en serio». Si digo algo ofensivo, en realidad, no te lo estoy diciendo a ti: es porque estoy negativo, estoy lleno de odio, de ira y de depresión. Y si hago algo, es debido a *mi* negatividad, no a que tú estés equivocado.

En el otro lado de la placa lleva escrito: «Estoy positivo, estoy amoroso, lleno de afecto, por favor, no me toméis en serio»: si digo que eres maravilloso, no estoy diciendo nada acerca de ti; es sólo que me siento bien.

Y cuando una persona siente que su estado de ánimo está cambiando le da la vuelta al letrero; se lo pone de un lado u otro, dependiendo de cómo se sienta. Y a través de esto ocurren muchas cosas, porque nadie le toma en serio. La gente se ríe, porque él está negativo.

Si alguien se siente mal y vomita, ¡está bien! No te está vomitando a ti, no te está echando nada encima. Simplemente está expulsando algo que le molesta. Y sólo cuando esta división se acaba y el discípulo va al Maestro y le dice: «No soy ni lo uno ni lo otro. Ahora no estoy ni negativo ni positivo, todo se ha calmado y mis dos alas se han hecho una, ahora soy uno», sólo entonces se quita la placa. El momento en que se retira la placa es un momento de iluminación. Entonces estás completo. De otra forma estás siempre contradiciéndote a ti mismo, y entonces sufres y sientes angustia, y piensas: «¿Qué me pasa?». ¡No te pasa nada! Por un lado haces algo bueno, e inmediatamente, por el otro haces algo malo; inmediatamente, para destruir ese otro lado que se ha adelantado, porque no puedes decidir, porque estás dividido.

Una parte de ti se agarra a los viejos hábitos, y la otra quiere adentrarse en lo desconocido. Una parte quiere agarrarse al mundo, y la otra quiere convertirse en un pájaro y entrar en el desconocido cielo de lo Divino, en la propia divinidad de la existencia. Entonces estás estancado.

Trata de darte cuenta. Es difícil porque nunca lo has intentado, pero en realidad no es en absoluto difícil. No es ni fácil ni difícil. Sólo observa lo que estás haciendo contigo y con los demás. Todo lo que hagas a medias te producirá sufrimiento. Estancado, caerás una y otra vez en el infierno. El infierno es el lugar en donde la gente se estanca, y el cielo es el lugar en donde todo el mundo se mueve, donde no están paralizados. El infierno es un lugar en donde no hay libertad, el cielo es libertad.

Los hindúes han llamado al estado supremo *moksha*, libertad absoluta. Nadie está estancado en ningún lugar, sino que fluye libre como un río, o como un pájaro al viento, con todo el cielo infinito a su alrededor, sin estar sujeto a nada.

...pero aquellos que tiene una visión limitada
son miedosos e indecisos:
cuanto más se apresuran, más lentos van,
y el apego no tiene límites;

Y RECUERDA, no importa dónde te agarres: el agarrarse en sí mismo es el problema, lo importante no es a lo que te agarras.

Por eso Sosan dice: *el apego no tiene límites*; no se limita sólo a este mundo, a este cuerpo, a los sentidos, a los placeres. También puedes apegarte a la iluminación, puedes apegarte a Dios. Puedes agarrarte al amor, puedes agarrarte a la meditación, puedes agarrarte a la oración. Y, al agarrarte, te vuelves a estancar.

No te agarres a nada, permanece libre y móvil. Cuanto más móvil, más cerca estás de ti mismo. Y cuando tu movilidad es completa, cuando no te estancas en ningún lugar de tu energía, la verdad llama a tu puerta. Siempre ha estado llamando, pero estabas estancado y no podías oírlo. Está justo delante de ti, en la punta de tu nariz.

> *... estar apegado, aunque sea a la idea de la iluminación, es desviarse.*

Esto se convierte en un problema. Si te aferras demasiado a la idea de que «tengo que iluminarme», esto mismo se convertirá en tu problema. La iluminación nunca se alcanza, ocurre. No es algo que se alcance. Y la mente que busca conseguirla nunca la alcanza.

Puede que estés tratando de conseguir poder en este mundo, y luego trates de conseguir poder en el otro. Primero quieres conseguir riqueza en este mundo, y después tratas de conseguir riqueza en el otro. Pero tú sigues siendo el mismo, y la mente, tu forma de funcionar y todo el esquema siguen siendo lo mismo: ¡Conseguir! ¡Alcanzar! Esa es la obsesión del ego. La mente que quiere conseguir es el ego.

Y el que lo consigue es aquel que no está tratando de conseguirlo, aquel que simplemente está feliz donde está, aquel que es feliz siendo lo que es. El que no tiene meta. El que no va a ningún lugar; el que se mueve, pero cuyo movimiento no es para alcanzar ninguna meta. Se mueve por su energía, no por algo en concreto; su movimiento no es a causa de ningún motivo.

Por supuesto que alcanza la meta; eso es otra cuestión. Un río fluye desde los Himalayas: no va hacia el mar, no conoce el mar, no sabe dónde está, no le importa el mar. La alegría de moverse por los Himalayas es tan hermosa en sí misma..., pasando por los valles, por sus picos, a través de los árboles, y luego llegando a los llanos, a su gente... ¡El propio movimiento es hermoso en sí mismo! Y el movimiento es hermoso cada momento, porque es vida.

El río ni siquiera es consciente de que haya una meta, de que haya un mar. Esa no es la cuestión. Y si el río se preocupa por esto, entonces estará en el mismo lío que tú. Entonces se parará en todos los sitios y preguntará por dónde ir: ¿cuál es el camino a seguir? Y tendrá miedo porque no sabrá si dirigirse al norte, o al sur, o al este, o al oeste; ¿hacia dónde ir?

Y recuerda, el océano está en todos los sitios. *No* importa que te dirijas al norte o al este o al oeste: el océano está en todos los sitios, por todas partes. Está siempre delante de ti; no importa a donde vayas.

No preguntes por el camino, pregunta cómo moverte mejor. No preguntes por la meta, la meta no está fija en ningún sitio. Donde sea que vayas, ve danzando. Alcanzarás el océano; eso es seguro. Le sucede a los ríos pequeños, a los grandes: todos lo alcanzan. El arroyo es muy pequeño (no te puedes imaginar cómo ese pequeño arroyo alcanzará el océano, pero lo alcanza).

No es cuestión de grande o pequeño. La existencia es infinitamente generosa con todo el mundo; el tamaño no tiene importancia. Los árboles pequeños florecen, los árboles grandes florecen. ¡La cuestión es florecer! Y cuando un árbol pequeño florece, no es menos feliz que cuando lo hace uno grande; la felicidad es exactamente la misma. La felicidad no es cuestión de tamaño, no es cuestión de cantidad. Es la cualidad de tu ser. El río pequeño danza y llega, el río grande danza y llega.

Todos vosotros sois como ríos, todos alcanzáis el océano. Pero no lo convirtáis en una meta; si no, cuanto más deprisa vayáis, más lentos os moveréis.

Y cuanto más quieras llegar, más estancado estarás, porque tendrás más miedo. El miedo a no llegar te agarrotará, el miedo a no llegar te paralizará, el miedo a equivocarte te mutilará. Si no hay meta, no hay miedo.

Recuerda, el miedo está relacionado con la meta. Si no vas a ningún sitio, ¿dónde está el miedo? No puedes perder nada, no puedes fracasar, así que, ¿de qué tener miedo? Miedo significa: posibilidad de fracasar. ¿De dónde procede esta posibilidad de fracasar? Procede de estar orientado hacia una meta; tú siempre estás buscando la meta.

Algunas personas vienen y me preguntan: «Hemos estado meditando durante tres meses. Y no ha ocurrido nada». No va a ocurrir nada, porque estás esperándolo. Ni siquiera puedes *esperar* que ocurra, porque hasta el esperar se convierte en un esfuerzo interno. Tú simplemente miras...

¡Te relajas! Cuando ya no estás ahí, ocurre. Y nunca va a ocurrirte a *ti;* ocurrirá sólo cuando el barco esté vacío, cuando la casa esté vacía. Cuando bailas pero no hay un bailarín, cuando observas pero no hay un observador, cuando amas y no hay un amante, ¡ocurre! Cuando caminas y no hay un caminante adentro, ocurre.

No esperes, no hagas ningún esfuerzo, no crees ninguna meta, o hasta la iluminación se convertirá en una prisión. En Oriente le ha pasado a muchísima gente. Millones de personas toman *sannyas* (se hacen *bhikkus* budistas, *sannyasins* hindúes) se van a los monasterios, y allí se quedan atascados.

Vienen a mí y son exactamente igual que todo el mundo. Hay gente que se atasca en el mundo de los negocios, y ellos están atascados en un monasterio: esa es la única diferencia. Unos fracasan en lo mundano y ellos fracasan en el monasterio. Pero nunca se preguntan... *¿Por qué* fracasas? Tú creas tu propio fracaso; si estás buscando una meta, te convertirás en un fracasado. Al final, la mente orientada hacia una meta es una barrera, la mayor de las barreras. ¡Simplemente *sé!* ¡Lo Supremo llegará! Deja que la decisión y el problema sean de lo Supremo, no tuyos! Déjaselo a lo Supremo, sabe más. Deja que sea el problema de Dios, deja que sea él quien se preocupe. Tú no te preocupes; simplemente goza de la vida tal como fluya, mientras dure. Canta y baila, y deja que Dios se preocupe. ¿Por qué te preocupas *tú?*

Simplemente despreocúpate. Y no pretendas alcanzar nada, porque hacer eso es crear la mayor tensión que le pueda ocurrir a la mente humana. Entonces no puedes mirar aquí-ahora, entonces miras hacia adelante, a la lejanía, al futuro; hacia la meta, la utopía, la ciudad dorada, *Shambala*; allí. Y tienes que alcanzarla, así que corres. ¿A dónde vas? ¿De quién huyes? ¿Por qué corres? *Shambala* está aquí y ahora, la utopía ya ha ocurrido.

Jesús dice a sus discípulos: «¿A quién esperáis? ¡Yo estoy aquí!». Hasta sus discípulos preguntaban: «¿Cuándo llegará el Mesías? ¿Cuándo?; porque los judíos habían estado esperando durante siglos la llegada del Mesías y cuando llegó no estaban dispuestos a darle la bienvenida. Todavía le están esperando. Jesús *ha* venido y ellos están esperando todavía. Y aun cuando Jesús no estaba ahí, ha habido muchos otros Jesús: han estado viniendo siempre.

Dios siempre es abundante. A veces es un «Mahoma», a veces un «Jesús», a veces un buda, a veces un «Sosan», un «Chuang Tzu». Dios rebosa, está continuamente rebosando, ¡no puede hacer otra cosa! No es un tacaño.

Pero los cristianos dicen que sólo tuvo un hijo. ¿Acaso es impotente? ¿Quedó impotente tras el nacimiento de Jesús? Parece absurdo («el único hijo legítimo, el Unigénito»). Eso no es posible, porque de ser así tu Dios no es un Dios: no vale para ello.

Los mahometanos dicen que sólo hay un profeta: Mahoma es el último, el último de los profetas. ¿Por qué el último? ¿Es que su Dios se ha muerto? ¿No puede mandar ningún mensaje mejor? ¿No puede mejorarlo? ¿Ha dejado de ser un creador? (porque la creatividad siempre significa una autotranscendencia, constantemente transcender).

Un pintor sigue pintando, y sigue transcendiéndose a sí mismo.

Alguien le preguntó a Van Gogh: «¿Cuál de tus cuadros es el mejor?».

Él contestó: «Este que estoy pintando ahora».

Unos días más tarde el mismo hombre volvió a preguntarle lo mismo. Y Van Gogh le contestó: «¡Ya te lo he dicho. Este!».

Y entonces estaba pintando *otro* cuadro. «Este que estoy pintando ahora es el mejor.»

Dios es una sobreabundancia, una infinita sobreabundancia. Cuando llega Mahoma, Mahoma es el mejor; cuando llega Buda, Buda es el mejor. En realidad, él nunca se repite. Siempre crea lo mejor, sin comparaciones.

Pero la gente sigue esperando. No ven al mensajero en la puerta porque sus ojos no están ahí: sus ojos están en alguna otra utopía, en algún otro lugar. Ellos no están ahí, no están en casa. Dios viene a ti muchas veces y se marcha, porque estás ausente. Nunca estás donde estás. Y él llama allí, pero tú no estás.

Deja que él se preocupe, tú no te preocupes; simplemente manténte fuera de la preocupación. Y estas son las dos únicas alternativas: o estás preocupado o estás extático, pero ambas cosas juntas no pueden existir. Si estás extático, estás locamente extático. Si estás preocupado, estás locamente preocupado. Hay dos tipos de locos: hay una locura que procede de las preocupaciones y otra que procede de ser, de la sobreabundancia de ser.

La elección es tuya. O ser un loco preocupado en el diván de algún psiquiatra, o puedes volverte un loco de Dios, como San Francisco o Sosan. Entonces toda tu vida se vuelve una danza, un éxtasis infinito, una bendición que crece y crece; cada vez aumenta más y sigue aumentando..., y no tiene fin. Comienza, pero nunca acaba.

Deja que las cosas sean a su manera
y no habrá ni ir ni venir.

Allí está la gracia infinita, sin ir ni venir. El silencio infinito, sin ir ni venir. Tan sólo deja que las cosas sean a su manera. No te interpongas en su camino, no intentes cambiar nada.

Esto es algo muy difícil de entender para la mente, porque a ella le encanta cambiar: si eres un pecador, quieres volverte un santo; si eres feo, quieres volverte guapo; si eres malo, quieres hacerte bueno.

La mente va cambiando, tratando de cambiar, y ella te atrae porque parece «que sí, que puedes mejorar, así que trata de cambiar». Pero no puedes mejorar, y entonces te estancas ¡porque ya eres lo mejor! La única cuestión es cómo dejar de preocuparte y cómo empezar a vivir. Sé un vividor, deja que las cosas ocurran por sí mismas.

¡Acepta! ¿Quién eres tú para preocuparte? Tú has nacido; nadie te ha preguntado si querías nacer o no. De otro modo te habrías quedado estancado ahí, porque no puedes decidir nada. Eres indeciso.

Si se te hubiera preguntado, si Dios hubiera venido a preguntarte (él nunca comete ese error porque sabe que te estancarías ahí), aunque estuvieras pensando durante toda la eternidad, serías incapaz de decidir si nacer o no. Él te arrojó a la vida de repente, sin pedirte permiso; de otra forma no estarías aquí. Y si él te preguntara acerca de tu muerte, volverías a quedarte estancado. Él nunca pregunta, simplemente te lleva consigo. Él te conoce bien: sabe que no te puedes decidir.

Si viniera y te preguntara: «¿Cuándo quieres morir?», ¿serías capaz de decidirte? ¿Quizá el sábado, quizá el domingo? ¡No! Sólo hay siete días, y no serías capaz de decidirte por ninguno. Él tiene que venir sin preguntarte.

Si la vida ocurre sin ti, si el nacimiento, la muerte y el amor ocurren sin ti, ¿entonces por qué deberías preocuparte? Quienquiera que sea el creador, si puede darte el nacimiento, si puede darte la muerte, si puede crear y destruir, déjale a él todas las preocupaciones.

Tú disfruta mientras seas. Y si puedes disfrutar mientras eres, de repente te das cuenta: esta es la fuente original. Has tocado vida infinita.

Jesús dice: «Estoy aquí para mostraros la abundancia de la vida, su infinita riqueza», y la única manera es dejar que las cosas sean. No interfieras, no impongas tu propia manera. Deja que tu Tao fluya, deja ir a tu naturaleza... ¡*dondequiera* que vaya!

Obedece a la naturaleza de las cosas (tu propia naturaleza),
Y andarás libre y tranquilo.
Cuando el pensamiento está cautivo, la verdad se oculta,
pues todo es oscuro y confuso,
y la gravosa práctica de juzgar
trae consigo irritación y hastío.
¿Qué beneficio se puede sacar
de las distinciones y las separaciones?

CUANDO ESTÁS REPLETO de pensamientos, la mente está borrosa, tu visión no es clara. Pero ¿qué hacer? Ahí están los pensamientos. Déjalos estar ahí. ¡Tú no te impliques! Déjalos estar ahí; no te involucres en ellos. Se mueven por sí solos, déjalos que se muevan. ¿Por qué tendrías que involucrarte y molestarlos? Fluyen como un arroyo; déjalos fluir. Tú siéntate en la orilla y descansa.

Diles a tus pensamientos: «Está bien, si hay nubes en el cielo, si hay árboles, ríos y océanos en la Tierra, ¿por qué no va a haber pensamientos en mi mente?». ¡Acéptalos! ¡Está bien! Si los aceptas y les dices que está bien, sentirás un cambio repentino, porque ellos necesitan tu energía para moverse.

Y si no te involucras, poco a poco la energía se retira por sí sola. Se va haciendo menor y menor. Y llega un momento en el que los pensamientos vienen solamente cuando se les necesita. Los pensamientos en sí no son una carga; lo que es una carga son los pensamientos innecesarios, ellos son los que nublan tu visión. Esta niebla es debida a los pensamientos innecesarios.

Cuando te quieres mover usas las piernas; cuando quieres pensar usas los pensamientos; cuando te quieres comunicar usas la mente. Pero cuando estás sentado bajo un árbol ¿para qué continuar moviendo las piernas? Parecerás un tonto. Pero aun así tu mente continúa moviéndose.

La mente es una función, y la función es útil en el momento oportuno. Cuando se la necesita, la mente comienza a funcionar. Yo os estoy hablando a vosotros: la mente está funcionando, si no fuera así ¿cómo os podría hablar? Sosan está diciendo algo,

¿cómo podría decirlo si no hubiera mente? Pero en el momento en que ha dejado de hablar la función se anula, entonces no hay mente; igual que no hay piernas, porque cuando no se mueven no están ahí.

Cuando tienes hambre comes; cuando te quieres comunicar usas pensamientos; cuando no tienes hambre no sigues comiendo. Sin embargo, hay gente que continúa masticando chicle, que fuma; pero masticar y fumar son sólo sustitutos de la comida. A ellos les gustaría estar comiendo constantemente, pero eso es imposible porque el cuerpo no lo toleraría, así que tienen que hacer algo con la boca. Y por eso mastican chicle, fuman, o hacen *algo*...

Por ejemplo, en el pasado a las mujeres no se les permitía hacer todas esas estupideces que a los hombres les están permitidas. No se les permitía fumar, no se les permitía masticar chicle o cosas por el estilo; no estaban bien vistas. Así que, ¿qué hicieron? Empezaron a hablar. Es por eso que las mujeres hablan más, porque necesitan un sustituto. La boca *tiene* que estar siempre ocupada. Y ellas empezaron a hablar.

No se puede encontrar dos mujeres sentadas que no estén hablando; a no ser que sean inglesas, que no son mujeres en absoluto. Se las ha reprimido tanto que se han vuelto como zombis. Si no es así, las mujeres siempre están cotorreando; como los pájaros en los árboles, cotorreando.

Precisamente el otro día unas cuantas mujeres estaban trabajando aquí, en el jardín. Se pasaron todo el día charlando; ¡el día entero! Sin razón alguna..., pero charlaban. Es sólo la boca que quiere comer constantemente.

Ves a la gente sentada en el teatro. Están constantemente moviendo las piernas. ¿Por qué se sientan? ¡Tendrían que salir y moverse! Están haciendo las dos cosas. No pueden sentarse en silencio. Y eso es lo que le ocurre a tu mente.

La mente es buena en sí misma. Todo es bueno en sí mismo, en su lugar. Cuando la mente sea necesaria, úsala; cuando no sea necesaria, ponla a un lado. Tú sigues siendo el maestro y todo lo demás es una función.

Pero la mente ha asumido el mando. Sea lo que sea que estés haciendo, ella sigue y sigue; al igual que una radio que no puedes apagar porque se le ha estropeado el botón y sigue siempre encendida. Estás durmiendo y la radio continúa. Estás descansando, comiendo, haciendo el amor, y la radio continúa. Y tienes que aguantarla constantemente. Poco a poco, te vas volviendo insensible al hecho de que la radio siga encendida; simplemente no escuchas.

Eso es lo que le ha ocurrido a tu mente. Sigue y sigue y sigue; no sabes dónde está el botón para apagarla. No escuchas, simplemente la soportas, la ignoras. Lo has dado por hecho como si tuviera que ser así.

No es así, de ser así no podría ocurrir un buda. Y cuando digo esto, lo digo a través de mi propia experiencia. No es así. El botón se puede sustituir. Eso es lo único que hacen las meditaciones. No te conducen a la iluminación, lo único que hacen es poner el botón que faltaba o arreglar el que estaba roto o bloqueado, o que todavía no funcionaba, o que no sabías cómo usar.

La meditación es una técnica, y la técnica puede ayudar solamente a la función, no a tu ser. Así que ninguna meditación te conduce directamente al ser, simplemente arregla tus funciones. Entonces el zapato encaja perfectamente y te iluminas.

Chuang Tzu tiene razón: «Cuando el zapato es el que corresponde al pie, te olvidas del pie». Cuando cada función encaja, el cuerpo se olvida; cuando cada función encaja, este mundo de apariencias desaparece. ¡Estás iluminado! De repente todas las cosas están iluminadas tal como son.

Si deseas ir por el Camino Único,
no desprecies ni siquiera el mundo
de los sentidos y las ideas.

¡ESTO ES HERMOSO! Sosan dice...: *no desprecies ni siquiera el mundo de los sentidos y las ideas.*

Hay dos tipos de personas. Uno es el que va luchando contra los sentidos: tratando de matar al cuerpo, tratando de no disfrutar a través del cuerpo, de no enamorarse, de no comer con placer. Luchan contra sus sentidos, se convierten en grandes ascetas. Son básicamente masoquistas, disfrutan torturándose a sí mismos. Pero la sociedad les respeta, y ese respeto se vuelve un aliciente.

Se les considera grandes hombres porque los sentidos no les atañen. Y no pueden ser grandes, porque los sentidos son las puertas para encontrar el infinito que te rodea. Los sentidos son las puertas; por estas puertas el infinito entra en ti y tú entras en el infinito.

Ellos van cerrando sus puertas. Entonces sus casas, sus cuerpos, se convierten en prisiones, y sufren. Y cuanto más sufren, más se les respeta y se les venera; porque la gente cree que han hecho algo milagroso, que han transcendido el cuerpo.

No hay ninguna necesidad de transcender el cuerpo. Lo único que tiene que ocurrir es que el cuerpo funcione correctamente, perfectamente. Es un arte, no se trata de ninguna austeridad. No se trata de austeridad; no tienes que luchar contra él, sólo tienes que entenderle. Y el cuerpo es enormemente sabio; más sabio que tu mente, recuérdalo, porque el cuerpo ha existido durante mucho más tiempo que la mente. La mente es una recién llegada, es una niña.

El cuerpo es muy antiguo, muy, muy antiguo. Una vez tuviste forma de roca: el cuerpo estaba ahí, pero la mente se encontraba profundamente dormida. Luego, te convertiste en un árbol: el cuerpo estaba ahí, con todo su follaje y sus flores. La mente aún permanecía profundamente dormida, no tanto como en la roca, pero aun así, estaba dormida. Luego te convertiste en un animal, en un tigre: el cuerpo estaba vibrante de energía, pero la mente no estaba funcionando. Luego te convertiste en un pájaro; luego en un hombre... El cuerpo ha estado funcionando durante millones de años.

El cuerpo ha acumulado mucha sabiduría, es muy sabio. Así que, si comes demasiado, el cuerpo te dice: «¡Para!». La mente no es tan sabia. La mente dice: «Tiene un sabor exquisito; come un poco más». Si escuchas a la mente, entonces ella se vuelve destructiva para el cuerpo, de una u otra forma. Si escuchas a la mente, primero dirá: «Sigue comiendo», porque la mente es tonta, es una niña. No sabe lo que está diciendo. Es una recién llegada, todavía no ha aprendido. Todavía no es sabia, es inexperta. Escucha al cuerpo. Cuando el cuerpo diga: «Tengo hambre», come. Cuando el cuerpo diga: «Para», hazlo.

Escuchar a la mente es como si un niño estuviera guiando a un anciano: ambos se van a caer en una zanja. Si escuchas a la mente al principio estarás demasiado en los sentidos, y después te hartarás. Y cada sentido te producirá infelicidad, te producirá más ansiedad, más conflicto, más dolor.

Comer demasiado te causará dolor, y vomitarás; dañará todo el cuerpo. Entonces la mente dirá: «Comer es malo, así que ayuna». El ayuno también es peligroso. Si escuchas al cuerpo, nunca comerá en exceso ni nunca de menos; simplemente seguirá el Tao.

Algunos científicos han estado trabajando en este problema y han descubierto un fenómeno muy interesante: los niños pequeños comen cuando tienen hambre y se van a dormir cuando tienen sueño; ellos escuchan a sus cuerpos. Pero los padres, los confunden, los obligan: «Es la hora de la cena, o de la comida, o de esto y aquello, o es la hora de dormir; ¡venga!». No les permiten seguir a sus cuerpos.

Así, un investigador probó a dejar a niños a su libre albedrío. Trabajaba con veinticinco niños; no se les obligó a irse a dormir ni se les forzó a levantarse. Durante seis meses no se les obligó a nada. Y de ello sobrevino una comprensión muy profunda.

Durmieron estupendamente. Tuvieron menos sueños, sin pesadillas, ya que las pesadillas procedían de las imposiciones de sus padres. Comían bien, pero nunca demasiado; tampoco menos de lo necesario, y a veces incluso no comían nada. Cuando el cuerpo no lo sentía, no comían y nunca se enfermaron debido a la alimentación.

Se llegó a entender algo que nadie hubiera sospechado, algo milagroso. Sólo Sosan, Lao Tse o Chuang Tzu pueden entenderlo, pues son Maestros del Tao. ¡Fue todo un descubrimiento! Se llegó a entender que si un niño enfermaba, entonces no comía ciertos alimentos. Y los científicos trataron de entender por qué no comían esos alimentos: los analizaron y descubrieron que, para esa enfermedad en particular, esos alimentos eran nocivos. ¿Cómo podría haberlo sabido el niño? El cuerpo sabe.

Y cuando el niño estaba creciendo, comía más de aquello que era necesario para su crecimiento. Entonces lo analizaban y descubrían que esos ingredientes eran de gran ayuda para el crecimiento. Y según iban creciendo tomaban otros alimentos, porque sus necesidades iban cambiando. Un día un niño comía algo y al día siguiente ni siquiera lo probaba. Y los científicos se dieron cuenta de que el cuerpo tiene su propia sabiduría.

Si permites que el cuerpo se exprese, vas por el camino correcto, el Gran Camino. Y esto no sólo ocurre con la alimentación, sino que también ocurre con todas las cosas de la vida. Tu sexo se enferma por tu mente, tu estomago se enferma por tu mente. Interfieres con el cuerpo.

¡No interfieras! Prueba, aunque sólo sea durante tres meses; no interfieras. Y te volverás muy sano, te invadirá el bienestar. Sentirás que todo va bien, el zapato encaja. Pero el problema es la mente.

La mente tiene su propia función: cómo relacionarte con otros, cómo moverte en este mundo en el que vive tanta otra gente, cómo conducir un coche, cómo seguir las normas del tráfico, cómo no crear un peligro para los demás o para ti mismo, cómo mirar hacia adelante y hacer planes. La mente es como un radar: mira hacia adelante (hacia dónde moverse, cómo moverse), pero la base sigue siendo el cuerpo.

Las personas que están en contra del cuerpo y destruyen sus sentidos tardarán más tiempo en descubrir su iluminación que aquellas que escuchen a sus sentidos y sigan sus consejos.

Si escuchas a tus sentidos te vuelves sencillo. Desde luego nadie va a respetarte, porque dirán de ti: «Este es un hombre sensual». Y un hombre sensual está más vivo que un hombre no sensual. Pero a nadie le interesa la vida; todo el mundo está interesado en venerar algo que ya esté muerto.

No esperes ningún respeto de la gente, o de lo contrario te perderás. Llega un momento en el que todo el mundo puede respetarte, pero tú no puedes respetarte a ti mismo porque te has perdido del todo. Nada encaja, todo te sale mal.

¡Escucha al cuerpo!; porque estás aquí para disfrutar de este momento que te ha sido dado, este hermoso momento, esta maravilla que te ha ocurrido. ¡Estás vivo, consciente, y el mundo es enorme!

El ser humano es un milagro en este pequeño planeta (¡muy, muy pequeño, diminuto!). El Sol es sesenta veces mayor que esta Tierra, y este sol es una estrella mediocre. Hay soles millones de veces más grandes que este, y hay millones de soles y millones de universos. Y hasta ahora parece, que la ciencia sepa, que la vida y la consciencia es algo que sólo ha sucedido en esta Tierra. Esta Tierra está bendita.

No sabes hasta dónde has llegado. Si supieras hasta dónde has llegado, te sentirías agradecido y no pedirías nada más. Podrías haber sido una roca y no hubieras podido hacer nada al respecto. ¡Eres un hombre! Y estás sufriendo, preocupándote y sin darte cuenta de nada. Disfruta este momento porque puede que nunca regrese.

Esto es a lo que los hindúes se refieren cuando dicen que puedes volver a convertirte en una roca. Si no lo disfrutas, si no creces en él, caerás. Puedes volver a ser un animal de nuevo. Esto es lo que significa: recuerda siempre que este clímax de consciencia es el punto más elevado; si no te integras en él y lo disfrutas, caerás.

Gurdjieff solía decir que tú todavía no tienes un alma; la vida es una oportunidad para conseguirla, para convertirte en un alma. No sigas perdiendo el tiempo y la energía porque, si mueres sin haberlo resuelto, simplemente desaparecerás. ¿Y quién sabe si volverás a tener otra oportunidad? Nadie puede saberlo, no hay nadie que pueda aclarar esta cuestión.

Lo máximo que se puede decir es que este momento es la oportunidad. Si lo disfrutas, si te sientes en éxtasis y agradecido con él, se resolverá mejor. Recuerda, para estar agradecido no se necesita nada más: lo que tienes ya es demasiado, ya es suficiente para sentirte agradecido. No le pidas más a la existencia. Simplemente goza de lo que te ha dado. Y cuanto más lo goces, más te será dado.

Jesús dice, y esta es una cita muy paradójica: «Cuanto más tengas, más te será dado; y si no tienes nada, hasta lo que tienes te será quitado». Esto parece algo muy anticomunista. Parece absurdo. ¿Qué clase de matemáticas son estas? «¡Cuanto más tengas, más te será dado; y si no tienes nada, hasta lo que tienes te será quitado!» Parece dicho a favor de los ricos y en contra de los pobres.

Esto no tiene ninguna relación con la economía ordinaria; es la economía suprema de la vida. Solamente aquellos que tienen obtendrán más, porque cuanto más disfrutan más crecen. La vida crece en el gozo. El gozo es el sutra.

Estáte contento y agradecido con lo que sea que tengas. ¡Lo que sea! Sé feliz con ello. Y entonces tendrás más apertura, y más cosas te llegarán: te volverás capaz de recibir más bendiciones. El que no esté agradecido perderá lo que tiene. Al que lo está, la existencia entera le ayuda a crecer más, porque se lo merece y se da cuenta de lo que ha recibido.

Sé más amoroso y recibirás más amor. Sé más pacífico y recibirás más paz. Da más y tendrás más para dar. Comparte y tu ser aumentará.

Pero tú nunca das, nunca amas, nunca compartes. De hecho ni siquiera te das cuenta de que tienes algo. Estás simplemente esperando que algo ocurra en algún lugar. ¡Ya ha ocurrido! Simplemente míralo; tú llevas el tesoro. Y nunca das porque no sabes que te ha ocurrido a ti, y no sabes que dar se convertirá en tu crecimiento.

Una vez, en una comunidad judía, ocurrió que un santo se estaba muriendo. Era un hombre pobre, pero muy, muy rico; rico en su ser, rico en su éxtasis. Era un místico.

Y toda la comunidad estaba preocupada por su muerte. Llamaron a todos los médicos del lugar pero ya no podía hacerse nada, la muerte se acercaba a cada momento. Entonces se reunió toda la comunidad para hacer lo último que se podía hacer: rezar. Pero ni siquiera esto parecía servir de nada.

Así que el rabino dijo: «Ahora ya sólo queda una cosa por hacer, y Dios no nos ayudará a menos que la hagamos. Ofreceremos nuestras vidas. Así que donemos algunos días o algunos años de nuestras vidas a este santo».

Y todo el mundo se adelantó; la gente le amaba. Alguien dijo: «Yo ofrezco cinco años»; otro: «Yo un año»; algún otro: «Un mes»; y otro más: «Un día». Incluso hubo un avaro que dijo: «Un minuto». Pero hasta eso (hasta eso, piensa, no te rías), hasta un minuto de vida no es poca cosa, no es algo insignificante. Cuando te estés muriendo, echarás de menos hasta ese minuto.

Entonces Mulla Nasrudin, que también estaba allí, se acercó. Él no era judío pero también amaba a ese místico. Y dijo: «¡Veinte años!».

Nadie podía creerse lo que había oído. Un judío que estaba sentado justo detrás de él le tiró del pantalón y le dijo: «¿Qué estás haciendo, Nasrudin? ¿Te has vuelto loco? ¡Veinte años! ¿Qué significa eso? ¡Eso es demasiado! ¿Acaso te has vuelto loco? ¡Pero si ni siquiera eres judío!».

Nasrudin dijo: «¡De la vida de mi mujer!».

Nadie está dispuesto a compartir nada. Y a no ser que compartas no recibirás más, porque no serás digno de más. No lo merecerás. Exige, y lo perderás; da y lo obtendrás.

Esta vida, tal como es, ya es *demasiado*. Se dichoso en ella, en sus pequeñas cosas. Hasta el alimento debería convertirse en un sacramento. Hasta darse la mano tendría que convertirse en una oración, debería ser una ofrenda. Hasta el estar con la gente debería convertirse en una profunda alegría; porque lo que a ti te ha ocurrido no ha ocurrido en ningún otro lugar. Sosan dice:

Si deseas ir por el Camino Único,
no desprecies ni siquiera el mundo
de los sentidos y las ideas.

NO DESPRECIES el mundo de los sentidos, no desprecies el mundo de las ideas, porque también ellos son hermosos en sí mismos. Si no te involucras en ella, ¿qué hay de malo en una idea? Es una hermosa flor. La mente es buena si está en su lugar.

Hay una enseñanza de Gurdjieff, y por cierto muy relevante para el hombre moderno. Él dice que todos tus centros están mezclados: su pureza se ha perdido, todo interfiere con todo. Y tiene razón. Cuando haces el amor no necesitas la mente, pero ella sigue funcionando. En realidad haces el amor con la mente, no con el centro sexual. El sexo no es malo, el sexo es algo hermoso en sí mismo; un florecimiento, un profundo compartir, un profundo encuentro entre dos personas. Pero la mente siempre está interfiriendo. Y entonces el centro sexual se tomará su propia revancha. Mientras estudias el Gita, el Corán o la Biblia, el sexo te vendrá a la mente, y te pondrás a pensar en él. Tiene que ser así, porque has perturbado el centro sexual, así que él se tomará la revancha.

Observa los anuncios. Si quieres vender algo, primero tienes que hacerlo sexualmente atractivo. Da igual que vendas un automóvil o un dentífrico: tendrás que meter una mujer desnuda en el anuncio. Primero tendrás que encontrar una mujer desnuda. ¡No importa lo que quieras anunciar! Es como si lo que quisieras vender no fuera la pasta de dientes, sino la mujer desnuda, el sexo. Si vendes jabón, tendrás que añadirle algún hermoso cuerpo desnudo.

He oído que:

A una modelo italiana que llevaba muchos años trabajando como modelo para los anuncios de una marca de jabón, cuando se hizo mayor y ya no le importaba a nadie, le preguntaron: «¿Qué clase de jabón usa usted realmente?».

Y ella contestó: «Ninguno, porque todos son nocivos para la suavidad de la piel. ¡Yo simplemente uso lana humedecida, por eso mi piel se conserva tan hermosa! Pero he ayudado a vender todo tipo de jabones, y se venden».

Cuando Mulla Nasrudin cumplió cien años, yo le pregunté: «Nasrudin, ¿cuál es el secreto para vivir tantos años?».

Él contestó: «¡Espera un poco! En siete días todo se aclarará, y entonces te lo podré decir».

Yo le volví a preguntar: «¿Qué pasa? ¿Qué es lo que tiene que aclararse?».

Él dijo: «Muchas compañías financieras están detrás de mí, así que mi abogado está aclarando las cosas: ¿qué vitaminas he tomado?, ¿qué alimentación he llevado? En este momento yo no lo sé, pero en una semana todo estará claro y todo el mundo lo sabrá».

Las ideas en sí mismas son hermosas. No hay nada que sea malo. Todo es bueno si está en el lugar adecuado; y todo se vuelve dañino si está en un lugar inadecuado: entonces no encaja nunca.

Y esto es lo que pasa contigo: todo está mal. Cuando haces el amor, entra la mente. Cuando meditas, entra el sexo. Cuando comes, entra la mente. Cuando te duermes, entra la comida. Todos los centros están mezclados en un caos.

Deja que cada centro sea puro, deja que cada centro funcione por su propio derecho, a su propio tiempo. *Tiene* su propio tiempo, su propio carácter y su propio periodo. No le dejes que se vaya a los otros centros.

Y empieza con la mente, porque ella es la mayor perturbadora, la que más ruido arma y la que se mete en el terreno de todos los demás centros, quiere dominarlo todo. Elimina esa dominación. Cada sentido debería ser puro y gozar de su propio derecho. No hay necesidad de que la mente entre.

Entonces cuando goces de la mente, ningún centro interferirá. Entonces no será un problema, porque todos los demás centros son inocentes. Tu mente es astuta; y tú escuchas al astuto, nunca escuchas a los inocentes sentidos. La mente es lista, calculadora. Todos los demás sentidos son simplemente inocentes y no pueden luchar contra la mente porque la mente es un gran político, y los sentidos son gente sencilla. El sexo es simple y la mente lo condena. El centro sexual no puede hacer otra cosa que ver cómo la energía se va a canales equivocados.

Disfruta de cada sentido en sí mismo; y cuando lo estés disfrutando fúndete en él, para que no quede ninguna energía que se pueda mover a ningún otro sitio, que toda la energía esté en él. En ese momento no hay mente, en ese momento no hay nadie; te conviertes en energía sexual. Cuando tengas hambre vuélvete hambre; come como si cada célula de tu cuerpo tuviera hambre y absorbiera el alimento. Y déjalo gozar.

Y cuando quieras pensar, siéntate debajo de un árbol, cierra los ojos ¡y disfruta de tus pensamientos! No hay nada malo en los pensamientos. Gózalos como el florecimiento que son, un hermoso florecimiento, una gran poesía en sí mismos. Entonces llega una claridad, entonces tus aguas no están turbias, entonces el lodo se asienta y puedes ver a través de las cosas.

Si deseas ir por el Camino Único,
no desprecies ni siquiera el mundo
de los sentidos y las ideas.
En realidad, aceptarlo plenamente
es idéntico a la verdadera Iluminación.

Si puedes aceptar plenamente lo que quiera que seas, eso es la iluminación. No pienses que cuando te ilumines verás luces y tendrás visiones; ¡eso es completamente absurdo! Eso ocurre en el camino, pero es sólo parte de la mente, no tiene nada que ver con lo supremo. Todas tus luces y experiencias proceden de la mente.

La energía se mueve en el cuerpo; hay sentidos sutiles que se ocultan en él. Cuando estos sentidos se activan, puedes sentir muchas cosas. No hay nada malo en ello, disfrútalo, pero no creas que eso es la iluminación.

La iluminación ocurre sólo cuando no hay ninguna queja en ti, cuando no vas a ningún sitio, cuando no hay ni deseo ni condena ni juicio. Simplemente existes, con una aceptación total. Entonces hay iluminación.

La iluminación es algo *muy* ordinario. No es nada extraordinario, no es nada especial; porque lo especial es la búsqueda del ego. ¡Es algo muy normal! No hay demanda, no hay nada que añorar ni nada a lo que agarrarse. Simplemente eres, y eres feliz; feliz sin causa alguna.

Recuérdalo. Esa es la diferencia entre la felicidad y el éxtasis. Tu felicidad tiene una causa. Cuando viene un amigo, te alegras. ¿Durante cuánto tiempo? Durante un rato; después te alegrarás de que se vaya. ¿Qué clase de felicidad es esta? Es causada, y las causas desaparecen. Más tarde o más temprano te hartarás y desaparecerán. El éxtasis es una felicidad sin causa. Simplemente tal como eres, eres feliz. Sin ninguna explicación.

Obsérvalo en su totalidad. Nunca piensas en por qué eres desgraciado; simplemente eres desgraciado. Y en cambio, siempre que eres feliz, empiezas a preguntarte: «¿Por qué estoy feliz?». El sufrimiento parece ser algo natural; en cambio la felicidad parece ser algo innatural que sólo ocurre algunas veces. El sufrimiento es tu estado natural y la felicidad tu anhelo.

Una persona iluminada es simplemente feliz, de la misma forma que tú eres simplemente desgraciado. ¡Simplemente feliz!, nunca desgraciado. Aunque a veces el zapato le apriete, él simplemente lo pone en su sitio. No es sufrimiento, es simplemente dolor físico; es una incomodidad, pero no sufrimiento. Simplemente pone el pie en su sitio; se cambia de zapato o camina sin zapato.

Un iluminado puede sentir la incomodidad, pero nunca el sufrimiento; porque ¿cómo va a ocurrir el sufrimiento? Al no haber ninguna causa para su éxtasis, el sufrimiento es imposible. Si no tiene una causa, no puedes destruirlo. Si no tiene una causa, ¿cómo vas a quitárselo? Sin causa, no tiene opuesto. Esto es *ananda*.

Los hindúes tienen una palabra, *ananda:* éxtasis bendito, alegría sin causa, sin razón alguna. Por eso, siempre que alguien está en éxtasis, el mundo entero piensa que está loco. Le preguntarán: «¿Por qué estás en éxtasis? ¿De qué te ríes?», como si reírse fuera un crimen. Y si dices: «¡Simplemente me río! ¡Reírse es bueno!», ellos no lo pueden entender. Porque ellos para reírse necesitan que haya tensión. Y en esto se basan todos los chistes.

¿Por qué te ríes cuando alguien cuenta un chiste? ¿Qué ocurre en ti? ¿Qué hace el chiste? Crea una tensión. La historia continúa y te va intrigando más y más, te vas poniendo cada vez más tenso, porque no puedes imaginarte qué rumbo va a tomar. Entonces, de repente, hay un giro, y el giro es tal que nunca te hubieras imaginado que fuera así.

Si ya te lo esperas, lo cual quiere decir que te sabes el chiste, no te reirás. Simplemente dirás que el chiste era malo, porque no se ha creado esa tensión. Cuando no conoces el chiste, o no sabes cómo va a seguir, se crea la tensión; esperas, estás atento: ¿qué ocurrirá? Y de repente la historia toma un cariz que no te esperabas. Y la tensión se libera, y te ríes. Esta risa es una liberación de tensión, tiene una causa.

¿Por qué te causa placer el sexo? Porque es una tensión. Tú comes, respiras, se crea cierta energía; la vida siempre te da más de lo que necesitas. La vida es abundante, la vida es un lujo, ¡un perfecto lujo! No le importa cuáles sean tus necesidades, siempre te da más de lo que necesitas.

Esta energía extra se acumula en el cuerpo; eso es la energía sexual. Al acumularse se crea una tensión en tu cuerpo. Entonces la tensión surge y tienes que liberarla. Cuando esa tensión se descarga te sientes feliz, relajado; puedes dormir.

Pero el truco está en la tensión. Así que si haces el amor con excesiva frecuencia y no se acumula esa tensión, se vuelve soso; el chiste se vuelve soso, no tiene gracia. Si haces el amor con demasiada frecuencia, te hartarás; porque no depende del amor, depende de la tensión generada.

Si hacer el amor se convierte en una cosa cotidiana, la energía no es desbordante. Entonces, después de hacer el amor, en vez de sentirte feliz te sientes desgraciado, frustrado. Así no puede haber orgasmo, porque el orgasmo necesita más energía que el cuerpo. Es una sobreabundancia, por eso todo el cuerpo vibra en él.

Recuerda, en las sociedades represivas la gente gozaba más del sexo, porque hasta encontrarse con la propia esposa era difícil. Y qué decir de encontrarte con la esposa de otro... Eso era casi imposible; había que traspasar muchas barreras para encontrarse con la propia esposa.

En la India no podías ver a tu propia esposa a la luz del día. Con una familia tan enorme, con cien personas viviendo juntas, durmiendo juntas, a veces, tenías que prepararlo todo para hacer el amor. Era hermoso, hermoso en un sentido, porque la tensión creada era tan elevada que llegaba a un clímax, y entonces sobrevenía el valle de la relajación.

En Occidente el sexo se ha vuelto insípido. En Occidente ya nadie disfruta del sexo; tienen demasiado. Te desprendes de la energía antes de generarla. Así es como ocurre la felicidad durante toda tu vida: creas tensión y luego la relajas.

El éxtasis es otra cosa. No tiene causa. No es una tensión y una liberación, no tiene nada que ver con la tensión y la liberación; es simplemente la felicidad que llega cuando te sientes bien con la existencia, cuando sientes que aceptas. Cuando sientes que aceptas, de repente sientes que toda la existencia te acepta. Entonces puedes bendecir al todo, y el todo te bendice a ti. El éxtasis no tiene causa. Y no se te puede quitar. Tú no puedes hacerme desdichado. Como mucho, me puedes hacer sentir incómodo, eso es todo.

No existe opuesto al éxtasis, *ananda*. No tiene ninguna causa en absoluto. Por eso puede ser eterno. Sin embargo, lo que necesita de una causa no puede ser eterno: cuando desaparezca la causa, el efecto desaparecerá.

En realidad, aceptarlo plenamente
es idéntico a la verdadera Iluminación.
El hombre sabio no persigue ninguna meta,
pero el tonto se encadena a sí mismo.

Todas tus metas se convierten en grilletes, se convierten en prisiones; estás enjaulado en ellas. Y por eso sufres, y entonces preguntas: «¿Cómo ser libre?». ¡Libérate de las metas y serás libre! ¡No hay que hacer nada más! No crees metas, y no habrá cautiverio.

Hay un Dharma, una verdad, una ley, no varias;
las distinciones surgen
por las tenaces necesidades del ignorante.
Buscar la Mente con la mente (discriminatoria)
es el mayor de los errores.

Buscar la Mente con la mente (discriminatoria)
es el mayor de los errores.

¿QUÉ ESTÁS HACIENDO cuando creas una meta? ¿Quién crea la meta? La crea la mente, y luego la mente busca una forma de alcanzarla. Entonces la mente inventa técnicas, métodos, maneras. Y tú sigues esas técnicas y esos métodos. ¿Qué es lo que estás haciendo? Estás siguiendo a la mente, te estás moviendo en círculos. La meta es creada por la mente, los medios son creados por la mente, y la mente te dirige. ¿Cómo vas a alcanzar la no-mente con la mente?

Y la mente está tensa, porque no se puede relajar. Depende de los opuestos. Está condenada a permanecer moviéndose de extremo a extremo. Puede condenar, puede apreciar, pero no puede aceptar totalmente. Y la totalidad es la meta; y sólo se puede llegar a través de la aceptación.

La mente no puede aceptar, sólo puede negar. Y cuando niega se siente muy bien, debido al ego. El que niega eres tú. Cuando el ego acepta se siente muy mal, porque cuando no hay negación, cuando no hay lucha ni conflicto ni adónde ir, ¿qué va a hacer? Es como si para ti, simplemente estar aquí y ahora no tuviera sentido. La felicidad está ocurriendo en cualquier otro lugar, ¿qué estás haciendo tú aquí?

He oído que:

Una vez dos vagabundos estaban descansando bajo un árbol. El lugar era muy tranquilo y hermoso. Un arroyo burbujeaba justo al lado y soplaba una agradable brisa fresca. Uno de los vagabundos le dijo al otro: «En este instante, no me cambiaría ni por un tío que tuviera cincuenta mil dólares».

El otro dijo: «¿Y si ese tío tuviera cien mil dólares, qué?».

El primero respondió: «Ni aun así».

El segundo continuó hablando y dijo: «¿Imagínate que tuviera un millón de dólares».

Entonces el primero se entusiasmó, e incorporándose, dijo: «¡Bueno eso ya es otra cosa. Ahora estás hablando de una verdadera pasta!».

Así es como funciona la mente: imaginación, sueño; y el sueño se convierte en «la verdadera pasta». En realidad no hay nadie con quien cambiarse, pero la emoción se ha creado.

En cuanto piensas en algo, inmediatamente te emocionas. Hasta con una foto de una mujer desnuda te excitas. De ahí que exista tanta pornografía en el mundo. Es solamente una foto; líneas y colores sobre un papel, nada más. Ahí no hay nadie, y tú lo sabes perfectamente, pero le ocultarás esa foto a los demás, y cuando estés solo te pondrás a meditar en ella. ¿Qué estás haciendo?; «verdadera pasta».

La mente es sólo imaginación, pero tú te emocionas. Y cada vez que te emocionas, la mente te ha vendido algo. Pero entonces serás desgraciado, porque la mente puede venderte la idea pero nunca puede proveerte la mercancía.

Ese es el problema: no tiene material que surtir. Puede venderte la idea (es un buen vendedor), pero no tiene nada que entregar. Y cuando llegues y pidas que se te entregue, te surtirá con cualquier otra cosa.

He oído que:

Un vendedor fue a su jefe y le dijo: «Tengo un problema. Esa tierra que vendimos se ha convertido en un problema. El hombre que la compró me llama a todas horas porque todo el terreno está cubierto por un metro de agua. Y me dice: "¿Qué clase de tierra me ha vendido? ¿Cómo voy a edificar ahí?". ¿Qué hago? ¿Le devuelvo el dinero y cancelo la operación?».

El jefe le respondió: «¿Qué clase de vendedor eres tú? ¡Aprovecha la ocasión para venderle dos lanchas a motor!».

Un vendedor tiene que seguir vendiendo. Si esto no ha valido, entonces alguna otra cosa valdrá. Y si el hombre se emocionó la primera vez, ¡porque no va a entusiasmarse de nuevo! Sólo se necesita usar alguna argucia.

La mente te ha vendido ideas del futuro, pero no puede proporcionártelas porque el futuro nunca llega. Y cuando quiera que llegue siempre será el presente. La entrega es en el presente, y el vendedor habla del futuro. La entrega es aquí, y la mente piensa en términos de esperanza, de sueño, de imaginación.

Acepta la realidad tal como tú eres y tal como es el mundo. No intentes cambiar nada; y surge la iluminación. Y entonces todo cambia, porque ya no eres el mismo. Si *tú* cambias algo, nada cambiará. Si aceptas, todo se transforma. Todo se ilumina con una luz que nunca antes habías visto. De repente se escucha una música que nunca antes habías escuchado, se revela una belleza que estaba oculta. Se abre una puerta, la oscuridad desaparece y un sol se levanta.

Pero eso ocurre solamente cuando estás a gusto contigo mismo. Es algo que ocurre, no es el resultado de tus esfuerzos. Y no te sientas infeliz, porque si no es un resultado, entonces ¿qué puedes hacer tú? Siéntete feliz porque no dependa de tu esfuerzo. Puedes lograrlo en este mismo instante. No hay necesidad de posponerlo.

El entendimiento es aceptación. La aceptación es iluminación. Los budistas (y Sosan es budista), los seguidores de Buda, tienen una palabra en particular para «aceptación». Ellos lo llaman *tathata*. Quiere decir: sin queja, sin condena, sin deseo. Quiere decir que las cosas simplemente son como son. Así es el camino: esencialidad.

Y uno vive en la esencialidad. Ocurra lo que ocurra, uno está dispuesto a dejar que ocurra. Donde vaya la vida, uno va con ella. Lo que ocurra es bueno. No creas un conflicto, estás de su lado. No nadas, flotas; y nunca nadas contracorriente. Simplemente flotas con la corriente, y poco a poco no sabes quién es quién, ni qué es qué, quién es el río y quién es el que se ha vuelto parte del río. ¡Tú te conviertes en el río! Esto es la iluminación.

Actividad y descanso derivan de la ilusión;
en la iluminación no hay agrado ni desagrado.
Todas las dualidades proceden de ignorantes deducciones.
Son como sueños o flores en el aire:
es estúpido intentar atraparlas.
Ganancia o pérdida, correcto o incorrecto:
tales pensamientos tienen que ser finalmente
abolidos de una vez por todas.

Si el ojo nunca duerme,
todos los sueños cesarán naturalmente.
Si la mente no hace discriminaciones,
las diez mil cosas
son como son: de la misma esencia.
Entender el misterio de la Única esencia
es liberarse de todos los enredos.
Cuando todas las cosas se ven por igual,
se alcanza la esencia intemporal del Ser.
Ninguna comparación o analogía es posible
en este estado sin causas ni relaciones.

7

TODOS LOS SUEÑOS DEBEN CESAR

27 de octubre de 1974

LA MENTE TIENE SÓLO UNA capacidad, la de soñar. Y este soñar continúa hasta cuando estás despierto. Esta es la razón por la que Sosan o Jesús no creen que estés jamás despierto, porque el soñar tiene una condición: que ocurre solamente cuando estás durmiendo.

Primero hay que entender estas dos cosas: la mente es el origen de todos los sueños, pero el soñar es algo que sólo puede ocurrir estando dormido. Y si estás soñando las veinticuatro horas del día, una cosa es absolutamente cierta: que estás profundamente dormido. En cualquier momento cierras los ojos y el sueño está ahí; continúa como una corriente oculta. Aun mientras estás ocupado con algo, para todos los propósitos externos pareces estar despierto, pero en lo profundo una corriente de sueños fluye constantemente.

Es como con las estrellas. Durante el día no puedes ver las estrellas en el cielo. Pero están ahí, ¿a dónde se van a ir? Pero no puedes verlas por la luz del sol. Si te adentras en un pozo profundo, a cincuenta o cien metros de profundidad, desde ahí podrás ver las estrellas en el cielo aún en pleno día. Están ahí, pero debido a la cantidad de luz no puedes verlas. Se necesita oscuridad para poder verlas.

Lo mismo ocurre con el soñar; los sueños también están ahí durante el día, pero se necesita oscuridad para verlos. Es como cuando vas al cine. Si encienden las luces de la sala puede que la película siga proyectándose, pero tú no la verás. Si apagas las luces, si la sala está oscura, entonces podrás ver.

El soñar es tu continuidad, y a no ser que se rompa esta continuidad no podrás saber qué es la verdad. La cuestión no es si la verdad está cerca o lejos, la cuestión es si la mente está soñando o no.

Así que el problema básico no radica en cómo buscar la verdad; no puedes buscarla con una mente que sueña, porque tus sueños se impondrán sobre lo que sea que aparezca ante ti. Tus sueños se proyectarán en ello, tú lo interpretarás. No serás capaz de verlo tal como es. Lo verás de acuerdo a tus sueños, lo falsificarás. La verdad está ahí, porque sólo la verdad puede ser; lo que no es verdad no puede ser.

Así que una cosa más antes de entrar en este sutra: Shankara dividió la realidad en tres categorías y entender estas categorías es algo maravilloso. La primera es la de la verdad: lo que es. De hecho ninguna otra cosa es posible; sólo la verdad es y sólo la verdad puede ser.

La segunda categoría es la de lo que no es verdad, lo que no puede ser. No tiene posibilidad de ser, porque ¿cómo puede ser lo que no es verdad? Para ser, se necesita la verdad. Por eso lo falso no es, la verdad es. Shankara encuentra más tarde una tercera categoría a la que llama soñar, apariencia, ilusión, *maya:* lo que aparenta ser pero que no es.

Así que hay tres categorías. La verdad, lo que es. Si tus ojos están claros, sin nubes, si la mente no está soñando sólo hay una categoría: la verdad. Pero si tu mente está soñando aparecen las otras dos categorías.

El sueño *es*, en cierto sentido, porque tú lo sueñas. Y no es, en un sentido diferente, porque no se corresponde con la realidad. Sueñas por la noche que te has convertido en un rey y por la mañana descubres que sólo eres el mismo mendigo de siempre. El sueño era falso, pero era, así que *tiene* una cualidad verdadera en él, porque ha ocurrido. Y en los momentos en los que estaba ocurriendo tú creías absolutamente que era verdad, o de otra forma habría cesado inmediatamente.

Si te vuelves consciente de que «estoy soñando, esto no es real», el sueño se rompe, ya estás despierto. El sueño ocurrió durante una horas; tiene una cualidad verdadera, que ha existido. Pero no es verdad porque por la mañana descubres que no fue. Fue sólo un pensamiento, una burbuja en el aire, una flor en el cielo; algo aparentemente verdadero pero que no lo era.

La verdad es, lo falso no es, y entre ambos hay un mundo de sueños que conlleva la cualidad de ambos. La mente es el origen del soñar, así que la mente es ilusoria. La mente es el origen de todo *maya*.

Puedes creer que si dejas el mundo y te vas a los Himalayas alcanzarás la verdad. Te equivocas, porque tu casa no es *maya*, tu mujer no es *maya*, tus hijos no son *maya*; no. Tu mente es *maya*. ¿Cómo vas a dejar aquí tu mente e irte a los Himalayas? La mente está dentro de ti. Si *puedes* dejarla, puedes dejarla en cualquier lugar. Si *no puedes* dejarla, no puedes dejarla aunque te vayas a los Himalayas.

A la mujer, a los hijos, a la casa, al mundo, se le llama *maya*, ilusión, en un sentido secundario; porque la mujer existe, ella tiene un ser. Ella es *Brahma* en sí misma, ella es la verdad; no como esposa sino como alma.

Tu mente la interpreta como esposa: «Ella es mi esposa». Entonces se crea un sueño. Ella está ahí, ¡absolutamente cierto! Tú estás aquí, ¡absolutamente cierto! Y entre ambos ocurre un sueño. Tú la llamas tu esposa, y ella te llama su marido. Ahora existe un sueño entre los dos, y los sueños siempre se convierten en pesadillas. Así que todas las relaciones al final se convierten en pesadillas, porque no puedes tolerar una ilusión durante mucho tiempo. La ilusión es algo temporal; y tarde o temprano tiene que desaparecer. No puede ser eterna, no puede ser permanente.

Amas a una mujer y se crea un sueño. Pero ¿cuánto puede durar un sueño? En el momento que se acaba la luna de miel, el sueño se ha acabado; aun antes. ¿Qué harás entonces? Entonces fingirás, porque ahora eres un esclavo de tus propias promesas.

Fingirás que todavía amas. Todavía seguirás fingiendo: «Qué hermosa eres»; seguirás fingiendo: «No existe nadie como tú».

Pero ahora todo será fingido. Y cuando finges, cuando el sueño se ha roto y todavía continúas con el sueño, el sueño se vuelve una carga, y muy pesada. Por eso vives con tanto sufrimiento.

El sufrimiento no es otra cosa que sueños rotos, arco iris rotos, ilusiones rotas, apariencias. Pero has invertido tanto en ellos que no puedes ver la verdad: que eran sueños desde el principio.

Y en vez de ver la verdad echarás la culpa al otro. Dirás: «Esta mujer me ha engañado. No era tan buena como aparentaba ser. Me ha engañado, no me mostró su verdadera realidad». Y no te darás cuenta de que esa no es en absoluto la cuestión. *Tú* fuiste quien creó un sueño en torno a ella, y debido a ese sueño no pudiste ver la realidad. Ella también estaba creando un sueño en torno a ti.

Así que siempre que dos personas se enamoran, no hay dos personas sino cuatro: el amante, el amado y, entre estos dos, el amado creado por la mente del amante y el amante creado por la mente del amado. Estos dos últimos son sueños, estos dos van cambiando.

Tarde o temprano, cuando el sueño se rompa, seréis dos no cuatro. Siempre que seáis dos habrá dificultades. Entonces te gustaría volcar la responsabilidad en el otro: «Es por el otro». Y de nuevo vuelves a no darte cuenta de la cuestión. Esto quiere decir que crearás el mismo sueño en torno a otra mujer, porque pensarás: «*Esta* mujer no me va a engañar, y además ahora soy más listo».

Pero la mente nunca es lista. La esencia de la mente es la estupidez, así que nunca puede ser lista. Puede ser astuta, astuta en su estupidez, pero nunca puede ser sabia. Esa no es su naturaleza, porque la sabiduría sólo llega cuando el soñar desaparece. Así, si soñar es la realidad básica de la mente, esta nunca puede ser sabia.

Un buda es sabio porque ya no tiene mente. Un «Sosan» es sabio porque ahora vive desde la no-mente: todos los sueños han cesado. Ve las cosas tal como son. Tú nunca ves las cosas tal como son; las mezclas con tus ilusiones y tienes miedo de mirar directamente porque sabes, inconscientemente, en algún lugar profundo de tu ser, que las cosas no son como tú las ves.

Pero crees que ver la realidad de las cosas será demasiado, demasiado duro; puede que no seas capaz de soportarlo. La mezclas con sueños para hacerla un poco más dulce. Piensas que es amarga, así que la cubres con una capa de azúcar. ¿Crees que si en sueños cubres a una persona con azúcar se volverá dulce? No, sólo te estarás engañando a ti mismo, a nadie más. De ahí tanta desdicha.

La infelicidad ha sido causada por tus sueños, y uno tiene que ser consciente de este fenómeno. No vuelques la responsabilidad en el otro, de ser así crearás otros sueños. Date cuenta de que quien proyecta eres tú, pero es difícil darse cuenta.

En una sala de cine, tú miras a la pantalla, nunca miras hacia atrás; pero el proyector está a tu espalda. La película en realidad no está en la pantalla; en la pantalla tan sólo hay una proyección de luces y sombras. La película está justo detrás de ti, pero nunca miras hacia allá, y allí es donde está el proyector.

Tu mente está detrás de todo esto, la mente es el proyector. Pero tú siempre miras al otro porque el otro es la pantalla.

Cuando estás enamorado de alguien, esa persona te parece hermosa, no tiene comparación. Cuando odias, esa misma persona te parece horrible pero nunca te das cuenta de cómo la misma persona puede ser la más horrible y la más hermosa.

Cuando estás enamorado, la otra persona es una flor, una rosa, un jardín de rosas sin espinas. Cuando no te gusta, cuando la odias, las flores desaparecen, sólo quedan las espinas, ya no es un jardín (el más feo, el más sucio, algo que ni siquiera quieres mirar). Y nunca te das cuenta de lo que estás haciendo. ¿Cómo es que las rosas desaparecen tan deprisa, en sólo un minuto? Ni siquiera tarda un minuto. En este momento estás amando y al siguiente estás odiando; a la misma persona, a la misma pantalla, toda la película cambia.

Simplemente observa y serás capaz de ver que la otra persona no es la cuestión sino que tú estás proyectando algo. Cuando proyectas amor, la persona te parece estupenda; pero cuando proyectas odio, la persona te parece horrible. No se trata de la persona; en realidad no has visto a la verdadera persona. No puedes ver la realidad a través de los ojos de la mente.

SI REALMENTE quieres llegar a conocer la verdad, las escrituras no te servirán de nada. Tampoco te servirá de nada irte a los Himalayas. Sólo hay una cosa que te puede ayudar: empezar a ver las cosas sin la mente. Cuando mires a una flor, no permitas que la mente diga nada. Sólo mírala. Será difícil debido a tu viejo hábito de interpretar. Siempre estás interpretando, y las interpretaciones difieren. Las interpretaciones dependen de la mente.

Mulla Nasrudin estaba en el juzgado porque había solicitado el divorcio. Le dijo al juez: «Esto ya se ha vuelto imposible. Cada día cuando vuelvo a casa me encuentro que mi esposa está ocultando a un hombre u otro en el armario».

Hasta el juez se asombró y le preguntó: «¿Todos los días?».

Nasrudin contestó: «¡Todos los días! Y ni siquiera con el mismo hombre; cada día un hombre diferente».

Sólo para consolar a Nasrudin el juez dijo: «Debes de sentirte muy humillado. Vuelves a casa cansado y pensando que tu mujer estará esperando para recibirte y darte la bienvenida amorosamente, y al volver cada día te encuentras con un hombre diferente escondido en el armario. Eso no está nada bien».

Nasrudin dijo: «Sí, me molesta mucho; porque nunca encuentro sitio para colgar mi ropa».

Cómo interpretas las cosas depende de la mente.

Entonces Nasrudin abandonó a su mujer y huyó. Le cogieron y de nuevo le llevaron ante el juez. El juez dijo: «Nasrudin, has abandonado a tu esposa, eso no está bien, eres un desertor y mereces un castigo por ello».

Nasrudin dijo: «¡Espere! Antes de tomar ninguna decisión tiene que ver a mi esposa. Cuando la haya visto no se le ocurrirá decir que soy un desertor. En todo caso dirá: "¡Nasrudin, eres un cobarde!". Y eso sí lo acepto. Yo no soy ningún desertor, simplemente un cobarde. Pero antes tiene usted que conocer a mi mujer».

Cómo ves las cosas depende de ti, no de las cosas. A no ser que llegues a un punto en el que abandones la mente interpretativa y veas directamente, inmediatamente, la mente es tu mediador. Te trae las cosas distorsionadas, te trae las cosas mezcladas con interpretaciones. No son puras.

Así que la única forma de alcanzar la verdad es cómo aprender a que tu visión sea inmediata, cómo abandonar la ayuda de la mente... Esta gestión de la mente es el problema, porque la mente sólo puede crear sueños. Y puede crear sueños maravillosos que pueden emocionarte. Y a través de esa emoción el sueño empieza a parecer la realidad.

Si te emocionas demasiado, estás intoxicado, ya no estás en tus sentidos; lo que ves entonces es una proyección tuya. Y hay tantos mundos como mentes, porque cada mente vive en su propio mundo. Puedes reírte de la estupidez de los demás, pero hasta que no empieces a reírte de la tuya propia no serás capaz de convertirte en un hombre de Tao, el hombre natural, el hombre de la verdad. Entonces, ¿qué hay que hacer?

Inténtalo con pequeñas cosas: no hagas intervenir la mente respecto a ellas. Cuando mires a una flor, simplemente mira. No digas: «¡Qué hermosa! ¡Qué horrible!». ¡No digas nada! No pongas palabras, no verbalices. Simplemente mira. La mente se sentirá incómoda, intranquila. La mente quisiera decir algo. Simplemente dile a la mente: «¡Estáte en silencio! Déjame ver. Sólo voy a mirar».

Al principio será difícil, pero comienza con cosas en las cuales no estés muy involucrado. Será difícil mirar a tu mujer sin poner palabras. Estás muy involucrado, demasiado enganchado emocionalmente. Enfadado o enamorado, pero demasiado involucrado.

Mira cosas que sean neutras: una roca, una flor, un árbol, la salida del sol, un pájaro volando, una nube flotando en el cielo.

Mira solamente las cosas con las que no estés muy involucrado, con las que puedas permanecer desligado, con las que puedas permanecer indiferente. Comienza con cosas neutrales, y sólo cuando lo hayas conseguido muévete hacia situaciones cargadas emocionalmente.

La gente empieza por situaciones cargadas; y fracasa, porque es casi imposible. A tu mujer, o la amas o la odias; no hay término medio. Si amas estás loco y si odias estás loco; de ambas formas vendrán las palabras. Es casi imposible no dejar que vengan, muy difícil, debido a la práctica constante de hablar.

Una mañana fui a casa de Mulla Nasrudin. Estaban tomando té cuando llegué. Su mujer le decía: «Querido, anoche mientras dormías decías cosas muy desagradables sobre mí».

Nasrudin me miró y dijo: «¿Quién ha dicho que yo estaba dormido? No puedo decir nada cuando estoy despierto, por eso fingía estar dormido».

Dormido o despierto, cuando estás muy involucrado emocionalmente es difícil dejar la mente a un lado. La mente intervendrá. Así que, primero, observa las situaciones que no estén cargadas. Cuando *tengas* el sentimiento de que puedes mirar a ciertas cosas sin que interfiera la mente, entonces inténtalo con relaciones cargadas emocionalmente.

Poco a poco, uno se va haciendo eficiente. Es como nadar: al principio tienes miedo, piensas que no vas a sobrevivir. Y has estado funcionando durante tanto tiempo con la mente que no puedes creer que puedas existir sin ella ni por un solo instante. ¡Pero inténtalo!

Y cuanto más vas dejando de lado la mente, más luz llega a ti, porque cuando no hay sueños las puertas se abren, las ventanas se abren, el cielo llega hasta ti y el sol se levanta y llega hasta tu mismo corazón; su luz llega hasta ti. Cuanto más y más te vas vaciando de sueños, más y más te vas llenando de la verdad.

Y si dejas de soñar cuando estás despierto, poco a poco, también dejarás de soñar mientras duermes, porque solamente puede existir como círculo continuo. Si el círculo se rompe por alguna parte, poco a poco, todo el edificio se desmoronará. Si le quitas un ladrillo, todo el edificio ya está en camino de convertirse en una ruina. Si durante el día puedes mirar las cosas sin soñar, entonces durante la noche tendrás cada vez menos sueños, porque tu noche no es otra cosa que el reflejo de tu día, una continuidad del mismo. Cuando el día es diferente, la noche es diferente. Cuando estás despierto..., y por «despierto» se entiende que no estás soñando, no sólo que tengas los ojos abiertos...

Jesús solía decir a sus discípulos: «¡Permaneced despiertos!». ¿Acaso estaban siempre durmiendo, constantemente?, porque cada día les repetía: «¡Permaneced despiertos!». Buda les enseñaba a sus discípulos cada día: «¡Estad despiertos!».

¿Por qué? Ellos tenían los ojos abiertos, tan abiertos como los vuestros y sin embargo Buda y Jesús decían constantemente: «¡Estad despiertos!». Lo que ellos querían decir es: «¡No soñéis, simplemente estad presentes aquí! ¡No os vayáis a ningún otro sitio!». Si os vais a los recuerdos, al pasado, soñáis; si os vais al futuro, a la imaginación, soñáis. Estad *aquí y ahora*; sólo entonces no estaréis soñando.

En el presente no hay sueño. En el presente no hay mente. En el presente *tú* estás ahí y la verdad está ahí. Entonces no hay espacio entre la verdad y tú; porque ambos son verdad, no hay división. Tú te disuelves en la verdad y la verdad se disuelve en ti. Tú te conviertes en Brahma y Brahma se convierte en ti. El soñar crea una barrera a tu alrededor, invisible pero muy sutil, muy poderosa.

Ahora, intenta entrar en este sutra.

Actividad y descanso derivan de la ilusión;
en la iluminación no hay agrado ni desagrado.

¿POR QUÉ A TI TE AGRADAN ciertas cosas y te desagradan otras? ¿Cómo ocurre eso de que a ti te agraden unas cosas y te desagraden otras? ¿Cómo ocurre esta división?

¿Has penetrado alguna vez en el mecanismo del agrado y el desagrado? Merece la pena tratar de profundizar en ello. Dices: «A mí me gusta esta persona, y esta otra no ». ¿Por qué? Y de repente un día esta no te gusta y te ha empezado a gustar la otra. ¿Por qué? ¿Cuál es el mecanismo? ¿Por qué te gusta una persona?

Te gusta una persona si te permite fortalecer tu ego; si se convierte en una pantalla y te ayuda a soñar. Te gusta una persona si se ajusta a tu sueño. Pero si, por el contrario, una persona no se ajusta a tu sueño, si no te permite soñar, te desagrada, te molesta. No encaja, no te hace de pantalla. No es pasiva, es activa; por eso te desagrada. Quieres que sea una pantalla pasiva, para que coopere con lo que sueñes, sea lo que sea.

Ouspensky, el principal discípulo de Gurdjieff, dedicó su libro *En busca de lo milagroso* a su Maestro, con estas palabras: «A la persona que destruyó todos mis sueños». Pero una persona que destruya todos tus sueños no será de tu agrado. Hasta Ouspensky tuvo que abandonar a Gurdjieff, y en los últimos años nunca volvió a verle. Empezó a trabajar por su cuenta. Y al final murió enemistado con Gurdjieff.

Hasta una persona de la consciencia de Ouspensky, que podía sentir que este hombre destruía los sueños, tuvo que abandonarle. Puede que te des cuenta pero, cuando alguien realmente va destruyendo y destruyendo, sientes que ese hombre es un enemigo.

Un verdadero Maestro siempre parecerá un enemigo: este es el criterio para saber si es verdadero o no. Un Maestro falso te ayudará siempre a soñar; nunca perturbará tus sueños. Sino que, por el contrario, te consolará, te dará tranquilizantes. Te consolará, te aliviará. Sus enseñanzas serán como una hermosa canción de cuna. Te cantará para que puedas dormir bien, eso es todo.

Pero un verdadero Maestro *es* peligroso. Acercarse a él es un peligro. Te acercas bajo tu propio riesgo, porque no te puede permitir soñar, no te puede *ayudar* a soñar, ¡porque entonces se pierde todo el propósito!

Él destruirá. Y los sueños están muy cerca del corazón. Crees que tus sueños son tu corazón, y cuando destruyen los sueños, sientes que te están destruyendo a ti. Es como si alguien te estuviera matando. Los hindúes se han dado cuenta de esto, por eso dicen que un verdadero Maestro es como la muerte.

Cuando te acercas a un Maestro vas hacia la muerte. Tendrás que morir porque, a no ser que mueras, no podrás renacer. Cuando se rompen los sueños, la verdad llega a la existencia, la verdad se manifiesta.

A ti te gusta alguien cuando ayuda a tu ego. Te gusta una chica porque dice que eres el hombre perfecto.

Una vez escuché a dos jóvenes amantes hablando. Estaban sentados a la orilla del mar y las olas eran enormes. El muchacho dijo: «¡Venid, hermosas olas, cada vez más grandes!». Y las olas se iban haciendo cada vez más grandes.

La chica dijo: «¡Qué maravilla! ¡El mar te obedece!».

Esta persona te gustará. Si alguien alimenta tu ego, tú estás dispuesto a agrandar el suyo a cambio. Te gusta alguien cuando todo encaja. Es un acuerdo mutuo. En el momento en que alguien va a lo suyo o que algo no encaja o que esa persona es inflexible, que empieza a dominar, a poseer o herir tu ego...

Y eso va a suceder, porque el que tu ego se engrandezca no es la causa de que gustes a esa persona; le gustas porque su ego se engrandece. Tú le gustas a él por él mismo, por su ego, y a ti te gusta porque tu ego se engrandece. Vuestros propósitos son diferentes. Y un acuerdo de ese tipo no puede ser eterno. Y no es sólo que vuestros propósitos sean diferentes sino que son opuestos, porque solamente uno puede ser el maestro y ambos tratáis de serlo. Al principio seréis muy cariñosos porque el terreno es desconocido. Pero poco a poco, a medida que las cosas vayan asentándose, os volveréis más y más inflexibles, posesivos, dominantes, agresivos con el otro. Y entonces empezáis a dejaros de gustar. Tú odias a quien de alguna manera trata de derrocar tu superioridad. Amas a quien te hace sentir superior.

El ego sufre continuamente de complejo de inferioridad. Por eso a un hombre le gustaría amar a esta mujer y a aquella, a miles de mujeres. Se puede convertir en un don Juan porque, aunque sólo sea al principio, la mujer siempre coopera. Y esta es una estrategia, una estrategia femenina: la mujer coopera sólo al principio. En cuanto siente que ya no te puedes escapar, que estás atrapado, empieza a dominarte. Te gustaría conquistar muchas mujeres, pero sólo en el comienzo. Fíjate, todos los amores son maravillosos sólo al principio. Es muy difícil, muy raro, encontrar un amor hermoso al final. Y si puedes encontrar algo así, entonces te darás cuenta de que esta relación ha sido un amor verdadero.

Lo importante es el final, no el principio, porque al principio todos los amores son hermosos, pero sólo al principio; porque al principio ambos son diplomáticos, ambos están atrayéndose, se están mostrando el uno al otro lo hermoso de sí mismos; forma parte del negocio. Pero una vez que se ha vendido el producto, los rostros cambian, y entonces lo auténtico sale a la superficie, entonces comienza a trabajar el ego agresivo. Esta es la auténtica cosa que aparece al final. Lo verdadero aparece al final, nunca al principio, porque al principio ambos intentan acercarse. Y una vez que están cerca, cuando todo se da por hecho, entonces lo verdadero entrará en erupción.

¿Por qué te gusta alguien? ¿Por qué te gusta algo? ¡Deja aparte las personas!: ¿por qué te gusta algo? Porque hasta las cosas refuerzan tu ego. Si tu vecino se compra un coche más grande, tú también tienes que comprarte otro más grande, porque lo importante no es el coche. Puede que el más pequeño sea más cómodo, más adecuado para el tráfico moderno; puede que tengas menos problemas con el pequeño. Puede que el más grande sea más problemático, más costoso, quizá ni te lo puedas permitir; pero si el vecino se ha comprado un coche más grande, tú también tienes que comprarte otro. Te gusta. ¿Por qué te gusta? Todos tus gustos proceden del ego: un coche más grande te da prestigio.

Una vez ocurrió que:

El jefe de Mulla Nasrudin le llamó a su despacho muy enfadado. Le hizo sentarse y le dijo: «¡Nasrudin, esto ya es demasiado! He oído que ayer por la noche, después de la fiesta que dimos en la oficina, cogiste una carretilla con alguien montado en ella y os fuisteis a la calle principal del pueblo. ¿No te das cuenta que haciendo eso dejas el prestigio de la compañía por los suelos?

Nasrudin dijo: «Pues no le di ninguna importancia, porque usted era el que iba en la carretilla. Los dos estábamos borrachos, así que no pensé que fuera una cuestión de prestigio (pues el jefe iba en la carretilla). De modo que nos fuimos a dar una vuelta por la calle principal. Todo el mundo estaba feliz, la gente se lo pasó en grande».

El prestigio; sólo te olvidas del prestigio cuando estás borracho. Entonces haces cosas absurdas. Pero entender eso es hermoso. El prestigio debe de tener alguna relación con el alcohol, porque sólo cuando te intoxicas te olvidas de él. De otra forma siempre estás obsesionado con el prestigio, el respeto, la respetabilidad.

Cuando algo te da prestigio, te gusta. Te gusta una casa porque te da prestigio. Puede que no sea conveniente ni cómoda. Fíjate en el mobiliario moderno. No es en absoluto cómodo, pero ¿quién quiere tener muebles antiguos? Lo moderno es mejor, más incómodo que lo antiguo, ¡pero moderno! Da prestigio. Lo que da prestigio es alcohólico, te intoxica. Te sientes poderoso.

Pero ¿a qué viene este anhelo de poder? Y recuerda, si lo que quieres es poder, nunca alcanzarás la verdad. También a veces llamas a la puerta de Dios pidiendo poder; pero te equivocas de puerta. La puerta de Dios es sólo para aquellos que se han hecho absolutamente conscientes de que el poder, la búsqueda de poder, es una tontería, una locura.

Aceptas y rechazas según el ego. Si no hubiera ego, ¿dónde estarían el agrado y el desagrado? Simplemente desaparecerían. No tendrías esta mente que divide, que acepta y rechaza y crea alternativas. Cuando estás a gusto contigo mismo...; y el ego nunca está a gusto consigo mismo; es una constante molestia, porque el ego tiene que mirar todo el tiempo a su alrededor, y hay millones de personas.

Alguien se compra un coche más grande, ¿y qué vas a hacer tú? Alguien consigue una mujer más hermosa, ¿y qué vas a hacer tú? Alguien tiene más salud que tú, ¿y tú? Alguien tiene unos ojos más bonitos que tú, ¿y qué vas a hacer tú? Alguien es más inteligente, más listo, tiene más dinero... Y hay miles de personas a tu alrededor, y tú estás en competencia con todo el mundo. ¡Te volverás loco! Es imposible. Nunca llegará el momento en el que te sientas contento. ¿Cómo va a ser posible? Hasta los emperadores...

He oído que una vez:

Alejandro Magno intentaba llegar a un cuadro que había en la pared. El cuadro estaba inclinado y quería colocarlo correctamente, pero no llegaba porque era un hombre bajo (sólo media un metro y medio). Su guardián media casi dos metros, así que inmediatamente se acercó y lo colocó en su sitio. Pero eso ofendió mucho a Alejandro.

El guardián dijo: «Señor, siempre que necesite alcanzar algo dígamelo. Soy mas grande que usted».

Alejandro dijo: «¡Más grande no! ¡Más alto; pero no más grande!».

Y siempre que Alejandro se encontraba con otros más altos que él (y se los encontraba porque muchos de sus soldados eran más altos que él), se sentía humillado.

Puedes poseer el mundo entero, pero un mendigo puede ser más alto que tú y entonces pierdes el mundo entero, ya no eres nada. Puedes ser el emperador, pero un mendigo puede cantar mejor que tú. No puedes tenerlo todo. Lo que sea que poseas no te satisfará. La mente, el ego, se sentirá siempre insatisfecho.

El agrado y el desagrado se deben al ego, y el ego sufre inmensamente. Cuando no hay ego no hay cuestión de agrado o desagrado. Te mueves en este mundo como una brisa. No decides «voy hacia el norte», no sientes agrado o desagrado. Donde sea que la naturaleza te lleve, fluyes. Si la naturaleza fluye hacia el norte, el viento sopla hacia el norte. Si la naturaleza cambia y comienza a soplar hacia el Sur, el viento sopla hacia el sur. No tiene elección propia.

Un hombre del Tao no tiene elección propia. Va donde el río le lleve. Nunca empuja al río, nunca lucha contra él. No tiene elección, no tiene preferencias, ni siente agrado ni desagrado. Puede que te dé la impresión de que tiene preferencias y aversiones, pero eso es porque no lo puedes entender. Puede que hasta sientas que la nube se mueve hacia el norte, puedes interpretar que la nube se mueve hacia el norte porque tiene elección, que ha elegido moverse hacia el norte. Pero te equivocas. La nube no tiene elección.

Al igual que la nube, el hombre del Tao no está determinado a ir a ningún sitio, no tiene un destino. Se mueve simplemente porque toda la naturaleza se mueve en esa dirección. Él no lo ha elegido. La elección permanece en el todo; el agrado, el desagrado, permanecen en la totalidad; no son de su incumbencia. Está despreocupado y donde sea que llegue es la meta. No hay una meta predeterminada; donde sea que llegue es la meta. Cuando es así estás contento donde estés.

Pero la mente seguirá interpretando de acuerdo a sus propias leyes. Si ves a un buda, también te dará la impresión de que tiene preferencias y aversiones, pero estarás equivocado porque le interpretarás de acuerdo a tu mente. A veces se dirigirá al norte y pensarás que así debe de haberlo elegido, ¿cómo si no? ¿Por qué si no ir al norte? A veces le prestará más atención a otra persona que a ti; pensarás que debe de haberlo elegido él. «Si no, ¿por qué? ¿Por qué no me está prestando a mí la misma atención?». Y yo te digo: él no lo ha elegido, sólo el todo decide. Él ya no es un factor decisivo, es sencillamente como una nube.

Que le esté prestando más atención a una persona sólo quiere decir que la atención se mueve de esa manera, como una nube. Esa persona debe de estar más necesitada, esa persona debe de estar más vacía y atrae más atención. Es como si cavas un agujero en la tierra: el todo atraerá agua hacia él, porque el agua fluye hacia abajo. Si esa persona es más meditativa, Buda le concederá más atención; pero recuerda, *él* no lo está haciendo: ha sido atraído. Es un simple fenómeno natural. No es su elección o su gusto.

Buda dio un mensaje silencioso a Mahakashyapa. Le dio una flor, entonces alguien preguntó: «¿Por qué a Mahakashyapa? ¿Por qué no a otro?». Porque allí había otros y algunos eran discípulos más respetados. Estaba Sariputra, que era uno de los discípulos más famosos, muy conocido en todo el país. Él mismo era un maestro. Antes de entregarse a Buda, él ya tenía quinientos discípulos que le seguían. Y todos se entregaron a Buda porque su Maestro se había entregado a él. Sariputra era un erudito muy famoso. ¿Por qué no a él?

¿Por qué no a Ananda? Ananda había vivido junto a Buda durante cuarenta años, como una sombra, sirviéndole en todo lo que fuera necesario, como un criado, era como un hermano para Buda, de su misma sangre, de la misma familia real. ¿Por qué no a Ananda? ¿Por qué no a Modgalyayana, que era otro gran erudito respetado por miles de personas?

¿Por qué a Mahakashyapa, a quien nadie conocía? ¿Por qué en el que nunca había pensado nadie y de quien no se conoce nada excepto este suceso? Buda salió una mañana con una flor y se quedó sentado mirándola, en silencio. La gente allí reunida empezó a inquietarse porque habían acudido para escuchar un sermón. Entonces Mahakashyapa se rió, y Buda le hizo llamar, le dio la flor y dijo a los allí reunidos: «Todo lo que se puede decir os lo he dado a vosotros y lo que no puede ser dicho se lo doy a Mahakashyapa».

Este es el único suceso que se conoce de Mahakashyapa. Antes de esto era desconocido, y después de esto no se vuelve a saber nada de él. ¿Por qué a Mahakashyapa? No es una elección, porque si lo fuera la hubiera recibido Sariputra. No es un gusto, si fuera cuestión de gustos entonces la hubiera recibido Ananda. Buda dijo que no tenía ninguna alternativa. Mahakashyapa era el único que podía recibirla: era el único que estaba en silencio y entendió.

La historia cuenta que Buda dijo: «Aunque no se hubiera reído yo hubiera ido a él y le hubiera ofrecido la flor, porque era el único disponible, el único vacío en toda la asamblea. Aquí hay grandes eruditos, pero todos están llenos de su erudición. También está aquí Ananda, pero está lleno de excesivo afecto y apego hacia mí. Mahakashyapa está simplemente vacío; es una casa vacía, ha desaparecido». Ha atraído a la nube.

Pero fíjate en la actitud de sus discípulos; deben de haber pensado que eso debía de significar algo. «¿Por qué está Buda tan apegado a Mahakashyapa? ¿Por qué no puede darnos a nosotros lo que no puede darse en palabras? ¿Por qué tiene que hacer de Mahakashyapa el primero?»

Pero recuerda, un hombre del Tao, un hombre iluminado, simplemente fluye como una nube. No tiene preferencias ni aversiones, porque todo eso pertenece a la mente soñadora, al ego soñador.

Actividad y descanso derivan de la ilusión;
en la iluminación no hay agrado ni desagrado.
Todas las dualidades proceden de ignorantes deducciones.
Son como sueños o flores en el aire:
es estúpido intentar atraparlas.
Ganancia o pérdida, correcto o incorrecto:
tales pensamientos tienen que ser finalmente
abolidos de una vez por todas.

HAY QUE RECORDAR esta frase: «De una vez por todas». Deja que penetre profundamente, porque hay dos formas de hacer las cosas: gradualmente, o de una vez. Si las haces gradualmente no serás capaz de hacerlas, porque si las haces gradualmente persisten.

Por ejemplo, estás enfadado y tu ira te preocupa. Se ha convertido en un hábito y te dices: «Voy a dejar de enfadarme poco a poco, gradualmente». ¿Cómo vas a dejar de hacerlo poco a poco, gradualmente? Porque mientras tanto practicarás y cuanto más practicas más se arraiga. Dices que se necesita tiempo. ¿Entonces qué vas a hacer?

Como mucho, puedes refinar la ira. Puede que nadie la note, puede que la ocultes muy bien. Pero ¿qué harás respecto al tiempo? Si has entendido que es algo que no está bien, entonces ¿por qué gradualmente? ¿Por qué no de una vez? Si se ha entendido que algo no está bien, ¿por qué darse tiempo? Y si no lo has entendido, entonces ¿cómo lo vas a hacer gradualmente? Y mientras tanto la ira vendrá y el hábito se arraigará mas.

Como mucho, puedes modificarla, pero el modificar la rabia no hace que desaparezca: todavía estará ahí. La puedes modificar de formas muy sutiles; pero estará ahí. Puede que hasta empiece a convertirse justo en su opuesto, pero estará ahí. Nadie será capaz de notarlo pero tú siempre serás consciente de que está ahí.

No, el entendimiento es siempre de una vez. O entiendes o no entiendes. Si no entiendes, ¿cómo vas a abandonar nada? Y si entiendes, ¿por qué gradualmente? Si entiendes, ahora mismo, inmediatamente lo abandonas.

Una vez vino un hombre a ver a Buda con flores en ambas manos. Buda miró las flores y le dijo: «¡Tíralas!».

Y el hombre tiró las flores que llevaba en la mano izquierda. Pensó: «Quizá sea de mal gusto traer flores en la mano izquierda a Buda» (porque la mano izquierda no está bien considerada. La derecha está bien y la izquierda está mal, no se debe dar con la mano izquierda). Así que, sintiéndose culpable, las tiró.

Buda se rió y dijo: «¡Tíralas!». Así que también tuvo que tirar las que llevaba en la mano derecha, pero entonces se quedó perplejo.

Y cuando ambas manos estaban vacías, Buda se rió a carcajadas y dijo: «¡Tíralas!». Pero ya no tenía nada que tirar. Y el hombre miró a un lado y otro, sin saber qué hacer.

Ananda le dijo: «Buda no ha querido decir que tiraras las flores. Lo que hay que tirar es al que ha traído las flores. Tirando las flores no ocurrirá nada. ¿Por qué no tirarte a ti mismo?

El hombre entendió y se arrojó a los pies de Buda. Y nunca volvió a su palacio.

Su primer ministro llegó y le dijo: «¿Qué está haciendo? Aunque quiera renunciar, deje que pase un poco de tiempo para que las cosas se asienten. ¡Regrese! Su esposa, sus hijos, sus asuntos y todo el reino...; ¡dénos un poco de tiempo! Aunque decida renunciar, ¿por qué tanta prisa?».

El hombre dijo: «Cuando entiendes, siempre es de una vez. Si no entiendes, siempre pospones».

Sólo la ignorancia pospone, y al posponer, te juega una mala pasada. Sientes que has entendido, pero ¿cómo vas a hacerlo de una vez? Lo irás haciendo poco a poco; esto es un truco para no hacerlo nunca. El truco es: «Lo haré mañana».

Observa: cuando te enfadas, inmediatamente actúas, pero si estás de buen humor lo pospones. Si quieres hacerle un regalo a alguien lo pospones, pero si quieres enfadarte lo haces inmediatamente; porque sabes de sobra que si pospones, las cosas no llegarán a hacerse. Posponer es un truco. En el fondo sabes que no hay necesidad de ello, pero superficialmente piensas: «Lo voy a hacer». Así es como te engañas a ti mismo.

Sosan dice:

...tales pensamientos tienen que ser finalmente
abolidos de una vez por todas.

¡No pospongas! Si algo está mal, obsérvalo y abandónalo. En realidad no hay necesidad de abandonarlo. Si sientes que algo no está bien y puedes observarlo, se caerá por sí solo. No podrás mantenerlo.

Lo mantienes porque no consideras que esté mal. Si no estás convencido es mejor decir: «No tengo claro que esto sea algo malo, así que lo voy a mantener». Al menos estarás siendo honesto, y la honestidad está bien. No seas deshonesto.

Algunos se acercan a mí y dicen: «Sí, yo sé que la avaricia está mal, pero poco a poco...».

Pero ¿cómo o cuándo alguien ha dejado de ser avaro poco a poco? Mientras tanto, la avaricia va echando raíces más profundas en ti. ¿Por qué decir que la avaricia está mal si no puedes abandonarla inmediatamente, en este mismo instante? Di: «Yo no siento que sea algo que esté mal, siento que está bien. Cuando sienta que está mal, lo abandonaré». Al menos serás honesto y sincero, y un hombre sincero llegará a entender. Pero un hombre que no lo es nunca llegará a entender. Todos decís que la ira es mala: ¿entonces por qué continuar con ella? ¿Quién te obliga a tenerla? El conocimiento es transformación. Si *realmente* supieras que la ira no es buena te desharías de ella inmediatamente. La abandonarías de una vez. Es algo instantáneo, no es algo que ocurra en el tiempo, no se pierde ni un momento. Pero tú eres muy astuto. Crees que sabes, pero no sabes. Quieres creer que sabes y que, poco a poco, estás intentando cambiarte a ti mismo. La transformación nunca es gradual, siempre es de una vez.

Hay una historia de los jainas que cuenta lo siguiente:

Un hombre llegó a su casa cansado después de todo un día de trabajo. Su mujer le estaba dando un baño (esta es una historia antigua, ahora las mujeres ya no bañan a sus maridos). Su mujer le estaba dando un baño y mientras le echaba agua y le relajaba el cuerpo, le dijo: «Mi hermano se ha hecho seguidor de Mahavira y está pensando en renunciar al mundo».

El hombre se rió y dijo: «¿Pensando?; ¡entonces nunca renunciará!».

La esposa se sintió herida, porque se trataba de *su* hermano. Así que dijo: «¿Qué sabes tú? Yo nunca te he visto yendo a visitar ni a Mahavira ni a Buda ni a nadie, ¿y tú eres el que cree que sabe? Mi hermano es un gran erudito y entiende a Mahavira. Medita y reza, es un hombre religioso. En cambio tú, ¿qué? Yo no veo nada religioso en ti. Nunca te he visto rezar ni meditar. ¿Y tú te atreves a decir que él nunca será capaz de renunciar?

El hombre se levantó (desnudo, porque estaba tomando un baño), salió del baño y se fue a la calle. La mujer le llamó: «¿Estás loco? ¿Dónde crees que vas?».

Él contestó: «Ya he renunciado».

Y nunca volvió. Este es el hombre; él entendió.

Nunca se preparó para ello; nadie pensaba que fuera un hombre religioso, pero esa cualidad... Fue a Mahavira, se postró ante él y se convirtió en un fakir desnudo.

La mujer fue a buscarle, llorando. Hasta el hermano de su mujer fue a convencerle de que no había prisa: «¡Fíjate en mí! Llevo pensándolo durante veinte años. Eres un loco; ¿es esta manera de renunciar?».

El hombre contestó: «No me importa, ¿hay acaso alguna otra manera de hacerlo? Lo has estado pensando durante veinte años y lo seguirás pensando durante veinte vidas. Siempre que renuncias a algo es de esta manera, porque no hay otra; ¡de una vez por todas!

Ves una cosa con claridad y ocurre. Es cuestión de claridad. Una mirada directa a la naturaleza de las cosas, entonces no es cuestión de cambiar en algún lugar del futuro. Nadie cambia en el futuro; la transformación es siempre «aquí-ahora». Este momento es el único en el que puede ocurrir algo. No hay ningún otro momento.

Si el ojo nunca duerme,
todos los sueños cesarán naturalmente.
Si la mente no hace discriminaciones,
las diez mil cosas
son como son: de la misma esencia.

Si el ojo nunca duerme...

ESTOS DOS OJOS tienen que dormir porque son parte del cuerpo, y el cuerpo no tiene una energía eterna. El cuerpo es un compuesto, no es una fuerza elemental. En él se combinan muchas cosas. Es un mecanismo, un mecanismo biológico. Tiene que ser constantemente alimentado con energía: comida, agua, aire. Se crea la energía, se crea el combustible, y el cuerpo funciona; el cuerpo es un mecanismo. Tus ojos se cansarán porque todas las máquinas se cansan.

Te sorprenderá saber que en los últimos años se ha hecho un gran descubrimiento: se ha descubierto que las máquinas también tienen que descansar. ¡Las máquinas! Nunca te lo hubieras imaginado. Pero si conduces un automóvil durante veinte o treinta horas, el automóvil necesitará descansar. Te sorprenderá. ¿Por qué? Un coche no es una mente, un coche no es consciencia. ¿Por qué iba a necesitar descansar? Si todo funciona bien puedes continuar y continuar, sólo tienes que ir echándole combustible.

Te equivocas. Ahora se han descubierto métodos para saber cuándo está cansado el automóvil. Y el automóvil *está* cansado porque todos los mecanismos están destinados a cansarse. Si dejas que el automóvil descanse en el garaje durante unas horas, hay métodos que indicarán cuándo está listo para volver a moverse.

Todos los mecanismos necesitan descansar. No solamente tu cuerpo, todos los mecanismos necesitan descansar, luego vuelven a revivir. La consciencia es lo único que no necesita descansar, porque no es un mecanismo. No necesita combustible. Es energía perpetua, es energía eterna, es energía sin causa. Siempre está ahí.

Por eso Sosan usa la palabra en singular: *Si el ojo nunca duerme...* Si no, habría dicho: «si los ojos». Está hablando del tercer ojo. Hasta cuando tu cuerpo duerme —¿te has fijado? (fíjate un poco, te darás cuenta)—, algo en ti se mantiene despierto. Aun cuando estés profundamente dormido, algo (puede que no tengas claro que es, pero un punto en algún lugar de ti) sigue siendo un testigo.

Por eso a la mañana siguiente puedes decir: «Esta noche he dormido estupendamente». Si realmente hubieras estado dormido, ¿quién lo habría notado? ¿Cómo ibas a saberlo, si estabas profundamente dormido? ¿Quién lo ha estado observando para poder decir a la mañana siguiente que ha sido una noche profunda, maravillosa y sin sueños? Otros días dices que has pasado una mala noche: «He tenido tantos sueños que no he podido dormir». ¿Quién lo sabe? Alguien observa constantemente.

Es el tercer ojo que siempre está abierto; ni siquiera pestañea, nunca pestañea. No tiene párpados, nunca se cierra. Este tercer ojo es simplemente una cosa simbólica. El tercer ojo indica que en ti hay una visión eterna, una vigilancia eterna, un testigo eterno que nunca duerme. Y como nunca duerme, nunca sueña, porque soñar es parte del dormir. Este tercer ojo puede ver la verdad, porque no duerme y no sueña.

Tienes que buscar dentro de ti ese lugar que nunca duerme. De eso se trata toda la búsqueda, todo el esfuerzo del buscador. La verdad no es algo que esté en el exterior. La cuestión radica en encontrar o en cómo buscar dentro de ti ese lugar que nunca duerme, que nunca esta inconsciente, que siempre está despierto, alerta, consciente. Eso es el rayo de Dios en tu interior.

Y una vez que encuentras el rayo de la constante observación, siguiéndolo puedes viajar hasta su mismo origen. Y ese origen es Dios. Si puedes atrapar un rayo puedes llegar hasta el Sol, hasta su mismo origen. Sólo tienes que viajar esa distancia; eso se convierte en tu sendero, tu camino.

Encontrando un testigo interno, has encontrado el camino. Entonces cada vez más y más y más y más, conviértete en esa consciencia. Deja que toda tu energía entre en esa consciencia. Y cuanto más consciente te vas haciendo, menos sueñas..., menos..., menos...

Y llega un momento en el que, de repente, tú eres solamente el testigo, y la mente ha desaparecido. Toda la energía de la mente se ha disuelto en el tercer ojo. Los dos ojos han desaparecido, ahora eres sólo un testigo. Ese ser que atestigua es el lugar desde donde el mundo desaparece y lo Divino se revela.

Si el ojo nunca duerme,
todos los sueños cesarán naturalmente.
Si la mente no hace discriminaciones,
las diez mil cosas
son como son: de la misma esencia.

Y cuando *tú* eres uno... Recuerda, en este momento tú tienes dos ojos; hasta tu visión es dual. Jesús dice a sus discípulos: «Cuando sólo tengas un ojo todo se pondrá en su sitio».

En el cuerpo todo es dual: dos ojos, dos oídos, dos manos, dos piernas, dos riñones; todo es dual porque el cuerpo es una dualidad. Sólo hay una cosa en ti que no es dual, que es el ojo que atestigua. Este no es parte del cuerpo, porque en el cuerpo siempre hay dos. Todo es dual, dividido. El cuerpo existe como una polaridad entre dos.

Hasta tus mentes son dos: el cerebro izquierdo y el cerebro derecho, y están divididos. Si se rompe el puente que los une, y es algo que ocurre a veces, surge la personalidad dividida. Si por ejemplo, alguien se cae del tren y se rompe el puente que une la parte izquierda y la derecha del cerebro, entonces esa persona se convertirá en dos, entonces dejará de ser una. Unas veces será *A*, otras *B* y a veces ambas a la vez. Y no podrás entender lo que hace, lo que está ocurriendo. Estará dividido.

Las personas diestras desarrollan su cerebro izquierdo; las personas zurdas desarrollan su cerebro derecho. Así que si se obliga a una persona zurda a hacer las cosas con la mano derecha se le estarán creando dificultades innecesariamente, porque su cerebro izquierdo no está desarrollado en absoluto. Así que él escribirá... Inténtalo. Algunos de vosotros tenéis que ser zurdos por que el diez por ciento de las personas son zurdas, lo sepan o no.

Debido a la dominación de los diestros en el mundo, debido a que son el noventa por ciento, constantemente se está obligando a muchos niños a escribir con la mano derecha. Sufren innecesariamente; toda su vida serán unos imbéciles sólo por haberles obligado. No pueden competir con los diestros. Su cerebro izquierdo no funciona bien, así que si es el que usan tendrán dificultades.

Si eres una persona diestra, intenta escribir con la mano izquierda. Escribirás como un niño pequeño. ¿Por qué? Porque esta parte es como un niño pequeño, no está desarrollada.

Hasta el cerebro está dividido, todo en el cuerpo está dividido. Lo único que es uno es el tercer ojo; el testigo. Él es uno. Si quieres ser uno en tu interior, busca el punto de la consciencia que observa. Al caminar, observa. Al comer, observa. Al irte a dormir, duérmete observando lo que ocurre.

Tarde o temprano, un día, de repente, te darás cuenta de que el cuerpo se ha dormido pero tú todavía estás observando. El cuerpo se está durmiendo, poco a poco, casi cayendo en una muerte, pero tú todavía estás observando. Entonces verás cómo los sueños de la mente se caen por sí solos, desaparecen. Estás todavía observando; y de repente estás iluminado; has llegado al testigo.

Al atestiguar, los sueños desaparecen; y con los sueños, todas las ilusiones, el *maya*. Y entonces ves que todo forma pare de la esencia única. Los árboles pueden ser diferentes en la forma, pero lo que no tiene forma en su interior es el uno. La roca es una con el árbol, el árbol es uno con la estrella, y la estrella es una contigo. Todo está unido.

Ahora ves solamente formas, porque con la mente sólo se pueden ver formas. Con la no-mente puede verse lo que no tiene forma. Cuando ves lo que no tiene forma, el mundo entero es como un océano, y todas las formas son solamente olas. Y en todas las olas ondea el océano; el uno.

De momento, todo es múltiple. No es que las cosas sean múltiples, son así porque tú estás dividido en tu interior. Por eso parecen ser múltiples. Es exactamente igual que cuando rompes un espejo: se parte en muchos fragmentos. En cada fragmento se refleja tu cara, y ves muchas caras. Tú estás ahí, eres uno, pero el espejo está roto; ves muchas caras.

He oído una vieja historia:

Un rey construyó un palacio. Todo el palacio estaba construido con pequeños espejos, millones de espejos. Entrabas en el palacio y te veías a ti mismo reflejado en un millón de formas, millones de rostros a tu alrededor. Tú eres uno, pero los espejos son muchos.

Una vez ocurrió que un perro entró en el palacio y se encontró en un gran problema, porque miraba y se asustaba. Comenzó a ladrar y todos los millones de perros a su alrededor comenzaron a ladrar. El perro pensó: «No tengo escapatoria. No se trata de un solo enemigo: ¡hay millones de perros y todos ellos peligrosos!». Tratando de defenderse saltó sobre ellos. Se estrelló contra la pared y se mató.

Esto es lo que te ha ocurrido a ti, esto es lo que le está ocurriendo a todo el mundo. La verdad es una, pero la mente tiene muchos fragmentos. Todo queda dividido y entonces te asustas (hay enemigos por todas partes. Entonces ladras, empiezas a luchar, te pones agresivo, intentas defenderte) innecesariamente, porque nadie te está atacando. Te vuelves paranoico. Estrellas tu ser contra tu propia ilusión y te matas.

Vives en sufrimiento, mueres en sufrimiento. Hazte uno en tu interior y de repente todo se vuelve uno en lo exterior. El Universo es como tú eres; si tú estás dividido, el Universo está dividido; si tu no estás dividido, el Universo no está dividido.

... Las diez mil cosas
son como son: de la misma esencia.
Entender el misterio de la Única esencia
es liberarse de todos los enredos.
Cuando todas las cosas se ven por igual,
se alcanza la esencia intemporal del Ser.
Ninguna comparación o analogía es posible
en este estado sin causas ni relaciones.

POR ESO no se puede decir nada acerca de esta suprema iluminación; porque es una, y las palabras son para la dualidad. Puedes decir algo, pero lo que sea que digas no será correcto porque estará en un nivel diferente, en una dimensión diferente.

Se acercaban las Navidades y un magnate, un hombre muy rico, preguntó a su hijo: «¿Qué te gustaría que te regalase por Navidad, qué quieres?».

El niño contestó: «Un hermanito».

El magnate dijo: «Pero no tengo suficiente tiempo para eso. Sólo quedan dos semanas».

A lo que el niño contestó: «¿Y qué? Pues pon más hombres a trabajar en ello».

Él siempre había oído que si había que terminar un trabajo, había que poner más hombres a trabajar. «Así que, ¿qué problema hay? ¿No puedes poner más gente a trabajar?» Y es muy difícil decirle a un niño que lo que está diciendo no tiene sentido; él está siendo absolutamente lógico.

Esa es la situación. Tú conoces el mundo de lo múltiple. El niño conoce el mundo de los trabajos en torno a la casa, pues está ocurriendo todos los días. Y un padre rico siempre está poniendo muchos hombres a la tarea y acabándolo todo deprisa. Él conoce este lenguaje pero no conoce el misterio de cómo nacen los niños. «¡Pon más hombres a trabajar en ello!» Está siendo lógico y es difícil hacerle entender a no ser que crezca, que crezca en comprensión.

Tú conoces el lenguaje de la dualidad, el lenguaje de este mundo. Es imposible decirte nada acerca de la única esencia. Lo que sea que se diga será mal entendido, será mal interpretado; a no ser que crezcas. Ese es el problema.

Muchas veces se acercan personas a preguntarme. Sus preguntas son relevantes, pero no las puedo contestar porque la respuesta sólo puede ser posible cuando ellos crezcan. Pero ellos piensan: «Preguntas y tiene que haber una respuesta, automáticamente». Piensan: «Con preguntar, con formular la pregunta es suficiente; ¡ahora dame la respuesta!».

Pero hay respuestas que sólo te pueden ser dadas cuando crezcas. El problema es el siguiente: cuando creces no hay necesidad de contestarlas, simplemente las entiendes. ¿Habrá alguna necesidad de explicarle al niño cuando crezca que lo que dijo era una tontería? Se reirá y dirá: «Sí, entiendo. No es cuestión de poner más hombres a trabajar. No se trata de un trabajo».

Cuando creces, entiendes; pero preguntáis cuando sois como niños. Y creéis que vuestra pregunta es correcta y que hay que darle una respuesta. No se te puede decir nada de la verdad, y todo lo que se dice es siempre aproximado. Y recuerda, no existe cosa tal como la verdad aproximada. O es verdad o no es verdad. Por eso lo que sea que se diga no tendrá sentido. Cuando sepas te reirás. Pero no hay otra forma, no se puede hacer otra cosa. Así que todas las enseñanzas de Sosan, de Buda o de quien sea son sólo para atraerte hacia un crecimiento. Lo que dicen no es muy importante. Si te interesas y empiezas a crecer y a moverte en una dimensión acerca de la que no sabes nada, han dado en el clavo.

Entender el misterio de la Única esencia
es liberarse de todos los enredos.
Cuando todas las cosas se ven por igual,
se alcanza la esencia intemporal del Ser.
Ninguna comparación o analogía es posible
en este estado sin causas ni relaciones.

No hay causa para lo supremo, porque ¿de dónde va a salir la causa? Lo supremo es el todo. Lo supremo no está relacionado, porque ¿con quién se va a relacionar? Está solo. ¿Qué hacer entonces? ¿Qué decir? Si algo está relacionado, se puede decir algo acerca de ello; si algo tiene causa, entonces se puede decir algo acerca de ello, porque participan al menos dos. El lenguaje es posible si hay dos. Si sólo hay uno, el lenguaje se vuelve absolutamente absurdo. ¿Qué hacer con este uno sin causa? Sólo se puede hacer una cosa: encontrar en el interior algo que no tenga causa. Encuentra algo en ti que sea uno y estarás en el camino correcto.

No te preocupes por las filosofías, no entres en argumentaciones de un tipo u otro. Hay millones de argumentos, y cada argumento se convierte en un enredo, cada filosofía se convierte en una nueva prisión. No te preocupes por las filosofías, las doctrinas o las escrituras.

Haz simplemente una cosa: encuentra en tu interior algo que no tenga causa, encuentra en tu interior algo que sea uno (y eso es lo mismo, porque el uno es lo único que puede existir sin causa).

Y una vez que encuentras en tu interior un pequeño vislumbre de lo que no tiene causa, del uno, has encontrado el sendero. Ahora la meta no está muy lejos. *Ahora* no necesitas hacer nada. Ahora la meta te atrae como la gravedad; ahora eres atraído hacia ello como si fuera un imán. Ahora has entrado en el campo de acción del imán. Sólo tienes que hacer una cosa: entrar en ello. Entonces el centro te atraerá, entonces no se necesita ningún esfuerzo.

El único esfuerzo es cómo ponerte en contacto con tu propia energía vital. Ese contacto se ha perdido, está roto. Estás muy cerca, pero en estar muy cerca también hay una distancia. Un pequeño giro, una mirada atrás y las cosas empiezan a cambiar.

Cuando ocurra te reirás: «¿Por qué era tan difícil?». Pero si no ocurre es difícil. ¿Por qué la gente como Sosan sigue diciendo que puede ocurrir *ahora mismo, de una vez, inmediatamente?* Intenta encontrar en tu interior algo que no tenga causa. ¿Cómo puedes hacerlo? Inténtalo conmigo; encuentra algo que permanezca inmutable en tu interior.

Te levantas por la mañana, trabajas todo el día (millones de ocupaciones, reuniones, relaciones). Todo cambia, muchos estados de ánimo vienen y van; a veces te sientes enfadado y a veces feliz, a veces triste y a veces alegre, a veces positivo y a veces negativo. Todo cambia; como el tiempo, todo cambia. Por el día estás despierto y por la noche te vas a dormir. Por el día piensas y por la noche sueñas. Todo continúa como un flujo. Encuentra algo en todo este flujo que permanezca igual...: eso es atestiguar.

Por la noche observas los sueños: los sueños cambian, pero el testigo, el atestiguar, permanece igual. Por el día observas los estado de ánimo: la tristeza, la ira, la felicidad. Los estados de ánimo cambian, pero el atestiguar sigue igual. Si estás sano, atestiguas la salud; si estás enfermo, atestiguas la enfermedad. Si eres rico, atestiguas la riqueza; si eres pobre, atestiguas la pobreza. Una cosa permanece siempre igual, el atestiguar. Y todo lo demás tiene una causa. El atestiguar no tiene causa.

Alguien dice algo, te elogia y te sientes feliz: existe una causa. Viene un amigo y te sientes feliz: existe una causa. El tiempo no es bueno y te sientes triste y deprimido: existe una causa. El tiempo es soleado y te sientes bien, energético, activo: existe una causa. Si durante el día no has comido, por la noche sueñas que comes cosas deliciosas: existe una causa.

Observa las cosas que te ocurren. ¿Tienen una causa? Si la tienen, no te preocupes mucho por ellas; pertenecen al mundo de las ilusiones. Estás en busca de lo que no tiene causa. Descubrirás que el atestiguar es lo único que no tiene causa; nadie lo causa.

Por eso los Budas dicen que un Maestro sólo puede mostrarte el camino. No puede causar ninguna transformación, porque todo consiste en buscar lo que no tiene causa, así que ¿cómo va a causarlo un Maestro? Nadie puede causarlo. Solamente puede mostrarte el camino; tú eres quien tiene que andarlo.

Ningún Buda puede transformarte. Si un buda pudiera transformarte, esa transformación también sería parte del mundo ilusorio, porque de nuevo tú tendrías una causa. Si vienes a mí y te sientes feliz, ese sentimiento tiene una causa. Si te alejas de mí y te sientes infeliz, ese sentimiento tiene una causa.

Sólo observa: la felicidad, la infelicidad, la tristeza, la alegría..., vienen y van, son mendigos a tu alrededor. El atestiguar permanece como el mismísimo centro, sin causa, inmutable, uno. Encuentra eso dentro de ti y todo se vuelve claro. Cuando estás claro en tu interior, todo es transparente. La verdad está por todas partes, solamente tienes que volverte uno.

Considera inmóvil el movimiento
y en movimiento lo inmóvil,
y ambos, estado de movimiento
y estado de reposo, desaparecen.
Cuando tales dualidades dejan de existir
la propia Unidad no puede existir.
Ninguna ley o descripción
es aplicable a esta finalidad suprema.

Para la mente unificada, en armonía con el Camino,
cesan todos los esfuerzos enfocados hacia uno mismo.
Las dudas y las vacilaciones se desvanecen,
y vivir en la fe verdadera se vuelve posible.
De un solo golpe somos liberados del cautiverio;
nada se aferra a nosotros y
nosotros no nos aferramos a nada.
Todo está vacío, claro, autoiluminado,
sin el empleo del poder de la mente.
Aquí, el pensamiento, el sentimiento,
el conocimiento y la imaginación no tienen ningún valor.

8

VIVIR EN LA FE VERDADERA

28 de octubre de 1974

Considera inmóvil el movimiento
y en movimiento lo inmóvil,
y ambos, estado de movimiento
y estado de reposo, desaparecen.

ESTA ES UNA DE LAS COSAS MÁS BÁSICAS. Intenta entender lo más profundamente posible.

La mente sólo puede ver un polo, mientras que la realidad es bipolar: los dos polos opuestos juntos. La mente puede ver un extremo; en ese extremo se esconde el otro, pero la mente no puede penetrar en él. Y a no ser que veas ambos opuestos juntos, nunca te será posible ver lo que es; lo que sea que veas será falso porque será la mitad.

Recuerda, la verdad sólo puede ser el todo. Si es a medias es más peligrosa que las mentiras, porque una verdad a medias lleva consigo la sensación de ser verdad pero no lo es. Eso te engaña. Conocer la verdad es conocer la totalidad en todas las cosas.

Por ejemplo, ves movimiento, algo se mueve. Pero ¿puede existir el movimiento sin que haya algo oculto en su interior que no se mueva? El movimiento es imposible sin algo inmóvil dentro de él.

Una rueda se mueve, pero el centro de la rueda permanece inmóvil; se mueve sobre ese centro inmóvil. Si sólo ves la rueda sólo has visto la mitad, y la mitad es muy peligrosa. Y si en tu mente haces de la mitad el todo, entonces habrás caído en el mundo ilusorio de los conceptos.

Amas a una persona; nunca ves el odio que se esconde dentro de tu amor. Esta ahí; te guste o no, esa no es la cuestión. Siempre que amas, el odio está presente (el polo opuesto), porque el amor no puede existir sin el odio. No depende de tu gusto. Es así.

El amor no puede existir sin el odio; tú amas a una persona y odias a esa misma persona. Pero la mente puede ver sólo una cosa. Cuando la mente ve el amor, deja de ver el odio; cuando aparece el odio, cuando la mente se aferra al odio, deja de ver el amor. Y si quieres ir más allá de la mente, tienes que verlos a ambos juntos; ambos extremos, ambos opuestos. Es exactamente igual que el péndulo de un reloj. El péndulo se mueve a la derecha; lo único que se ve es que el péndulo se mueve hacia la derecha, pero hay algo más, algo invisible. Mientras que el péndulo va hacia la derecha está ganando impulso para ir hacia la izquierda. Eso no es visible, pero enseguida lo verás.

Una vez que ha llegado al extremo, el péndulo empieza a moverse hacia el polo opuesto: va hacia la izquierda. Llega tan a la izquierda como antes lo hizo hacia la derecha. Mientras va hacia la izquierda puedes volver a engañarte. Verás que va hacia la izquierda, pero a su vez, muy dentro de él, está reuniendo energía para ir hacia la derecha.

Mientras amas estás almacenando energía para odiar; mientras odias estás almacenando energía para amar. Mientras estás vivo estás almacenando energía para morir, y cuando estés muerto estarás almacenando energía para renacer.

Si sólo ves la vida te estarás equivocando. ¡Ve la muerte oculta en la vida por todas partes! Y si puedes ver que la muerte está escondida en la vida, también podrás ver su reverso: que en la muerte se esconde la vida. Entonces ambas polaridades desaparecerán. Cuando las ves en su unidad, simultáneamente, tu mente desaparece. ¿Por qué? Porque la mente sólo puede ser parcial, no puede ser nunca total.

¿Qué harías si vieras el odio escondido en el amor? ¿Qué elegirías si vieras el amor escondido en el odio? Sería imposible elegir, porque si eliges el amor te darás cuenta de que también estás eligiendo el odio. ¿Y cómo un amante podría elegir el odio?

Puedes elegir porque el odio no es evidente para ti. Eliges el amor y luego crees que el odio sucede por accidente. Pero en el momento en que has elegido el amor, has elegido el odio. En el momento en que te aferras a la vida, te estás aferrando a la muerte. Nadie quiere morir; por tanto, no te aferres a la vida, porque la vida te está conduciendo hacia la muerte.

La vida existe en polaridades y la mente existe en una parte de la polaridad; es por eso que la mente es falsa. Y la mente trata de hacer que esa parte sea el todo. La mente dice: «Yo amo a este hombre o a esta mujer, y simplemente amo. ¿Cómo voy a odiar a esta mujer? Cuando yo amo, amo; el odio es imposible».

La mente parece lógica, pero está equivocada. Si amas, el odio *es* posible; el odio sólo es posible si amas. No se puede odiar a una persona sin amarla; no se puede hacer de alguien un enemigo sin haberse hecho antes su amigo. Van juntos, son dos aspectos de la misma moneda. Tú miras una cara, la otra está oculta detrás (pero esta ahí, siempre esperando). Cuanto más te mueves hacia la izquierda, más te estás preparando para moverte hacia la derecha.

¿Qué ocurriría si la mente pudiera ver a ambas juntas? La mente no sería posible porque entonces todo se volvería absurdo, ilógico. La mente sólo puede vivir en un marco lógico, sencillo, negando lo opuesto. Tú dices: «Este es mi amigo y este es mi enemigo». Nunca puedes decir: "Este es mi amigo y mi enemigo". Si lo haces, las cosas se vuelven ilógicas. Si permites que entren en concurso cosas ilógicas, estas harán añicos la mente; la mente desaparece.

Cuando miras lo absurdo de la vida, la forma en que la vida se mueve entre contradicciones, la forma en que la vida vive a través de opuestos, tienes que abandonar la mente. La mente necesita demarcaciones claras, cosa que la vida no tiene. No puedes encontrar nada más absurdo que la vida, que la existencia.

Hasta la misma palabra es absurda si miras a ambas polaridades juntas. Si te reúnes, tan sólo te reúnes para separarte. Si te gusta una persona, te gusta tan sólo para que te disguste. Si eres feliz, tan sólo eres feliz para plantar la semilla de la infelicidad. ¿Puedes concebir una situación más absurda? Al querer la felicidad, ya estás queriendo la infelicidad; ahora estarás en una continua angustia.

¿Qué hacer? A la mente no le queda nada que hacer. La mente simplemente desaparece. Y cuando la mente desaparece, la vida no parece absurda, la vida se convierte en un misterio.

Esto tiene que entenderse, la vida parece absurda por la excesiva lógica de la mente; la vida parece agreste porque has vivido demasiado tiempo en un jardín hecho por el hombre. Vas al bosque y te parece agreste pero parece agreste por la comparación. Una vez que entiendes que la vida es así, la vida es de tal manera que siempre envuelve al opuesto...

Ama a una persona, y vendrá el odio. Haz un amigo, y nacerá un enemigo. Sé feliz, y de alguna manera, por la puerta de atrás, estará entrando la desgracia. Disfruta el momento, e inmediatamente llorarás. Ríe, y justo tras la risa están las lágrimas, esperando brotar. ¿Qué hacer entonces? No queda nada por hacer, así es como son las cosas.

Sosan dice:

Considera inmóvil el movimiento...

Eso es lo que está diciendo. Está diciendo que cuando veas algo que se está moviendo, recuerda, hay algo dentro de ello que es inmóvil. Y todos los movimientos conducirán a lo inmóvil. ¿Dónde vas a ir? Corres, caminas, te mueves. ¿Adónde vas?; sencillamente a algún lugar a reposar, sencillamente a sentarte en algún sitio. Estás corriendo, sencillamente, para descansar en alguna parte. Así que correr lleva a descansar, el movimiento lleva al estado de inmovilidad.

Y esa inmovilidad ya está ahí. Cuando estés corriendo, fíjate: algo dentro de ti no está corriendo, no puede correr. Tu consciencia permanece inmóvil. Puedes moverte por el mundo entero pero algo dentro de ti nunca se mueve, no puede moverse; todo movimiento depende de ese centro inamovible. Te involucras en toda clase de situaciones, de emociones, pero algo en ti permanece sin comprometerse, sin involucrarse. Y toda esa vida de compromisos tan sólo es posible por ese elemento que no se involucra. Amas a una persona, la amas tanto como puedes, pero en el fondo algo permanece distante, desligado. Tiene que ser así, si no estarías perdido. Hasta en el compromiso algo permanece desligado. Y cuanto mayor sea el compromiso, mayor será el sentimiento de ese punto desligado en tu interior, porque nada puede existir sin su opuesto. Las cosas existen por la vía de los opuestos.

Considera inmóvil el movimiento
y en movimiento lo inmóvil...

Y CUANDO VEAS algo estacionario, no te dejes engañar: es estacionario pero ya se está moviendo. Ahora los científicos dicen que todo está en movimiento, hasta esta inerte pared, la roca. Se mueven muy rápidamente, sus átomos se mueven tan deprisa que el movimiento no se puede ver. Es por eso que parecen estáticos.

El movimiento es *muy* rápido, exactamente la misma velocidad a la que se mueven los rayos de luz. Un rayo de luz se mueve a trescientos mil kilómetros por segundo. Ese es el movimiento de un átomo. Se mueve en círculo. Va tan endemoniadamente rápido que parece estático.

Nada es estático y nada está en movimiento absoluto. Todo es ambas cosas (en parte está en movimiento y en parte está estático), y lo estático es la base de todo movimiento. Cuando veas algo estático no te dejes engañar; busca en su interior y verás que, en alguna parte, el movimiento ya está ocurriendo. Si ves algo que se mueve, busca lo estacionario en ello. Lo encontrarás siempre, con absoluta certeza, porque un extremo no puede existir solo.

Si yo te doy un bastón y te digo que este bastón sólo tiene un extremo, que no hay ningún otro extremo, tú dirás que es imposible. Si tiene un extremo entonces el otro tiene que estar ahí; puede que esté oculto, pero es imposible que un bastón tenga sólo un extremo. El otro tiene que estar ahí; si hay un comienzo tiene que haber un final.

Eso es lo que Buda decía constantemente: «Si has nacido, la muerte tiene que estar ahí. Todo lo que ha nacido tiene que morir». Porque si el comienzo es un extremo, entonces ¿dónde está el otro extremo del bastón? *Tiene* que estar ahí. Todo lo que ha nacido tiene que morir, todo lo que ha sido hecho tiene que ser deshecho, todo lo que se ha juntado tiene que separarse, toda reunión es una separación, toda llegada es una salida.

Mira a ambos simultáneamente, e inmediatamente la mente desaparecerá. Puede que te sientas un poco mareado, porque la mente ha vivido con demarcaciones lógicas, con claridad lógica. Cuando desaparecen todas las distinciones, cuando hasta el opuesto está oculto en todas las cosas, la mente se marea.

Admite ese mareo, deja que ocurra. Pronto desaparecerá el mareo y te afianzarás en una nueva sabiduría, en un nuevo saber, en una nueva visión de la realidad.

Esa nueva visión de la realidad es la totalidad, y en esa totalidad tú estás vacío. No hay opiniones acerca de esto; ahora sabes que todas las opiniones serán falsas.

Alguien le preguntó a Mahavira: «¿Dios existe?».

Y Mahavira contestó: «Sí, no. Ambos, sí y no».

El hombre estaba perplejo. Dijo: «No te sigo. O dices sí o dices no, pero no las dos cosas juntas».

Mahavira dijo: «Estas son sólo tres posturas. Si quieres escuchar la respuesta completa, tengo siete posturas acerca de todas las cosas».

Y Mahavira las tiene. Primero dice sí (una postura); no es la verdad, es un aspecto. Luego dice no; no es la verdad, es otro aspecto. Luego dice sí y no, ambos; tercer aspecto. Luego dice sí y no, ambos no; cuarto aspecto. Luego dice sí más sí y no, ambos; quinto aspecto. No más sí y no, ambos; sexto aspecto. No más sí y más ambos no; séptimo aspecto.

Dice que hay siete aspectos y entonces la cosa es total. Y está en lo cierto pero la mente se marea, aunque este es tu problema, no el suyo. Y tiene razón, porque dice que siempre que dices sí, es la mitad. En cierto sentido una cosa es, pero en cierto sentido ya está en camino de ser no-existencial.

Tú preguntas: «¿Este niño está vivo o muerto?». Sí, está vivo. Pero Mahavira dice que ya está en camino hacia la muerte. Él morirá, la muerte es segura, así que implícalo en la frase, de otra forma la frase sólo será la mitad e incierta.

Por eso Mahavira dice: «Sí, en cierto sentido este niño está vivo; y en cierto sentido no, porque este niño va a morir»; no sólo va a morir, de hecho, por estar vivo, ya está muerto. La muerte está ahí oculta, es parte de él. Y es por eso que dice que es mejor decir la tercera: él está de ambas maneras.

¿Pero cómo puede un niño estar de ambas formas, vivo y muerto?; porque la muerte niega la vida y la vida niega la muerte. Es por eso por lo que Mahavira dice que dejes que haya también una cuarta postura: él no está de ambas maneras. Así es como va la cosa, y para cuando haya terminado con su frase de siete pliegues, estarás más perplejo que antes de haberle preguntado. Pero ese es tu problema. Él dice que abandones la mente, porque la mente no puede ver la totalidad, sólo puede ver aspectos de ella.

¿Te has fijado alguna vez? Si yo te doy una piedrecita, ¿puedes ver la piedrecita en su totalidad? Siempre que miras, sólo ves una cara; la otra está oculta. Si miras a la otra, entonces la primera, de nuevo, estará oculta. Ni siquiera puedes ver en su totalidad una piedrecita que puedes poner en la palma de tu mano.

La mente no puede ver nada completo. Yo te estoy mirando pero tu espalda está oculta. Tú me estás mirando a mí y ves mi cara, pero no mi espalda. Y nunca me has visto en mi totalidad, porque cuando veas mi espalda no verás mi cara.

La mente no tiene ninguna posibilidad de ver nada en su totalidad. Sólo puede ver la mitad; la otra mitad se supone. Es una suposición, se da por hecho que debe de estar ahí, porque ¿cómo va a haber una cara si no hay una espalda? Así que suponemos que la espalda debe de estar ahí, tiene que estar ahí.

Pero si puedes ver ambas cosas juntas, seguro que el mareo aparecerá. Si puedes soportarlo y pasar a través de él, luego llega la claridad; entonces todas las nubes desaparecen. En las danzas derviches se trata de provocar el mareo a la mente. Hay muchas maneras. Mahavira usa una técnica muy lógica: la lógica de siete pliegues. Es exactamente igual que las danzas derviches: te ocasionan un mareo.

Para aquellos que son muy intelectuales, el método de Mahavira es maravilloso. Te ocasiona un mareo y todo se pone patas arriba; y realmente no puedes decir nada: tienes que quedarte en silencio. Cualquier cosa que digas parecerá absurda, e inmediatamente tendrás que negarla. Y cuando lo hayas dicho todo, no habrás dicho nada, porque cada frase contradice la anterior.

Esta lógica de siete pliegues es para la mente como una danza derviche: te produce mareo. La danza derviche es un método físico para marear a la mente, mientras que este es un método mental para provocar lo mismo.

Si danzas frenéticamente, si te mueves con rapidez, si giras muy deprisa, de repentes sientes mareo, náuseas, como si la mente estuviera desapareciendo. Si continúas haciéndolo, el mareo seguirá apareciendo durante unos días; luego se calmará. En el momento en que el mareo haya desaparecido te darás cuenta de que la mente ha desaparecido, porque ya no hay nadie que se maree. Entonces llega una claridad. Entonces miras a las cosas sin la mente. Sin la mente se revela el todo; y con el todo viene la transformación.

Cuando tales dualidades dejan de existir,
la propia Unidad no puede existir.

Y RECUERDA, usar la palabra «unidad» es también parte de la dualidad. Si no hay dualidad, ¿cómo va a haber unidad? Es por eso que los hindúes nunca usan la palabra «unidad». Si le preguntas a Shankara: «¿Cuál es la naturaleza de la existencia?», él dice: «no-dual, *advaita*, no dos».

Nunca dirá «uno», porque ¿cómo puedes decir «uno»? El uno necesita del dos para tener sentido. Si no hay posibilidad de lo segundo, del dos, entonces, ¿cuál es la utilidad de decir que es uno? Shankara dice: «Como mucho, puedo decir no-dos, pero no puedo decir positivamente uno. Puedo decir lo que la realidad no es: no es dos. No puedo decir lo que es, porque el sentido, las palabras..., todo se vuelve inútil».

Cuando tales dualidades dejan de existir...

Cuando no puedes ver el amor separado del odio, ¿qué significado le darás al amor? Sosan no puede escribir diccionarios. Si alguien me pidiera que escriba un diccionario, yo no lo podría hacer. Es imposible, porque ¿qué significado le daría a amar? Los diccionarios sólo son posibles si el amor y el odio son diferentes, no sólo diferentes sino opuestos. Así que puedes escribir: el amor no es el odio. Cuando tengas que definir el odio, puedes decir: no amor.

¿Pero qué haría Sosan? Si le preguntas: «¿Qué es el amor?», ¿cómo podría definir el amor? (porque el amor también es odio). ¿Cómo definiría la vida? (porque la vida también es muerte). ¿Cómo definiría a un niño? (porque un niño también es un viejo). ¿Cómo definiría la belleza? (porque la belleza también es fealdad). Las fronteras desaparecen y entonces no puedes definir ninguna cosa porque las definiciones necesitan fronteras, dependen de los opuestos; todas las definiciones dependen de los opuestos.

Si definimos al hombre, podemos decir: «No es una mujer», y ya está definido. Pero te fijas en Sosan y le entiendes, todo hombre es una mujer, toda mujer es un hombre. Así es como son las cosas. Ahora también los psicólogos han descubierto el hecho de que el hombre y la mujer son bisexuales. Cada hombre tiene una mujer oculta en su interior y cada mujer tiene un hombre oculto en su interior; están ahí. Ninguna mujer es solamente una mujer, no puede ser. En esta existencia no puede existir nada sin su opuesto. Ningún hombre puede ser sin una mujer, la mujer está ahí. Tú has nacido de dos personas: una era hombre y la otra mujer. Llevas a ambos en tu interior, mitad y mitad. Tiene que ser así, no hay otra forma de nacer. No has nacido sólo de una mujer: de ser así, hubieras sido sólo mujer. No has nacido sólo de tu padre porque, de ser así, hubieras sido sólo hombre. Has nacido de una dualidad, hombre y mujer. Ambos contribuyeron, tú eres ambos.

Eso crea problemas, porque cuando la mente piensa en una mujer, siempre piensa en términos de lo femenino. Pero tú no las conoces. Si una mujer se vuelve feroz, es más feroz que cualquier hombre; si está enfadada, ningún hombre puede competir con ella; si odia, ningún hombre puede odiar como ella.

¿Por qué? Porque su mujer, en la superficie, está cansada y su hombre está siempre descansando y más lleno de energía. Así que cuando ella está enfadada, está más enfadada porque su hombre empieza a funcionar y este hombre está descansado. Y cuando un hombre se entrega o se vuelve muy amoroso es más femenino que cualquier mujer, porque entonces surge la mujer que está siempre descansando oculta, siempre fresca y joven.

Fíjate en las deidades hindúes. Son muy adecuadas, han entendido muy bien la dualidad. Debes de haber visto imágenes de Kali, la *Madre*. Ella es una mujer muy feroz: lleva calaveras alrededor de su cuello, está llena de sangre, sujeta una cabeza recién cortada con una de sus muchas manos, las cuales empuñan una variada gama de armas para matar. Es la esposa de Shiva; Shiva está tumbado y ella está de pie sobre su pecho.

Cuando por primera vez los occidentales empezaron a pensar acerca de este símbolo, se quedaron perplejos? «¿Por qué? ¿Por qué le llaman a esta mujer "madre"? ¡Tiene la apariencia de la muerte!» Pero los hindúes dicen que la madre también conlleva muerte, por que ella te da la vida, entonces ¿quién te dará la muerte, lo opuesto? La madre te da la vida, así que también ella debería darte la muerte. Tiene que ser así.

Kali, la *Madre*, es ambas cosas: peligrosa y destructiva, y creadora. Ella es la madre, la fuerza creadora, y también es la muerte, la fuerza destructiva. Ella ama a Shiva pero está de pie sobre su pecho como dispuesta para matar. Pero esa es la naturaleza de la vida. El amor mata, el nacimiento se vuelve muerte, la belleza desaparece y la fealdad llega. Todo se marchita en lo opuesto, se funde en lo opuesto. Toda lógica parece inútil y la mente se marea.

Cuando tales dualidades dejan de existir...

Y cuando ves a través de todas ellas, simplemente dejan de existir; porque el *amor es odio*. La palabra correcta sería «*amorodio*»; no dos palabras sino una. Lo correcto sería «*vidamuerte*»; no dos palabras sino una. La palabra correcta sería «*hombremujer*» o «*mujerhombre*»; no dos palabras sino una, juntas.

Pero entonces también la unidad desaparece, deja de existir. Entonces ¿qué sentido tiene decir que la vida es *una*? El dos desaparece; como consecuencia el uno también desaparece.

Es por eso que Sosan y todos los seguidores de Buda insisten en que cuando llegas a realizar la verdad, no es ni uno ni dos: es vacío. Ahora puedes entender por qué dicen *shunyata*, vacío. Todo desaparece, porque cuando el dos desaparece, también el uno desaparece; entonces ¿qué queda? No queda nada o *sólo* queda nada. Esta nada es la cima suprema de la iluminación, cuando lo ves todo vacío, cuando todo se vuelve vacío.

Ninguna ley o descripción
es aplicable a esta finalidad suprema.

Para la mente unificada, en armonía con el Camino,
cesan todos los esfuerzos centrados hacia uno mismo.

¿QUÉ VAS A TRATAR DE conseguir en este vacío? ¿Dónde está la meta, quién es el buscador y quién el buscado? No hay ninguna meta que alcanzar, no hay nadie para poder alcanzarla. Y todos los esfuerzos cesan.

Esta es la paz de Buda, el silencio total; porque no hay nada que alcanzar, nadie para alcanzarlo, ningún lugar donde ir, nadie que vaya. Todo es vacío. De repente todos los esfuerzos desaparecen. No vas a ninguna parte. Empiezas a reír, empiezas a disfrutar de este vacío. Entonces no hay ningún límite para tu gozo, entonces van cayendo sobre ti bendiciones.

Si la existencia *es* sentida como vacío, entonces nadie puede perturbar tu felicidad, porque no hay nadie para perturbarla. Eres *tú;* es tu dualidad lo que te perturba. Te enamoras, pero luego viene el odio y el odio perturba. Quieres ser hermoso, pero luego viene la fealdad y la fealdad perturba. Quieres vivir para siempre, pero entonces la muerte llama a tu puerta y la muerte perturba. Si puedes ver que lo opuesto está oculto, de pronto no pides nada, no buscas nada, porque sabes que pidas lo que pidas, vendrá lo opuesto. Si pides prestigio, respeto, te lloverán insultos por todas partes; si pides flores, te lloverán espinas; si quieres ser famoso, serás olvidado; si quieres alcanzar el trono, serás completamente derrocado.

Sea lo que sea lo que pidas, te será dado lo opuesto. Entonces ¿qué sentido tiene pedir?, ¿para qué pedir nada? Los deseos serán cumplidos, pero cuando se hayan cumplido, te sorprenderás: lo opuesto ha llegado a tus manos. Alcanzarás metas, pero cuando las alcances llorarás, porque en la meta está oculto lo opuesto. Llegarás a cualquier parte que quieras llegar, pero el propio llegar será la frustración.

Cesan todos los esfuerzos enfocados hacia uno mismo cuando este vacío es visto como tal. ¿Hay algo por lo que esforzarse? La mente que quiere lograr cae, desaparece entre el polvo.

Las dudas y las vacilaciones se desvanecen,
y vivir en la fe verdadera es posible.

Esta es la diferencia. Estos poemas de Sosan, en chino, se llaman *El libro de la verdadera fe*. Para cristianos, mahometanos e hindúes es muy difícil comprender qué clase de fe es esta. Intenta entender; esta es la más profunda comprensión de la fe.

Normalmente lo que se enseña en las iglesias, los templos (de lo que hablan cristianos, mahometanos, hindúes), no es fe sino credo: «¡Cree en Dios!». ¿Pero cómo vas a creer? Porque cada creencia alberga en sí su propia duda. Por eso insistes en decir: «¡Yo creo plenamente!».

Cuando dices: «Yo creo plenamente», en realidad ¿qué estás diciendo? ¿Por qué este «plenamente»?, ¿por qué este énfasis? Lo que demuestra es que en algún lugar hay una duda oculta y tú la estás escondiendo con la palabra «plenamente», con la palabra «totalmente», al poner el énfasis. ¿A quién quieres engañar? Te estás engañando a ti mismo. El énfasis muestra que lo opuesto está oculto en algún sitio.

Cuando le dices a alguien: «Te amo a ti y *sólo a ti*», hay una duda oculta. ¿Por qué «sólo a ti»? ¿Por qué lo dices? ¿Por qué lo enfatizas? La posibilidad de amar a otra persona está oculta ahí, así que enfatizas para ocultar esa posibilidad. Si no la escondes, puede que se haga aparente, puede que surja, puede que aparezca. ¿Qué hacer entonces? Sencillamente toma todas las medidas necesarias para ocultarlo.

¿Por qué dices: «Soy un verdadero creyente»? ¿Acaso puede haber también un falso creyente? ¿Cuál es esa verdadera creencia? Verdadera creencia significa que has escondido la duda tan completamente que nadie podrá saberlo; pero tú la conoces muy bien. Por eso los creyentes no quieren oír nada que vaya en contra de sus creencias. Se vuelven sordos porque siempre tienen miedo. Tú nunca tienes miedo del otro, de lo que vaya a decir; tienes miedo de que pueda tocar la duda oculta y esa duda se desarrolle.

Así que, normalmente, a la gente religiosa no le gusta oír a un ateo. Dirá: «No, él puede destruir mi fe». ¿Pero se puede destruir la fe? Y si la fe puede ser destruida, ¿merece la pena aferrarse a ella? Si la fe también puede ser destruida, entonces, ¿qué clase de fe es esa? Pero puede ser destruida porque la duda está ahí, la duda ya la está erosionando.

Esto ocurre todos los días. Creyentes que se vuelven incrédulos, incrédulos que se vuelven creyentes...: cambian, son fácilmente convertibles. ¿Por qué? Porque lo otro está ahí oculto. La creencia alberga en sí la duda; al igual que el amor alberga en sí el odio y la vida alberga en sí la muerte, la creencia alberga en sí la duda. Entonces, ¿qué es la fe?

Sosan realmente tiene una comprensión de lo que es la fe. La fe ocurre sólo cuando la dualidad ha caído; no es una creencia en contra de la duda. Cuando ambas, creencia y duda, han desaparecido, ocurre algo que es fe, que es confianza. No confianza en un Dios, porque no existe la dualidad, tú y Dios. No se trata de que confíes, porque tú ya no estás; porque si *tú* estás entonces habrá otros. Cuando todo es vacío, la confianza florece; el vacío se convierte en el verdadero florecimiento de la confianza.

La palabra budista *shraddha* (fe, confianza) es muy, pero que muy diferente. Su significado es muy diferente al de la palabra «creer». No hay nadie para creer, nadie en quien creer; todas las dualidades han caído. Entonces la confianza... ¿Qué puedes hacer entonces? No puedes dudar, no puedes creer; ¿qué puedes hacer? Simplemente confías y fluyes con la corriente. Te mueves con la vida, reposas con la vida.

Si la vida trae nacimiento, confías en el nacimiento; no te quejas. Si la vida trae muerte, confías en la muerte; no dices que eso no está bien. Si la vida trae flores, de acuerdo; si la vida trae espinas, de acuerdo. Si la vida da, está bien; si la vida quita, está bien. Eso es confianza. No hacer una elección por tu cuenta. Dejarlo todo a la vida, lo que sea... No desear, no hacer demandas. Simplemente ir donde la vida te lleve, porque ahora sabes que, en el momento que exijas, el resultado será lo opuesto. Así que no pidas: «Danos la vida eterna», porque sabes que obtendrás la muerte eterna.

¿Te has dado cuenta alguna vez de que, en todo el mundo, sólo los cristianos han rezado por la vida eterna? Sólo los cristianos rezan: «Señor danos la vida eterna», y sólo los cristianos tienen un infierno que es eterno. Tiene que ser lo opuesto. Ninguna otra religión tiene un infierno eterno. Tienen infiernos, pero temporales; pasas allí unos días, unos meses, luego eres trasladado, porque ningún castigo puede ser eterno. ¿Cómo va a serlo?

Si todos los placeres son temporales, ¿cómo va a ser eterno el castigo? Si el premio es temporal, ¿cómo va a ser eterno el castigo? Si en la vida nunca obtienes nada eterno, ¿cómo vas a ser castigado eternamente? Parece injusto.

Pero los cristianos piden, rezan por la vida eterna. Entonces tienes que hacer balance: infierno eterno. Una vez que pecas eres arrojado al infierno y no te será posible salir de allí nunca. Estarás allí para siempre, toda la eternidad. Tiene que ser así porque estás pidiendo la vida eterna.

La confianza budista es una gran comprensión del hecho de que todo lo que demandes irá mal. Intenta entender esto. Lo repetiré: todo lo que desees irá mal.

Entendiendo esto, los deseos desaparecen. ¡Cuando el desear desaparece llega la confianza! Confiar significa ir por la vida sin ninguna expectativa, sin ningún deseo o demanda por tu parte. No pedir, no quejarse. Aceptando lo que sea que ocurra.

Y recuerda, esto no es algo que tú *hagas*. Si lo estás haciendo tú, entonces hay rechazo. Si dices: «Sí, aceptaré», has rechazado. Dices: «Aceptaré lo que sea que ocurra», pero detrás de esto hay un profundo rechazo. En realidad no aceptas. Aceptas sólo porque te sientes impotente, porque no se puede hacer nada; así que, ¿qué hacer?: acepta. Pero esta aceptación alberga en sí un gran desaliento, un rechazo. Si hubiera sido posible rechazar, hubieras elegido el rechazo. Entonces no hay confianza.

Sosan dice que la confianza ocurre simplemente viendo la realidad de que lo opuesto está implicado en todas las cosas. No es que digas: «Acepto»; no es que aceptes por impotencia. Es simplemente que lo opuesto está implicado en la naturaleza de las cosas. Mirar los hechos, la verdad, en el fondo de tu ser, te da confianza. Mirando los hechos, ocurre la confianza.

Si me doy cuenta de que he nacido, entonces es un hecho que voy a morir. Esto es simplemente un hecho. No lo acepto porque no hay rechazo; simplemente confío. Cuando confié en nacer, la vida me dio el nacimiento; y yo confié. La vida me traerá la muerte, y yo confío. Si el nacimiento fue tan maravilloso, ¿por qué no va serlo la muerte?

Lo desconocido está siempre ahí. Confiar significa entrar en lo desconocido, sin hacer ninguna demanda. Entonces no puedes ser desgraciado, entonces la felicidad va inundándote. ¿Cómo puedes ser desgraciado si no demandas nada? ¿Quién te va a hacer desgraciado si no demandas nada? La vida parece tan desgraciada porque, pidas lo que pidas, la vida parece ir exactamente en el sentido contrario. Si no demandas nada, la vida se convertirá en una bendición; cualquier cosa que ocurra es maravillosa. *Lo que sea* que ocurra es maravilloso; simplemente avanza con ello.

Chuang Tzu tiene razón cuando dice: «Lo fácil es lo correcto» y «Cuando el zapato es el que corresponde al pie, se olvida el pie». Y cuando te adaptas tan profundamente a la vida, las dudas, la incredulidad, desaparecen. Esta medida adecuada del zapato es la confianza. Entonces surge una fe que no es una creencia. Surge una fe que no necesita de ningún Dios en el que creer.

Es por eso que los budistas no hablan acerca de Dios. El budismo realmente alcanza el núcleo más profundo de la religión, y la gente como Sosan es rara. Su comprensión es perfecta, total. La totalidad ha entrado en su comprensión. No necesitan un Dios, porque: «¿Para qué un Dios? ¿No es suficiente con la existencia? ¿Para qué personificarla? Todo lo que *tú* hagas será exactamente igual que tú; será una proyección. Así que todos los dioses son proyecciones».

Cuando los hindúes hacen un dios... Mira a su dios, es sencillamente una proyección de la fisiología hindú (la nariz, los ojos, la altura, todo). Fíjate en el dios de los japoneses, fíjate en el dios de los negros, puedes darte cuenta de que tan sólo son las proyecciones de nuestras propias mentes. Si los caballos tuvieran sus dioses no podrían ser hombres, serían caballos. ¿Puedes imaginarte que el Dios de los caballos fuera como un hombre? ¡Imposible! Los dioses de los caballos serán caballos. Si los árboles tuvieran dioses, estos serían árboles.

¿Qué son tus dioses? Tus proyecciones. Y ¿por qué proyectas? Porque quieres estar protegido. Sin un Dios te sientes desamparado, solo, vacío; quieres que alguien te ayude. Al pedir ayuda, tú mismo te estás creando sufrimiento. Ahora ocurrirá lo contrario. En todo momento sentirás que Dios no te escucha; estás llorando y rezando y él no te escucha. En todo momento sentirás que, a pesar de que has hecho todo por tu parte, no se te da lo que te corresponde.

Los santos, los mal llamados santos, siempre se quejan porque han renunciado al mundo y todavía no han llegado al estado de bienaventuranza. Son célibes, pero todavía las flores no han caído sobre ellos. Y han hecho esto y aquello, tienen una larga lista, han *hecho* muchas cosas, pero Dios todavía está tan lejos como siempre. Ellos no confían, todavía están luchando contra la vida. No permiten que la vida ocurra a su propia manera. Tienen que imponer sus propias ideas a la vida; eso es desconfianza.

Desconfianza significa que tienes que imponer algunas ideas. Te crees más listo que la propia vida. Eso es desconfianza, eso es incredulidad. Quieres imponerte a ti mismo. Ve a las iglesias, a las sinagogas, y verás gente rezando a Dios. ¿Qué es lo que están diciendo? Están dando consejos. Están diciendo: «No hagas esto, eso está mal. Mi hijo está enfermo, haz que se cure».

En primer lugar, si realmente confías, entonces es que *él* hace que tu hijo enferme; ¡así que confía en ello! ¿Por qué ir a rezar y a quejarse? ¿Crees que tú puedes hacerlo mejor? Todas las oraciones significan que tú ruegas a Dios: «Por favor no hagas que dos y dos sean cuatro. Cualquier cosa que ocurra, cualquier cosa que sea natural, no dejes que ocurra». Tienes alguna idea que sugerir, algún consejo: esto no es confianza.

Confianza significa: «Yo no soy nadie, voy donde la vida me lleve, donde sea (hacia lo desconocido, hacia la oscuridad, muerte o vida). Donde me lleve, estoy preparado. Estoy siempre listo, me adapto». ¿Pero cuándo te adaptas? Sólo te puedes adaptar cuando cesa la dualidad, cuando puedes ver y el propio ver se convierte en el final; el final de los deseos, de las demandas.

Para la mente unificada, en armonía con el Camino,
cesan todos los esfuerzos enfocados hacia uno mismo.
Las dudas y las vacilaciones se desvanecen,

y vivir en la verdadera fe se vuelve posible.
De un solo golpe somos liberados del cautiverio...

De un solo golpe somos liberados del cautiverio...

NO SE TRATA de un asunto gradual, no es que poco a poco vayas alcanzando la verdad, no es algo gradual. De un solo golpe, cuando ves la verdad, de un solo golpe eres liberado de todo cautiverio.

No es cuestión de hacer esfuerzos, porque cualquier cosa que hagas la harás con la mente, y la mente es la causa de todas las desgracias. Todo lo que hagas con la mente la reforzará aún más. Todo lo que hagas con la mente será un esfuerzo. Todo lo que hagas con la mente será una elección desde dos polos opuestos. Te irás liando cada vez más.

Así que no es cuestión de qué hacer, es cuestión de cómo ver. La cuestión no es cambiar tu carácter, la cuestión no es hacerse más bueno, volverse más santo, ser menos pecador; no, esa no es la cuestión. La cuestión es cómo ver sin mente, cómo ver sin elegir. La cuestión no tiene que ver con el hacer ni con la acción, la cuestión tiene que ver con la cualidad de la consciencia.

Es por eso que en Oriente hemos enfatizado la meditación y en Occidente han enfatizado la moralidad. Cuando se tradujeron por primera vez los Upanishad a las lenguas occidentales, los eruditos estaban perplejos porque no encontraron en ellos nada parecido a los Diez Mandamientos («No hagas esto, haz aquello»): no había nada. Estaban perplejos. ¿Cómo van a ser estos Upanishad textos religiosos? Porque religión significa moralidad, religión significa: «No hagas esto y haz aquello otro»; es un *hacer*. Y los Upanishad no hablan acerca de qué hacer, sólo hablan acerca de cómo ser, de qué ser.

Cómo estar más alerta y consciente, esa es la única cuestión. Cómo ser tan consciente que puedas ver a través, de modo que los opuestos se conviertan en uno y las dualidades cesen. En una aguda penetración de consciencia, los pecadores desaparecen; y también los santos, porque ambos pertenecen a la dualidad. Dios muere y el Diablo también, porque también ellos pertenecen a la dualidad; los ha creado la mente.

La cristiandad ha permanecido constantemente en una profunda confusión, porque ¿cómo llegar a un acuerdo con ambos, Dios y Diablo? Esto es realmente un problema. En primer lugar, ¿de dónde sale el Diablo? Si dices que Dios lo ha creado, entonces la responsabilidad recae en el propio Dios. ¿Y qué ocurrirá al final? ¿Quién ganará? Si dices que al final ganará Dios, entonces ¿para qué toda esta tontería en el medio, en el camino? Si al final va a ganar Dios, ¿por qué no ahora?

Y si dices que no habrá un ganador final, un triunfador, que el conflicto continuará, entonces el Diablo se vuelve tan poderoso como Dios. Y ¿quién sabe?: al final puede ganar. Y si *él* vence, ¿qué les ocurrirá entonces a todos tus santos? Entonces los pecadores serán felices y los santos serán arrojados al infierno. Pero todo esto surge a causa de la mente dual.

La mente no puede ver que Dios y el Diablo son uno. Ellos son. El Diablo es justo su opuesto: el otro extremo, el odio, la muerte. Así que dices que Dios es amor y el Diablo odio, Dios es compasión y el Diablo violencia, y que Dios es luz y el Diablo oscuridad. ¡Qué idiotez!, porque la oscuridad y la luz son dos aspectos de la misma energía. Al igual que bien y mal, correcto e incorrecto, moral e inmoral, ambas son dos polaridades de un solo fenómeno. Y ese fenómeno es la existencia.

Sosan no lo llamaría Dios, porque si lo llamas Dios niegas al Diablo; es Dios más el Diablo. La existencia es ambos, el día y la noche, la mañana y la tarde, ambos, la felicidad y la infelicidad; todo. Está junto. Y cuando ves esto, el cielo y el infierno, *ambos* juntos, ¿entonces dónde está la elección? Y ¿qué sentido tiene elegir algo o pedir algo?

Todas las demandas cesan. Surge la fe, aparece la confianza. En el vacío de la verdad, donde la dualidad cesa, donde ni siquiera puedes ver que uno es, florece un fenómeno desconocido: la confianza. Florece algo que es lo más precioso, lo más preciado, y ese algo es la flor de la confianza.

De un solo golpe somos liberados del cautiverio;
nada se aferra a nosotros y
nosotros no nos aferramos a nada.
Todo está vacío, claro, autoiluminado,
sin el empleo del poder de la mente.
Aquí, el pensamiento, el sentimiento, el conocimiento y
la imaginación no tienen ningún valor.

ENTONCES UNO VIVE. Uno solamente vive. Uno respira, solamente respira. Sin imaginación, sin pensamiento, sin mente (no tienen ningún valor). Confías en la existencia, y cuando *tú* confías en la existencia, la existencia confía en ti. Este encuentro de confianzas es la bienaventuranza suprema, el éxtasis, *el samadhi.*

Así que, ¿qué hacer acerca de esto? No es cuestión de hacer, no se puede hacer nada. Tienes que *ver*, tienes que observar la vida; hazte un observador, mira en todas las cosas. La próxima vez que sientas amor, no te dejes engañar por él. Ama, pero mira dentro; dentro hay odio esperando. Observa. Y de repente habrá una iluminación. Serás capaz de ver que este amor no es otra cosa que el primer paso hacia el odio. ¿Entonces qué es lo que se puede escoger?

Entonces para qué pedir: «Dios, dame más amor», si vendrá más odio. ¿Entonces qué vas a hacer? Flotarás en el amor y sabrás que el odio está llegando. Ni siquiera te aferrarás al amor..., porque aferrarse significa que estás luchando contra el odio. Y tú *sabes* que, tal como la noche viene tras el día, después del amor vendrá el odio. ¿Qué pasará entonces? Ni te aferrarás al amor ni al odio.

Cuando estás en tal equilibrio, en tal tranquilidad, cuando no demandas amor, cuando no quieres estar lejos del odio, cuando no te aferras a nada y nada se aferra a ti, de repente ni amas ni odias; de repente, de golpe, se acaba la dualidad. Desde cualquier parte... Gurdjieff solía decir a sus discípulos: «Descubre tu característica principal». Eso es bueno. Descubre cuál es tu característica principal: ¿el miedo?, ¿el odio?, ¿el amor?, ¿la avaricia?, ¿el sexo? ¿Cuál es tu característica principal? Simplemente observa y ve, trabaja en esa característica principal y trata de ver los opuestos juntos.

Si es el amor, entonces ve el amor y el odio juntos. Si puedes ver, se niegan el uno al otro. De repente estarás vacío; no habrá ni amor ni odio. Sólo puede haber uno cada vez. Ambos juntos, se niegan entre sí. De repente ninguno de los dos está ahí; solamente quedas tú, en total soledad. No hay nada, ni rastro de nada. Este es el vacío, *shunyata,* del que Sosan habla.

Si puedes verlo en una dualidad, lo puedes ver en todo; eso no es un gran problema. Una vez que lo has visto en una dualidad, amor-odio, lo has visto en todas las cosas. Es lo mismo en todas partes. Entrará una cualidad completamente diferente en la existencia.

Confía. No es algo en lo que tengas que creer, una doctrina; no tiene nada que ver con ningún Dios, Cristo, Krishna o Mahoma, con ningún Corán, Biblia o Gita. No. Tiene que ver con tu consciencia. Plenamente alerta, viendo a través, te vuelves libre; y de un solo golpe.

De un solo golpe somos liberados del cautiverio;
nada se aferra a nosotros y
nosotros no nos aferramos a nada.
Todo es vacío, claro, autoiluminado,
sin el empleo del poder de la mente.
Aquí, el pensamiento, el sentimiento, el conocimiento
y la imaginación no tienen ningún valor.

No pienses en ello, intenta verlo en la vida. Será doloroso porque cuando estás sintiendo amor, no quieres pensar en absoluto en el odio. En realidad tienes miedo de que, si piensas en el odio, todo este éxtasis de amor desaparezca. Cuando estás vivo no quieres pensar en absoluto en la muerte, porque tienes miedo de que, si piensas demasiado en ella, no te sea posible disfrutar la vida.

Pero, en algún sentido, el miedo es conveniente. Si realmente te vuelves consciente de la muerte, no te será posible disfrutar la vida de la *forma* en que la estás disfrutando. Tampoco es que sea una gran diversión. No lo es; es simplemente desdicha. No te será posible disfrutarla de *esta* forma. Y esta forma no es una diversión en absoluto, recuérdalo.

Si piensas en el odio mientras haces el amor, no te será posible disfrutarlo de la forma que lo has estado disfrutando hasta ahora. Pero en realidad, ¿es un gozo o una obsesión? ¿Has disfrutado realmente del amor? Si lo hubieras disfrutado hubieras florecido, tendrías una fragancia diferente; y no la tienes. Entonces tendrías una diferente iluminación del ser, y no la tienes. En el fondo estás vacío, eres pobre; hay oscuridad, no una llama. ¿Entonces qué clase de gozo ha sido este amor, esta vida y todo lo demás? No, simplemente has estado engañándote.

Tu amor no es otra cosa que un tóxico, una droga. Caes en él por unos momentos y lo olvidas. Luego llega el odio y caes en la desdicha. Y de nuevo, porque estás infeliz, buscas amor, pero tu amor no es otra cosa que caer en un sueño profundo. Este ha sido tu patrón. Todo lo que llamas felicidad no es otra cosa que caer en el sueño. Siempre que te sientes bien estando dormido, lo ves como ser feliz. ¿Qué es un hombre feliz para tu mente? Un hombre que no está en conflicto con las cosas. Por eso atraen tanto el alcohol y las drogas, porque cuando los usas se te olvidan las preocupaciones. ¿Qué es tu amor? Parece ser un proceso biológico ya programado para drogarte. Y es algo químico: cuando te enamoras se liberan algunos productos químicos del cuerpo, así que, el equilibrio químico del cuerpo cambia. No es muy diferente de la marihuana o del LSD, porque lo básico es el cambio de química en el cuerpo.

El amor te cambia, un ayuno también te cambia: la química pierde los viejos patrones. En este nuevo patrón, durante unos momentos te sientes bien. De nuevo vuelve el odio, de nuevo entra el mundo y las preocupaciones y de nuevo vuelves a la rueda. Esto es lo que has estado haciendo durante innumerables vidas.

Ahora intenta hacer lo que Sosan está diciendo, que es lo mismo que han dicho todos los Budas. Mientras estás haciendo el amor, observa; mientras estás haciendo el amor (no tengas miedo), observa cómo se va convirtiendo en odio. Mientras estás vivo, observa cómo vas yendo hacia la muerte; cada vez que respiras vas yendo hacia la muerte. Cada momento que pasa, la muerte se va acercando más y más. Observa cómo tu juventud se va convirtiendo en vejez. ¡Mira lo opuesto!

Se necesita valor, porque no reforzarás los viejos patrones; por el contrario, los destruirás. Pero una vez que puedas ver el odio en el amor alcanzarás una tranquilidad que transciende a ambos. Si puedes ver la vida y la muerte, ambas juntas, las transciendes. Las transciendes de un solo golpe; de un solo golpe estás fuera del cautiverio: por primera vez serás un alma libre; tú eres la propia libertad. Es por eso que a este estado supremo le llamamos *moksha*, libertad.

No hay que hacer nada. Sólo tienes que darte más cuenta de tus quehaceres, hacerte más consciente. Esta es la única meditación: estáte más alerta. En un momento de aguda consciencia, la consciencia se convierte en un arma y de un solo golpe se rompen todas las cadenas.

En este mundo de Esencialidad
no existe ni el yo ni nada que no sea yo.

Para entrar directamente en armonía con esta realidad,
cuando las dudas surjan simplemente di: «No dos».
En este «no dos» nada está separado,
nada está excluido.
No importa cuándo ni dónde:
iluminación significa entrar en esta verdad.
Y esta verdad está más allá del aumento o
la disminución en el tiempo o el espacio:
en ella, un solo pensamiento dura diez mil años.

9

NI ESTO NI AQUELLO

29 de octubre de 1974

PRIMERO INTENTA ENTENDER la palabra «esencialidad». Buda depende en gran medida de esta palabra. En el propio idioma de Buda es *tathata:* esencialidad. Toda la meditación budista consiste en vivir en este mundo, en vivir con este mundo, tan profundamente que el mundo desaparezca y tú te conviertas en la esencia.

Por ejemplo, estás enfermo. La actitud de la esencialidad es: acéptalo; dite a ti mismo: «Tal es el camino del cuerpo», no crees una lucha, no empieces a pelear. Si tienes una jaqueca, acéptala. Tal es la naturaleza de las cosas. De pronto habrá un cambio, porque con esta actitud viene el cambio, como si fuera su sombra. Si puedes aceptar tu jaqueca, la jaqueca desaparece.

Pruébalo. Si aceptas una enfermedad, empieza a desaparecer. ¿Por qué ocurre esto? Ocurre porque cuando estás luchando, tu energía se divide: la mitad de la energía se va a la enfermedad, a la jaqueca, y la otra mitad va a combatir la jaqueca; una grieta, un lapso, y la lucha aparece. En realidad *esta* lucha es una jaqueca más profunda.

Una vez que aceptas, una vez que dejas de quejarte, una vez que dejas de luchar, la energía se ha hecho una en el interior. Se tiende un puente sobre la grieta. Y se libera mucha energía porque entonces no hay conflicto; la propia liberación de energía se convierte en una fuerza curativa. La curación no viene de afuera. Lo único que las medicinas pueden hacer es ayudar al cuerpo a poner en acción su propia fuerza curativa. Lo único que un médico puede hacer es ayudarte a encontrar tu propio poder sanador. La salud no puede ser forzada desde afuera, la salud es tu energía floreciendo.

Esta palabra «esencialidad» puede trabajar tan profundamente sobre la enfermedad física, sobre la enfermedad mental y, finalmente, sobre la enfermedad espiritual (cuyo método es un secreto), que las disuelve a todas. Pero tú empieza por el cuerpo, porque ese es el nivel más bajo. Si tienes éxito con él, entonces lo puedes intentar en niveles superiores. Si fracasas con él, entonces te será difícil llegar más arriba.

Cuando algo vaya mal en el cuerpo, relájate y acéptalo, simplemente di para tu interior (no sólo con palabras sino sintiéndolo intensamente): «Tal es la naturaleza de las cosas». El cuerpo es un compuesto, en él se combinan muchas cosas. El cuerpo ha nacido, y está destinado a morir. Es un mecanismo, y además muy complejo, por lo que cabe toda posibilidad de que falle una cosa u otra.

Acéptalo, no te identifiques con ello. Cuando aceptas te mantienes por encima, te mantienes más allá. Cuando luchas te rebajas al mismo nivel. La aceptación es la transcendencia. Cuando aceptas estás sobre una colina, dejas el cuerpo atrás. Dices: «Sí, tal es la naturaleza. Las cosas que han nacido tendrán que morir. Y si las cosas que han nacido tienen que morir, algunas veces tendrán que ponerse enfermas. No hay por qué preocuparse demasiado». Es como si no te estuviera ocurriendo a ti, simplemente está ocurriendo en el mundo de las cosas.

Y eso es lo bonito: cuando no luchas, transciendes. Ya no estás en el mismo nivel. Y esta transcendencia se convierte en una fuerza curativa. De repente, el cuerpo empieza a cambiar. Y lo mismo ocurre con las preocupaciones mentales, las tensiones, las ansiedades, la angustia. Te preocupa cierta cosa. ¿Qué es esta preocupación? La preocupación es que no puedes aceptar el hecho. Te gustaría que las cosas fueran diferentes de como están ocurriendo. Estás preocupado porque tienes algunas ideas que imponer a la naturaleza.

Por ejemplo, te estás haciendo viejo. Eso te preocupa. Te gustaría permanecer siempre joven; ahí está la preocupación. Amas a tu esposa, dependes de ella, pero ella está pensando en dejarte o en irse con otro hombre y tú te preocupas; te preocupas porque ¿qué va a ser de ti? Dependes mucho de ella, con ella te sientes muy seguro. Cuando ella se haya ido ya no habrá seguridad. Ella no sólo ha sido una esposa para ti, también ha sido una madre, un refugio; puedes acudir a ella y esconderte de todo el mundo. Puedes contar con ella: ella estará ahí. Aunque todo el mundo esté en tu contra, ella no estará en contra de ti; ella es un consuelo. Ahora ella se va a marchar, ¿qué será de ti? De repente te entra el pánico, te preocupas.

¿Qué es lo que estás mostrando? ¿Qué es lo que estás mostrando con tus preocupaciones? Estás mostrando que no puedes aceptar lo que está ocurriendo; no debería ser así. Esperabas que fuera de otra manera, justamente lo contrario; querías que esta mujer fuera tuya para siempre, y ahora se marcha. ¿Pero qué puedes hacer tú?

¿Qué se puede hacer cuando desaparece el amor? No se puede hacer nada; no puedes forzar el amor, no puedes obligar a esta mujer a que se quede contigo. Sí, la puedes obligar (eso es lo que hace todo el mundo), puedes obligarla. El cuerpo muerto estará ahí, pero el espíritu vivo se habrá ido. Entonces eso te causará tensión.

No se puede hacer nada en contra de la naturaleza. El amor había florecido, ahora se ha marchitado. La brisa había entrado en tu casa, ahora se ha ido a otra casa. Las cosas son así: van moviéndose y cambiando.

El mundo de las cosas es un flujo, en él nada es permanente. ¡No lo esperes! Si esperas permanencia de un mundo donde todo es impermanente, te crearás preocupaciones. A ti te gustaría que este amor fuera para siempre. Nada puede ser para siempre en este mundo; todo lo que pertenece a este mundo es momentáneo. Esta es la naturaleza de las cosas, esta es su esencia, *tathata*.

Así que ahora sabes que este amor ha desaparecido. Te causa tristeza; vale, acepta la tristeza. Estás tembloroso; acepta el temblor, no lo reprimas. Te apetece llorar, llora. ¡Acéptalo! No lo reprimas, no disimules, no trates de fingir que no estás preocupado, porque eso no te será de ninguna ayuda. Si estás preocupado, estás preocupado; si tu esposa te deja, te deja; si ya no hay amor, ya no hay amor. No puedes luchar contra los hechos, tienes que aceptarlos.

Pero si los aceptas gradualmente, estarás constantemente dolorido y sufriendo. Si los aceptas sin queja alguna, no desde la impotencia sino desde la comprensión, se vuelven esencialidad. Entonces ya no estás preocupado, entonces no hay problema; porque no es que el problema fuera causado por el hecho, sino que no podías aceptarlo de la forma en que estaba ocurriendo. Querías que fuera a tu manera.

RECUERDA, la vida no va ser como tú quieras. Tienes que ser como la vida quiera. De mala gana o alegremente: tú decides. Si lo haces de mala gana sufrirás. Si lo haces alegremente te convertirás en un buda, tu vida se convertirá en un éxtasis.

También Buda tuvo que morir (las cosas no cambian), pero murió de una forma diferente. Murió muy feliz, como si la muerte no existiera. Simplemente desapareció, porque él decía que lo que ha nacido tiene que morir. El nacimiento implica la muerte; así son las cosas, no se puede hacer nada al respecto.

Si mueres siendo desdichado, entonces te perderás lo mejor: la belleza que la muerte puede ofrecerte, la gracia que se manifiesta en el último momento, la iluminación que sucede cuando el cuerpo y el alma parten. Te lo perderás porque estás demasiado preocupado, tan aferrado al pasado y al cuerpo que tus ojos están cerrados. No puedes darte cuenta de lo que está ocurriendo porque no puedes aceptarlo, así que cierras los ojos, cierras todo tu ser. Mueres; morirás muchas veces y seguirás perdiéndote lo mejor de todo ello.

La muerte es muy hermosa si puedes aceptarla, si puedes abrir la puerta con una bienvenida en tu corazón, con una cálida recepción, y decir: «Sí, porque si he nacido tengo que morir. Así que ha llegado el día en el que el círculo se completa». Recibes a la muerte como a un invitado, un invitado bienvenido, y la calidad del fenómeno cambia inmediatamente.

De repente eres inmortal: el cuerpo se está muriendo pero tú no estás muriendo. Ahora puedes darte cuenta de que sólo se abandona la vestimenta, no tú; sólo la funda, el recipiente, no el contenido. La consciencia permanece en su iluminación; y más aún, porque en la vida tenía muchas fundas sobre ella, pero en la muerte está desnuda. Y cuando la consciencia está completamente desnuda tiene su propio esplendor; es la cosa *más* hermosa del mundo.

Pero para eso hay que embeber la actitud de la esencialidad. Y cuando digo embeber quiero decir embeber; no me refiero a que tan sólo sea un pensamiento mental, a que se adopte la filosofía de la esencialidad, sino que tu vida entera se convierta en esencialidad. Ni siquiera hace falta que pienses en ello: sencillamente se vuelve algo natural.

Tú comes en esencialidad, duermes en esencialidad, respiras en esencialidad, amas en esencialidad, lloras en esencialidad. Se convierte en tu propio estilo; no necesitas preocuparte por ello, es tu forma de ser. Es a eso a lo que me refiero con la palabra «embeber». La embebes, la digieres, fluye en tu sangre, entra hasta lo más profundo de tus huesos, llega hasta el mismísimo latido de tu corazón. Aceptas.

Recuerda, la palabra «aceptar» no es muy buena. Lleva cierta carga (por ti, no por la palabra) porque sólo aceptas cuando te sientes impotente. Aceptas de mala gana, aceptas reticentemente. Aceptas sólo cuando no puedes hacer nada, pero, en el fondo, todavía deseas; piensas que de haber sido de otra forma hubieras sido feliz. Aceptas como un mendigo, no como un rey; y hay una gran diferencia.

Si la esposa se marcha o el marido se marcha, finalmente llegas a aceptarlo. ¿Qué le vas a hacer? Lloras desconsoladamente y pasas muchas noches preocupado, atraviesas muchas pesadillas y sufrimientos..., ¿y luego, qué hacer? El tiempo cura, no la comprensión. El tiempo; y recuerda, el tiempo es necesario sólo porque no comprendes, si no te curarías *inmediatamente*.

Se necesita tiempo porque no comprendes. Así que, poco a poco (en seis meses, en ocho meses, en un año) las cosas de difuminan, se pierden en la memoria cubiertas por el polvo. Y pasa un año; y poco a poco te vas olvidando.

Todavía, algunas veces duele la herida. Algunas veces te cruzas con una mujer por la calle y te recuerda a la tuya. Alguna similitud, su forma de andar, te recuerda a tu mujer; y la herida. Luego te enamoras de otra mujer, se acumula más polvo y recuerdas menos. Pero hasta con una nueva mujer, algunas veces su forma de mirar..., y aparece tu esposa. La forma en la que canta en la ducha..., y el recuerdo. La herida está ahí, abierta.

Duele porque vas cargando con el pasado. Cargas con todas las cosas, es por eso que estás tan cargado. ¡Cargas con todas las cosas! Tú fuiste niño; el niño todavía está ahí, le llevas contigo. Luego fuiste un muchacho; el muchacho todavía está ahí con todas sus heridas, experiencias y estupideces, él todavía está ahí. *Cargas* con todo tu pasado, capa sobre capa: todo está ahí. Es por eso que algunas veces retrocedes.

Si te ocurre algo y te sientes desamparado empiezas a llorar como un niño. Has retrocedido en el tiempo, el niño ha salido a la superficie. El niño es más eficiente llorando que tú, así que el niño sale a la superficie y empiezas a gemir y a llorar. Hasta puede que empieces a patalear igual que un niño con una rabieta. Pero todo está ahí.

¿Por qué llevamos toda esa carga? Porque en realidad nunca aceptas nada. Escucha: si aceptas algo, ello sencillamente nunca se convertirá en una carga; entonces no cargarás con la herida. Aceptas el fenómeno. Has aceptado el fenómeno; no queda nada de él con lo que haya que cargar, estás fuera de él. A través de la aceptación te sales fuera de él, pero si aceptas porque te sientes algo impotente, cargarás con él.

Recuerda una cosa: cualquier cosa que está incompleta permanece para siempre como una carga, cualquier cosa que esté completa se abandona. Porque la mente tiene una tendencia a cargar con las cosas incompletas con la esperanza de que algún día surja una oportunidad para completarlas. Todavía esperas a la esposa o al marido, o estás esperando a que regresen los días que ya se han ido. No has transcendido el pasado.

Y a causa de ese pasado tan pesado, no puedes vivir en el presente. Tu presente es un caos debido al pasado, y lo mismo ocurrirá con el futuro; porque el pasado se irá haciendo más y más pesado. Cada día se va haciendo más y más pesado.

Cuando realmente aceptas, en esa actitud de esencialidad no hay rencor, no te sientes impotente. Sencillamente entiendes que así es la naturaleza de las cosas. Por ejemplo, si me quiero ir de esta habitación saldré por la puerta y no atravesando la pared, porque intentarlo sería simplemente darme de cabeza contra la pared, sería sencillamente estúpido. Esta es la naturaleza de la pared: impedir el paso, ¡así que no trates de pasar a través de ella! Esa es la naturaleza de la puerta, que pases a través de ella; al haber un hueco puedes pasar a través de ella.

Cuando un buda acepta, acepta las cosas como la pared y la puerta. Él pasa por la puerta: dice que es la única manera. Tú primero tratas de pasar a través de la pared y te hieres de un millón de formas. Y cuando no puedes salir (abatido, vencido, deprimido, caído) gateas hacia la puerta. Podrías haberlo intentado primero por la puerta. ¿Por qué empezaste a intentarlo por la pared y a luchar contra ella?

Si puedes mirar las cosas con cierta claridad, simplemente no haces cosas como esas: intentar sacar una puerta de una pared... ¡Si el amor desaparece, ha desaparecido! Ahora hay una pared; no intentes traspasarla. Ahora la puerta ya no está, el corazón ya no está, el corazón se ha abierto para otra persona. Y tú no estás solo aquí, también hay otras personas.

La puerta ya no lo es para ti, se ha convertido en una pared. No lo intentes, no te des de cabeza contra ella. Te harás daño innecesariamente. Y si estás herido y derrotado ni siquiera merece la pena pasar por la puerta.

Simplemente observa las cosas. Si algo es natural, no trates de forzar en ello algo que sea innatural. Elige la puerta; salte de ahí. Todos los días estás haciendo la idiotez de pasar por la pared. Entonces te pones tenso y sientes una constante confusión. La angustia se vuelve tu propia vida, el núcleo de ella; y luego pides una meditación.

¿Pero por qué en primer lugar? ¿Por qué no mirar los hechos tal como son? ¿Por qué no puedes mirar los hechos? Porque tus deseos están demasiado presentes. *Sigues* esperando en contra de toda esperanza. Por eso te has convertido en una persona tan impotente.

Simplemente mira: cuando haya una situación, no desees nada, porque el deseo te llevará por el camino equivocado. No desees, no imagines. Simplemente mira los hechos con toda la consciencia de que dispongas, y de repente se abre una puerta y ya no pasas a través de la pared: pasas a través de la puerta, sin un rasguño. Entonces no cargas con nada.

Recuerda, la esencialidad es una comprensión, no un destino sin esperanza. Así que esa es la diferencia. *Hay* gente que cree en el sino, en el destino. Dicen: «¿Qué se puede hacer? Dios ha querido que fuera así. Mi pequeño hijo ha muerto, esa es la voluntad de Dios y ese es mi destino. Estaba escrito, tenía que suceder». Pero en el fondo hay un rechazo. Esto son simplemente tretas para maquillar el rechazo. ¿Conoces tú a Dios? ¿Conoces el destino? ¿Sabes que estaba escrito? No, eso son racionalizaciones; algo para consolarte a ti mismo.

La actitud de la esencialidad no es una actitud fatalista. No conlleva ningún Dios o sino o destino; nada. Dice simplemente que se miren las cosas. Simplemente mira las cosas tal como son, comprende, y hay una puerta, siempre hay una puerta. Trasciende.

Esencialidad significa aceptación con un corazón completamente abierto, no impotente.

En este mundo de Esencialidad
no existe ni el yo ni nada que no sea yo.

Y UNA VEZ QUE TE HAS FUNDIDO (que te has fundido en la esencialidad, en *tathata*, en la comprensión) no existe nada que sea tú, ni nada que no seas tú, no hay ni yo ni nada que no sea yo. En la esencialidad, en la profunda comprensión de la naturaleza de las cosas, las ataduras desaparecen.

Mulla Nasrudin estaba enfermo. El médico le examinó y le dijo: «Bien, Nasrudin, muy bien. Estás mejorando, lo llevas muy bien, estás casi bien del todo. Tan sólo queda una pequeña cosa; uno de tus riñones todavía no está bien. Pero eso no me preocupa en absoluto».

Nasrudin miró al médico y le dijo: «¿Cree usted que si uno de sus riñones no estuviera bien yo me preocuparía por ello?».

La mente siempre divide: el otro y yo. Y el momento en que divides en yo y el otro, el otro se convierte en enemigo, el otro no puede ser amigo. Esta es una de las cosas más básicas y que debe ser entendida profundamente. Necesitas penetrar en ella. El otro no puede ser amigo, el otro *es* el enemigo. El hecho de que sea el otro hace que sea tu enemigo. Algunos son más hostiles, otros menos, pero el otro siempre es enemigo. ¿Quién es amigo? El menos enemigo; en realidad, no hay nadie más. Amigo es aquel que es menos hostil contigo, y enemigo es aquel que es menos amistoso contigo, pero están en la misma fila. Los amigos están más cerca, los enemigos más lejos, pero todos son enemigos. El otro no puede ser amigo. Es imposible, porque con el otro tiene que haber competición, celos, lucha.

Tú peleas también contra tus amigos; por supuesto, de una manera amistosa. También compites con ellos, porque tus ambiciones son las mismas que las suyas. Quieres conseguir prestigio, poder; ellos también quieren conseguir prestigio y poder. Te gustaría tener un gran imperio, a ellos también. Estáis luchando por lo mismo, y sólo unos pocos pueden tenerlo.

Es imposible tener amigos en el mundo. Buda tiene amigos, tú tienes enemigos. Buda no puede tener enemigos, tú no puedes tener amigos. ¿Por qué Buda tiene amigos? Porque el otro ha desaparecido, ahora no hay nadie que no sea él.

Y cuando este otro ha desaparecido, el yo también desaparece, porque son dos polos de un mismo fenómeno. Aquí adentro está el ego y ahí afuera está el otro; dos polos de un mismo fenómeno. Si desaparece un polo, si el «tú» desaparece, el «yo» desaparece con él; si el «yo» desaparece, el «tú» desaparece.

Tú no puedes hacer desaparecer al otro, tan sólo puedes hacerte desaparecer a ti mismo. Si *tú* desapareces no hay ningún otro; cuando se abandona el yo, no hay tú. Esa es la única manera. Pero lo intentamos, intentamos justo lo opuesto; intentamos matar al «tú». Al «tú» no se le puede matar, al «tú» no se le puede poseer, dominar. El «tú» siempre seguirá en rebelión, porque el «tú» está esforzándose en matarte a *ti*. Ambos estáis luchando por el mismo ego; él por el suyo y tú por el tuyo.

Todas las políticas del mundo consisten en cómo matar al «tú» para que sólo quede el «yo» y todo esté en paz. Porque cuando no haya nadie más, cuando sólo estés tú, todo estará en paz. Pero esto no ha ocurrido nunca ni ocurrirá jamás. ¿Cómo vas a matar al otro? ¿Cómo vas a destruir al otro? El otro es inmenso, el otro es todo el Universo.

La religión trabaja en una dimensión diferente: intenta abandonar el yo. Y una vez que se ha abandonado el yo no hay otro, el otro desaparece. Por eso te aferras a tus quejas y tus rencores; porque ayudan al yo a permanecer. Si el zapato te molesta, entonces el yo puede existir más fácilmente. Si el zapato no molesta, se olvida el pie: entonces el yo desaparece.

La gente se apega a sus enfermedades, se aferra a sus quejas, se aferra a todo lo que molesta. Y dicen: «Son heridas y nos gustaría curarnos». Pero en el fondo ellos siguen haciendo las heridas, porque si se curan todas las heridas, ellos no estarán ahí.

Simplemente fíjate en la gente; se aferran a sus heridas. Hablan de ellas como si fuera algo de lo que mereciese la pena hablar. La gente habla acerca de sus enfermedades, de sus defectos, más que de ninguna otra cosa. Escúchalos y te darás cuenta de que lo están disfrutando.

Yo he tenido que escuchar todas las tardes, he escuchado durante muchos años. Mira sus caras, ¡lo están disfrutando! Son mártires...: su enfermedad, su ira, su odio, sus problemas, su egoísmo, su ambición. Y obsérvalo: todo el asunto es una locura porque están pidiendo deshacerse de esas cosas, pero fíjate en sus caras, lo están disfrutando. Y si realmente desaparecieran, ¿entonces con qué disfrutarían? Si todas sus enfermedades desaparecieran y estuvieran completamente sanos, no tendrían nada de lo que hablar. La gente va a ver a los psiquiatras para poder hablar acerca de ello, para poder decir que han visitado este o a ese otro psiquiatra, que han visitado a este o a ese otro Maestro. En realidad disfrutan diciendo: «Todo, todo el mundo ha fracasado conmigo. Todavía soy el mismo, nadie ha podido cambiarme». Ellos lo disfrutan, es como si estuvieran triunfando al demostrar que todos los psiquiatras son un fracaso, que todas las «terapias» han sido un fracaso.

He oído una historia acerca de un hombre que era hipocondríaco, que hablaba constantemente acerca de sus enfermedades. Y nadie le creía, porque le habían hecho toda clase de pruebas y exámenes y no habían encontrado nada. Pero todos los días iba corriendo al médico, el cual estaba en serias dificultades.

Luego, poco a poco, el médico se dio cuenta de que «cualquier cosa que oyera (si veía un anuncio en la televisión de alguna medicina y se hablaba de alguna enfermedad), inmediatamente le venía esa enfermedad. Si leía acerca de una enfermedad en alguna revista, inmediatamente, al día siguiente, se presentaba en la consulta del médico; enfermo, completamente enfermo. Reproducía todos los síntomas».

Así que el doctor le dijo una vez: «No me preocupa demasiado, porque yo leo las mismas revistas que tú y veo los mismos programas de televisión que tú. Y justo al día siguiente aquí estás tú con la enfermedad».

El hombre contestó: «¿Qué se cree usted?, ¿el único médico de la ciudad?».

El hombre dejó de visitar a ese médico, pero no abandonó su locura por las enfermedades.

Un día se murió (todo el mundo tiene que morir algún día). Antes de morir le encargó a su mujer que escribiera una frase en la losa de mármol que cubriría su tumba. Todavía está ahí. En su losa está escrito en letras grandes: «¿Cree ahora que yo tenía razón?».

La gente se siente muy feliz por su desgracia. También yo me pregunto algunas veces que, si toda su desdicha desapareciera, ¿qué iban a hacer? Estarían tan ociosos que sencillamente se suicidarían. Y he llegado a esta conclusión: les ayudas a salir de una y al día siguiente se presentan con cualquier otra. Les ayudas a salir de algo, y ya se están preparando..., como si tuvieran un gran apego a la desgracia. Sacan algo de todo esto, es una inversión; y deja beneficios.

¿En qué consiste esta inversión? La inversión consiste en que cuando el zapato te está pequeño, te sientes más de lo que eres. Si el zapato se ajusta perfectamente, tú simplemente te relajas. Si el zapato se ajusta perfectamente, no sólo se olvida el pie: el yo desaparece. No puede haber ningún yo con una consciencia de bienaventuranza; ¡imposible!

El yo sólo puede existir con una mente desgraciada, el yo no es otra cosa que la combinación de todas tus desgracias juntas. Así que sólo si realmente estás decidido a abandonar el yo, desaparecerán tus desgracias. De otra forma seguirás creando nuevas desgracias. Nadie puede ayudarte, porque estás en un camino derrotista, autodestructivo.

Así que la próxima vez que vengas a mí con algún problema, primero pregúntate en tu interior si te gustaría que se resolviera; porque, entérate: yo puedo resolverlo. ¿Realmente estás interesado en resolverlo o simplemente quieres hablar de ello? Te sientes bien hablando de ello.

Ve hacia adentro e investiga, y te darás cuenta de que todas tus desgracias existen porque tú las apoyas. Sin tu apoyo nada puede existir. Existen porque *tú* les das energía; si no les das energía no pueden existir. ¿Y quién te obliga a darles energía? Hasta para estar triste se necesita energía, porque sin energía no puedes estar triste.

Para hacer que el fenómeno de la tristeza ocurra, tienes que poner energía. Es por eso que después de la tristeza te sientes tan derrotado, agotado. ¿Qué ha ocurrido?; porque durante tu depresión no estabas haciendo nada, estabas simplemente triste. Así que, ¿por qué te sientes tan derrotado y cansado? Tendrías que haber salido de la tristeza pletórico de energía; pero no.

Recuerda, todas la emociones negativas necesitan energía, te agotan. Y todas las emociones y actitudes positivas son dínamos de energía; crean más energía, nunca te agotan.

Si eres feliz, de repente el mundo entero fluye hacia ti con energía, el mundo entero se ríe contigo. Y qué razón tiene el refrán que dice: «Cuando ríes, el mundo entero se ríe contigo. Cuando lloras, lloras solo». Es cierto, absolutamente cierto.

Cuando eres positivo, toda la existencia te da más, porque cuando tú eres feliz toda la existencia es feliz contigo. No eres una carga, eres una flor; no eres una piedra, eres un pájaro. Toda la existencia se siente feliz contigo.

Cuando eres como una piedra, cuando estás sentado apático con tu tristeza, alimentando tu tristeza, nadie está contigo. Nadie puede estar contigo. Simplemente se abre un espacio entre tú y la vida. Entonces todo lo que hagas tendrá que depender de tu fuente de energía. Se agotará, estarás desperdiciando tu energía, te estarás agotando por tu propia estupidez.

Pero hay algo: cuando estás triste y negativo sientes más ego. Cuando estás contento, feliz, extasiado, no hay yo, el otro desaparece. Estás en contacto con la existencia, no separado; estáis juntos.

Cuando estás triste, enfadado, egoísta, moviéndote solamente dentro de ti mismo, disfrutando tus heridas y viéndolas una y otra vez, jugando con tus heridas, intentando ser un mártir, hay un espacio entre tú y la existencia. Te quedas solo y ahí te sientes yo. Y cuando te sientes yo, toda la existencia se vuelve hostil contigo. No es que tu yo la haga volverse hostil; parece ser hostil. Y si ves que todos los demás son enemigos, te comportarás de tal manera que todo el mundo *tendrá* que ser tu enemigo.

En este mundo de Esencialidad
no existe ni el yo ni nada que no sea yo.

Cuando aceptas la naturaleza y te disuelves en ella, vas con ella. No das ningún paso propio, no tienes ninguna danza propia, ni siquiera tienes una cancioncilla propia; la canción de la totalidad es tu canción, la danza del todo es tu danza. Tú ya no estás aparte. No sientes: «yo soy»; simplemente sientes: «El todo es. Yo sólo soy una ola, que viene y se va, que llega y se marcha, siendo y no-siendo. Yo voy y vengo, el todo permanece. Yo existo a través del todo, el todo existe a través de mí».

Algunas veces toma forma y otras no; en ambos casos es maravilloso. Algunas veces surge en el cuerpo y otras desaparece del cuerpo. Tiene que ser así, porque la vida tiene un ritmo. Algunas veces tienes que estar en la forma, luego tienes que descansar de la forma. Algunas veces tienes que estar activo y en movimiento, una ola, y otras te vas a las profundidades y descansas, inmóvil. La vida tiene un ritmo.

La muerte no es el enemigo. Es simplemente un cambio de ritmo, moviéndose hacia lo otro. Pronto nacerás; más vivo, más joven, más fresco. La muerte es una necesidad. *Tú* no te estás muriendo en la muerte; es sólo que todo el polvo que se ha acumulado a tu alrededor tiene que lavarse. Esa es la única manera de rejuvenecer. No sólo Jesús resucita, en la existencia todas las cosas resucitan.

Precisamente a ese almendro que está ahí afuera se le han caído todas sus viejas hojas, ahora hojas nuevas las remplazarán. ¡Esa es la manera! Si el árbol se apegara a las hojas viejas nunca tendría hojas nuevas y se marchitaría. ¿Por qué crear un conflicto? Las viejas desaparecen para que puedan aparecer las nuevas. Hacen sitio, hacen espacio, para que puedan llegar las nuevas. Y siempre estarán llegando nuevas, y siempre se estarán marchando las viejas.

Tú no mueres. Sólo se caen las hojas viejas para hacer espacio a las nuevas. Mueres aquí, naces allí; desapareces aquí, apareces allí. De la forma a la sin-forma, de la sin-forma a la forma; del cuerpo al no-cuerpo, del no-cuerpo al cuerpo; movimiento, reposo; reposo, movimiento; este es el ritmo. Si te fijas en el ritmo no te preocupará nada: confía.

En el mundo de la Esencialidad,
en el mundo de la confianza,
no existe ni el yo ni nada que no sea yo.

Entonces tú no estás ahí, ni tampoco hay ningún otro. Ambos han desaparecido, ambos se han convertido en el ritmo del uno. Ese uno existe, ese uno es la realidad, la verdad.

Para entrar directamente en armonía con esta realidad,
cuando las dudas surjan simplemente di: «No dos».

ESTE ES UNO de los más antiguos mantras. Cuando surja la duda, cuando te sientas dividido, cuando veas que está apareciendo una dualidad, simplemente di para tu interior: «No dos». Pero dilo con consciencia, no lo repitas de una manera mecánica.

Este es el problema con todos los mantras; en realidad es el problema con todas las cosas. Puedes hacerlo mecánicamente, pero entonces no lo has entendido; tú haces *todo* pero sigues sin comprenderlo. O bien lo puedes hacer con plena consciencia, inteligencia y comprensión, y entonces la cosa ocurre.

Siempre que sientas que el amor está surgiendo di: «No dos». De otra forma el odio estará esperando; son uno. Cuando veas que el odio está surgiendo di: «No dos». Siempre que sientas un apego hacia la vida di: «No dos». Siempre que sientas miedo a la muerte di: «No dos». Sólo hay el uno.

Y estas palabras deberían venir de tu comprensión, estar llenas de inteligencia, de penetrante claridad. Y de repente sentirás una relajación en tu interior. En el momento en que dices: «No dos» (si lo estás diciendo con comprensión, no de una manera mecánica), de repente sentirás la iluminación.

Alguien te ha insultado y te has ofendido... Simplemente recuerda y di: «No dos». Porque el que insulta y el que se ofende son uno. Así que, ¿por qué preocuparse? Ese hombre no te ha hecho nada a ti, se lo ha hecho a sí mismo; porque sólo existe el uno.

Ocurrió que:

En 1857 hubo una rebelión en la India en contra de los británicos. Una noche un sannyasin pasaba sin más por una calle, pero no se dio cuenta de que estaba en un campamento militar. Así que le apresaron. Pero había permanecido durante treinta años en silencio... Cuando la policía le apresó y los británicos le preguntaron: «¿Por qué pasas por aquí? Esto es área restringida. No se puede entrar sin permiso», él sencillamente se quedó ahí plantado porque no podía contestar. No había hablado durante treinta años: ¿qué hacer? Además no escribía, no se comunicaba en forma alguna.

Ellos pensaban que este hombre trataba de engañarlos: no tenía en absoluto la apariencia de un tonto, era muy inteligente. La calidad de sus ojos, su forma de estar; era una bella persona. No era ni tonto ni idiota.

Así que le dijeron: «Habla o te pegamos un tiro». Pero él siguió igual. Entonces pensaron: «Tiene que ser un espía que se ha puesto esos hábitos de color naranja para descubrir algo en el campamento, es por eso que no habla».

Por tanto, le dijeron: «O hablas, o te matamos».

Pero él se quedó en silencio, así que le mataron.

Había hecho la promesa, hacía treinta años, de que sólo hablaría una vez en su vida. Así que le mataron: un soldado británico le atravesó con su lanza, y cuando esta llegó a su corazón, él sólo pronunció una palabra. Es la base, la verdadera base de la comprensión y la sabiduría oriental; es una palabra de los Upanishad. Dijo: ¡«*Tattwamasi*» («Eso eres tú»); y se murió!

Tú también eres eso: el uno. El asesino y el asesinado son uno, ¿por qué preocuparse? ¿Por qué adoptar puntos de vista? ¿Por qué no fundirse en el otro? Porque el otro también soy yo, y el otro y yo también son Eso. Sólo existe el uno.

Nadie pudo entender la palabra porque la dijo en sánscrito: *Tattwamasi*. Pero la calidad de aquel hombre que estaba muriendo era tal que hasta los que le mataron, los asesinos, se dieron cuenta de que habían hecho algo que estaba mal. Porque nunca habían visto morir a ningún espía de esa manera. ¡Un espía es sólo un espía! Y cuando este hombre murió, se liberó una bienaventuranza y una energía tremenda. Todo el mundo en el campamento la sintió; como si de repente hubiera habido un rayo.

Treinta años en silencio... Si luego pronuncias una palabra, tiene que ser así. Tanta energía, treinta años de silencio en esa simple palabra, *tattwamasi*, se vuelve atómica, ¡explota! Todo el mundo en el campamento, hasta los que estaban durmiendo en las tiendas, sintieron que algo había ocurrido. Pero ya era demasiado tarde.

Fueron en busca de un brahmín erudito para descifrar lo que había dicho. Entonces se dieron cuenta de que había dicho lo supremo: «Eso eres tú, *tattwamasi*, sólo existe el uno».

Siempre que se te plantee una confusión, dudas, una división, un conflicto, siempre que simplemente vayas a escoger algo, recuerda: «No dos». Conviértelo en un mantra profundo, que resuene constantemente en el interior de tu ser. Pero recuerda, tienes que hacerlo con comprensión, con consciencia, conscientemente. De otra forma puedes ir diciendo: «No dos, no dos, no dos», proseguir con el dos. Y se convierten en dos cosas separadas, nunca se encuentran.

Es a eso a lo que me refiero cuando digo «mecánicamente». Mecánicamente significa que, a un nivel, vas diciendo cosas maravillosas y, a otro, vas haciendo cosas feas. En un nivel vas diciendo que todo el mundo es lo Divino y en el otro nivel permaneces en el yo, en el ego, luchando, violento, agresivo. Y las agresiones no están solamente en la guerras, la agresión no es sólo matar a una persona. La agresión es muy sutil, está en tus gestos. Fíjate: si estás dividido en yo y tú, tu mirada es violenta.

He oído que una vez ocurrió:

Un preso fue llevado ante el alcaide de la prisión. Era el preso ideal: en cinco años no había habido una queja de él, y las autoridades penitenciarias tenían intención de liberarle. Era un asesino y cumplía cadena perpetua, pero durante cinco años había sido muy buen preso, un preso modelo; todos los años le habían dado el premio al mejor preso. Pero de pronto un día saltó sobre su compañero de celda y le dio una tremenda paliza, así que fue llamado.

Hasta el alcaide estaba sorprendido. Le dijo: «¿Qué ha pasado? Te hemos estado vigilando durante cinco años, y yo nunca había visto en mi vida un preso tan bueno, tan dócil, con tan buen comportamiento como tú; hasta estábamos pensando en darte la libertad. Y de repente, ¿qué ha ocurrido? ¿Por qué le pegaste a tu compañero de celda? ¿Por qué le diste esa paliza?

El hombre estaba allí, con la cabeza gacha, muy avergonzado. Y al fin dijo: «Todo ocurrió porque mi compañero arrancó la hoja del calendario y me tocaba a mí».

Tenían un calendario en la celda y eso era lo único que podían hacer, era lo único que se les permitía hacer. Así que la habían dividido: un día arrancaba la hoja uno, y al día siguiente el otro. Y este hombre dijo: «Hoy me tocaba a *mí*, y él arrancó la hoja».

Si eres violento hasta eso se puede convertir en un problema. Y le dio tal paliza a su compañero que podría haberle matado con sus propias manos, aunque el problema era bien simple. Pero si piensas que es simple, no lo has comprendido realmente; no lo es. Habiendo vivido durante cinco años en una celda, sin hacer nada, uno acumula tanta agresión que hasta la cosa más insignificante puede hacerse demasiado grande.

Y esto os está ocurriendo a todos vosotros. Cuando le gritas a tu amigo, a tu esposa, a tu marido, siempre que te enfadas (¿has pensado en ello alguna vez?), en realidad el motivo es una cosa insignificante; tan sólo arrancar la hoja de un calendario... Tú acumulas ira más allá de toda proporción y de ahí sale la agresión.

Siempre que te ocurra, repite (no mecánicamente sino conscientemente): «No dos», y sentirás una profunda relajación muy dentro de tu corazón. Di: «No dos», y entonces no cabe la elección, no hay nada que elegir, nada que te guste o te desagrade. Entonces todo está bien, puedes bendecir todo. Entonces vas donde la vida te lleva. Confías en la vida.

Si dices: «Dos», entonces no confías. La confianza sólo es posible si yo y el todo somos uno, ¿cómo va a ser posible la confianza si no? La confianza no es una postura intelectual, una actitud. Es una respuesta total al sentimiento de que sólo existe el uno, *no dos*. Haz de estas palabras tu mantra, aprende esto de Sosan.

Por muchas veces que sientas que llegan las dudas, la confusión, la división, el conflicto, repítelo en silencio y profundamente. Primero hazte consciente del conflicto, luego repite silenciosamente: «No dos», y observa lo que ocurre. El conflicto desaparece. Aunque sólo desaparezca por un simple momento, será un gran fenómeno. Estás cómodo, de repente no hay enemigo en el mundo, de repente todo es uno. Es una familia, y el todo es maravilloso contigo.

En este «no dos» nada está separado,
nada está excluido.
No importa cuándo ni dónde,
iluminación significa entrar en esta verdad.

LA VERDAD DE NO DOS. Iluminación significa entrar en esta verdad de «no dos». Pruébalo tanto como quieras, siéntelo tanto como quieras. Hay ocasiones: las veinticuatro horas del día, ocasiones y más ocasiones; infinitas ocasiones. No es necesario perdérselas.

En cada oportunidad, siempre que te sientas tenso en tu interior, di: «No dos», y relaja todo el cuerpo. Y observa lo que ocurre en tu interior cuando dices: «No dos». Ningún mantra puede ser tan profundo como este. Pero esto no es como repetir: *Om, Ram*. Esto no es repetir como cuando repites: *Ram, Ram, Ram*. No.

Siempre que haya una ocasión de división, siempre que notes que te vas a sentir dividido, cuando estés a punto de elegir, de elegir una cosa en contra de otra, de que te guste una cosa en contra de otra, siempre que sientas que surge la oportunidad y que empieza a aparecer la tensión, cuando sientas una acumulación de tensión, de repente di: «No dos»; la tensión se relajará y la energía será reabsorbida. Esa energía reabsorbida se convierte en bienaventuranza.

Hay dos caminos para que uno pueda trabajar con la energía interior. Uno es: siempre que surja la tensión, desahógate. Así es como funciona el sexo. Es una medida de seguridad, porque se puede acumular tanta energía que, simplemente, puedes estallar; podrías morir de eso. Así que sólo para permanecer a salvo, la naturaleza ha creado un dispositivo automático en el cuerpo: siempre que hay demasiada energía empiezas a sentirte sexual.

¿Qué ocurre? Hay un centro al que los hindúes han llamado «el tercer ojo». Siempre que la energía llega al tercer ojo, siempre que es demasiada y estás lleno de ella, el tercer ojo lo siente como un impacto. Empezarás a sentir que hay que hacer algo. A este tercer ojo los hindúes le han llamado el *ajna chakra*, el centro de mando, donde se dan las órdenes, la oficina desde donde el cuerpo recibe las órdenes.

Siempre que la energía está llena hasta el tercer ojo, inmediatamente el cuerpo siente que tiene que hacer algo. Si no haces algo te sentirás sofocado. Te sentirás como si estuvieras en un túnel del que quisieras salir, te sentirás comprimido. Hay que hacer algo inmediatamente.

La naturaleza ha construido un proceso incorporado: inmediatamente el tercer ojo presiona el centro del sexo, ambos se unen y empiezas a sentirte sexual. El sentimiento de sexualidad no es más que un dispositivo para desahogar la energía. Haces el amor, tiras energía, te sientes relajado, desahogado. Esta es una de las maneras de usar tu energía: sintiéndote feliz a través del desahogo. Hay otra forma de usar la energía, que consiste en no desahogar la energía cuando se vuelva excesiva sino decir: «No dos. Yo soy uno con el Universo. ¿Dónde desahogarla? ¿Con quién hacer el amor? ¿Dónde echarla? No hay ningún lugar donde echarla, yo soy uno con el Universo». Cuando sientas demasiada energía simplemente di: «No dos», y sigue relajado.

Si no la haces descender del tercer ojo, empieza a ascender. Y por encima del tercer ojo está el último chakra, el séptimo centro, situado en la cabeza y al que los hindúes han llamado *sahasrara:* el loto de los mil pétalos. Cuando la energía alcanza el *sahasrara* hay bienaventuranza, cuando la energía alcanza al centro del sexo hay felicidad.

La felicidad sólo puede ser momentánea porque el desahogo sólo puede ser momentáneo. Desahogado, acabado; no puedes seguir desahogándote. Se alivia una tensión, pero entonces la energía se ha ido. Sin embargo, la bienaventuranza puede ser eterna, porque la energía no se descarga sino que se reabsorbe. El centro de la descarga es el sexo, el primer centro, y el centro de la reabsorción es el séptimo, el último.

Y recuerda, ambos son los dos extremos de un mismo fenómeno de la energía; por un extremo es el sexo, en el otro es *sahasrara*. Desde un extremo, la energía simplemente se descarga; te sientes relajado porque ahora no hay energía para hacer nada; te vas a dormir. Es por eso que el sexo ayuda a dormir y la gente lo usa como si fuera un tranquilizante, como una píldora para dormir.

Si te vas al otro extremo, en el que la energía se reabsorbe (porque no hay nadie más para echarla en ninguna parte, tú eres el todo), entonces el loto de los mil pétalos se abre. Decir los mil pétalos es simplemente decir que tiene infinitos pétalos; se abre un loto de infinitos pétalos y sigue abriéndose y abriéndose y abriéndose. No tiene fin, porque la energía vuelve hacia el interior, es reabsorbida. Entonces hay bienaventuranza, y la bienaventuranza puede ser eterna.

Uno tiene que llegar desde el sexo a la superconsciencia. Este loto de mil pétalos es el centro de la superconsciencia. Así que cuando vuelvas a sentirte sexual di: «No dos»; con comprensión, consciente, alerta, di: «No dos», y descansa. No te pongas nervioso y excitado. Descansa y di: «No dos».

Y de repente sentirás que algo está pasando en la cabeza; la energía que solía caer hacia abajo se está moviendo hacia arriba. Y una vez que alcance el séptimo centro, será reabsorbida. Entonces te vas convirtiendo más y más en energía, y la energía *es* deleite, la energía es éxtasis. Entonces no hay necesidad de descargarla, porque ahora eres el ser oceánico, infinito... Puedes absorber el infinito, puedes absorber el todo y todavía quedará espacio.

Este cuerpo es estrecho. Tu consciencia no es estrecha, tu consciencia es tan inmensa como el cielo. En este cuerpo no cabe demasiado, este cuerpo es una taza pequeña; un poco más de energía y la taza se desborda. Tu sexo es el desbordamiento de la taza, del cuerpo estrecho.

Pero cuando el *sahasrara* se abre, un loto de mil pétalos se abre en tu cabeza, y va abriéndose y abriéndose y abriéndose sin fin. Aunque el todo se derrame sobre ti, todavía quedará un espacio infinito.

Se dice que un buda es más grande que el Universo. Esto es lo que quiere decir: por supuesto, su cuerpo no es más grande que el Universo, eso es obvio, pero el Buda es más grande que el Universo porque el loto se ha abierto. Ahora este Universo no es nada; millones de Universos pueden caer en él y ser reabsorbidos. Puede seguir creciendo.

Es perfecto y todavía sigue creciendo. Esta es la paradoja; porque nosotros pensamos que una perfección no puede crecer. La perfección también crece; crece hacia ser más perfecta y más perfecta y más perfecta. Sigue creciendo porque es infinita.

Este es el vacío del que habla Buda: *shunyata*. Cuando *tú* estás vacío, todo el Universo puede caber en tu interior y todavía queda un espacio infinito. Queda más espacio, más Universos pueden caber dentro de ti.

En este «no dos» nada está separado,
nada está excluido.
No importa cuándo ni dónde,
iluminación significa entrar en esta verdad.
Y esta verdad está más allá del aumento o
la disminución en el tiempo o el espacio...

Y esta verdad está más allá del aumento o
la disminución en el tiempo o el espacio...

PARA ESTA VERDAD el tiempo y el espacio no existen. Ha ido más allá. Ahora nada la limita; tiempo *o* espacio. Es más grande que el espacio, más grande que el tiempo.

...en ella, un solo pensamiento dura diez mil años.

Esto es simplemente una forma de decir que en ella un simple movimiento es eternidad. Un buda no vive ni en el tiempo ni en el espacio. Su cuerpo se mueve, podemos ver su cuerpo, pero el cuerpo no es el Buda. El Buda es la consciencia que no podemos ver. Su cuerpo nace y muere; su consciencia no ha nacido nunca y nunca morirá. Pero nosotros no podemos ver esa consciencia y esa consciencia es Buda.

Esta consciencia iluminada es la mismísima raíz de toda la existencia; y no sólo la raíz, también su florecimiento. Ambos, el tiempo y el espacio existen en la consciencia, y esta consciencia no existe en el tiempo y el espacio. No se puede decir dónde está esta consciencia; el lugar es irrelevante. ¡Está en todas partes! Mejor aún, por el contrario, sería mejor decir que *«todas partes» están en ella.*

No podemos decir en qué momento del tiempo existe esta consciencia iluminada. No, no es posible decirlo. Sólo podemos decir que todo el tiempo existe en esta consciencia. Esta consciencia es más grande; y tiene que ser así. ¿Por qué tiene que ser así?

Mira al cielo: el cielo es inmenso. Pero el que mira, el testigo, es más grande, de no ser así ¿cómo podrías verlo? El que ve tiene que ser más grande que lo que ve...: esa es la única manera.

Puedes observar el tiempo, puedes decir: «Es por la mañana, ahora es mediodía o ahora es por la tarde. Ha pasado un minuto, ha pasado un año o ha pasado una era». Este observador, esta consciencia, tiene que ser más grande que el tiempo, si no, ¿cómo podría observarlo? El observador tiene que ser más grande que lo observado. Tú puedes ver el espacio, puedes ver el tiempo; por lo tanto ese que ve dentro de ti debe ser más grande que ambos.

Una vez que ocurre la iluminación, todo está en *ti*. Todo empieza a moverse en ti, los mundos surgen de ti y se disuelven en ti; porque tú eres el todo.

Vacío acá, vacío allá,
y sin embargo, el Universo infinito está
siempre delante de tus ojos.
Infinitamente grande e infinitamente pequeño;
no hay diferencia,
porque las definiciones han desaparecido
y no se ven límites.
Lo mismo pasa con el Ser y el no-Ser.
No malgastes el tiempo con dudas y argumentos
que no tienen nada que ver con esto.
Una cosa, todas las cosas:
van juntas y entremezcladas,
sin distinción.
Vivir en esta comprensión
es no estar inquieto a causa de la no-perfección.
Vivir en esta fe es el camino hacia la no-dualidad,
porque lo no-dual es uno
con la mente que confía.
¡Palabras!
El Camino está más allá del lenguaje,
porque en él no hay
ni ayer
ni mañana
ni hoy.

10

NI AYER NI MAÑANA NI HOY

30 de octubre de 1974

EL HOMBRE ESTÁ PERDIDO a causa de las palabras, los símbolos, el lenguaje. No estás perdido en la realidad, estás perdido en un juego lingüístico; porque la realidad está siempre delante de ti, pero tú no estás siempre delante de la realidad; estás en cualquier otro lugar, siempre en otro lugar, porque eres una mente y mente significa algo que se ha ido.

Mente significa que ahora no estás mirando lo que hay, estás pensando acerca de ello. El «acerca de» es el problema, el «acerca de» es la manera de perderse la realidad. En el momento que pienses acerca de ella, nunca se alcanzará la diana.

¿Qué es el pensar? Es un sustituto. Si conoces el amor, nunca piensas acerca de él. No hay ninguna necesidad de pensar en él. Si no conoces el amor, piensas acerca de él; en realidad, no piensas en otra cosa. ¿Cómo vas a amar a través del pensamiento?; porque amar es una experiencia existencial. No es una teoría, no es una especulación. Para conocerlo tienes que vivirlo.

¿Por qué habla la mente acerca de cosas que no ha experimentado? Porque se trata de un sustituto; todo el ser siente la necesidad, ¿qué le vamos a hacer? Tan sólo con hablar acerca de ello te sientes mejor, como si hubiera ocurrido algo, como si estuvieras experimentando. Esto ocurre en sueños y ocurre mientras estás despierto; porque la mente sigue siendo igual estés despierto o dormido.

Todos los sueños son sustitutos y todos los pensamientos también, porque pensar es soñar mientras se está despierto y soñar es pensar mientras se está dormido. No son cualitativamente diferentes, son el mismo proceso. Si puedes entender el soñar, te será posible comprender el pensar.

Soñar es más primitivo, por eso es más simple. Pensar es más complicado, más evolucionado, por eso es más difícil de penetrar. Y cuando quieres penetrar en algo, es mejor penetrar de la forma más simple.

Si no has comido el día anterior, por la noche soñarás con comida, soñarás que estás siendo invitado por un rey, que estás comiendo deliciosos manjares. Si tienes una gran necesidad de sexo, tendrás un sueño sexual. Si tienes una gran necesidad de poder y prestigio, tendrás un sueño que lo sustituya: que te has convertido en un Alejandro Magno o en un Napoleón o en un Hitler, tú dominas el mundo.

El sueño siempre es acerca de lo que te falta mientras estás despierto; aquello que has echado de menos durante el día viene a los sueños. Si no echaras de menos nada durante el día, los sueños desaparecerían. Un hombre que esté absolutamente satisfecho no soñará. Por eso los Budas nunca sueñan. No pueden soñar aunque quieran, porque todo se completa y se acaba, nada queda pendiente en la mente.

Un sueño es una resaca; algo incompleto que está tratando de ser acabado. Y los deseos son tales que no puedes acabarlos. Van creciendo y se hacen más y más grandes. Hagas lo que hagas, siempre falta algo. ¿Quién llenará ese vacío? El sueño llenará ese vacío.

Has ayunado, y se crea un agujero en ti. Es incómodo cargar con ese agujero, así que por la noche, en los sueños, comes. La mente te ha engañado, la comida no ha sido real. No se puede convertir en tu sangre; no puedes digerir un sueño, no puedes vivir de eso. ¿Entonces para qué sirve? Para una cosa: puede ayudar a conciliar el sueño, es una ayuda para dormir.

Si no sueñas y tienes deseos incompletos, te será completamente imposible dormir, el sueño se interrumpirá muchas veces. Estás hambriento, ¿cómo vas a dormir? Pero el soñar te da una falsa solución: que ya has comido, que has tomado una comida deliciosa; ahora puedes dormir.

Y tú te lo crees, porque no hay forma de saber si es verdadero o falso. Estás tan profundamente dormido, tan inconsciente que ¿cómo vas a saber si es verdadero o falso? Porque la verdad de algo sólo puede saberse con la consciencia y tú no eres consciente. Y luego, además, el sueño es muy bonito, satisface una profunda necesidad. ¿Por qué preocuparse entonces? ¿Para qué tratar de descubrir si es verdadero o no?

Cuando estás feliz nunca intentas descubrir si eso es verdadero o no. Te gustaría que fuera verdadero; es una satisfacción del deseo. Y es peligroso intentar pensar acerca de ello; puede ser irreal, ¿qué hacer entonces? Así que es mejor no abrir los ojos. El sueño es precioso, estás durmiendo bien. ¿Por qué no descansar?

Por la noche, si sientes la necesidad de ir al baño, inmediatamente surge un sueño: estás en el baño. Así es como el sueño protege el dormir, de otra forma tendrías que ir. La vejiga está llena y eso te está haciendo sentir incómodo; tendrías que ir al baño.

Pero el soñar protege, el sueño dice: «Estás en el baño, ya te has descargado. Ahora vuelve a dormir». La vejiga sigue llena, la incomodidad sigue igual, pero el sueño la cubre con una capa de comodidad y se hace más fácil de tolerar. En realidad la situación permanece igual, pero el sueño produce la falsa ilusión de que la realidad ha cambiado.

Entonces, ¿cuál es el profundo significado del soñar? El profundo significado del sueño es que la realidad es tan dura que no la puedes tolerar. La realidad como tal, desnuda, es demasiado, y no estás preparado para soportarla. El sueño llena el vacío; te ofrece una realidad que tú puedes tolerar. La mente te ofrece la realidad de tal forma que puedas ajustarte a ella.

Cuanto más creces menos sueñas, porque hay menos problemas que resolver. Así que, cuanto más creces menos sueñas.

Si creces totalmente en consciencia dejas de soñar, porque cuando eres totalmente consciente no quieres cambiar la realidad. Simplemente te haces uno con ella. No luchas contra ella, porque cuando eres completamente consciente llegas a darte cuenta de que lo real no se puede cambiar. Lo único que se puede cambiar es tu actitud, tu mente; lo real permanecerá igual.

Tú no puedes cambiar la realidad, sólo puedes parar este falso proceso de la mente. Normalmente intentamos cambiar la realidad para que se ajuste a nosotros. Una persona religiosa es la que ha abandonado todo ese estúpido afán: no intenta cambiar la realidad para que se ajuste a ella, porque eso es una tontería. El todo no puede caber en la parte, el todo no puede de ninguna manera seguir a la parte; la parte tiene que seguir al todo.

Mi mano tiene que seguir a mi cuerpo orgánico, mi cuerpo entero; mi cuerpo no puede seguir a mi mano, es imposible. La parte es mínima, atómica. ¿Quién eres tú frente a esta vasta realidad? ¿Quién eres tú para adaptar esta vasta realidad a ti?

Es el ego el que dice: «Sigue esforzándote; un día u otro la realidad tendrá que adaptarse a ti». Entonces te sientes angustiado, porque eso no va a ocurrir. Eso no puede ocurrir por la propia naturaleza de las cosas: una gota intentando cambiar el océano, ¡una gota intentando hacer prevalecer sus ideas en el océano!

¿Qué es tu mente? ¡Ni siquiera una gota en el vasto océano! ¿Qué estás intentando hacer? Estás intentando hacer que la realidad te siga a ti, que la verdad se convierta en tu sombra. Esta es la estupidez de todos los hombres mundanos, de todos aquellos que piensan que son materialistas.

Entonces, ¿qué es un hombre religioso?, ¿qué es una mente religiosa? El hombre religioso es aquel que llega a comprender que eso es completamente imposible, que está tropezando contra un muro imposible de traspasar. No es posible que se abra una puerta ahí; tan sólo conseguirás hacerte daño, angustiarte, sentirte frustrado, convertirte en un fracaso. Es lo único que puede pasar. Es lo que, al final, les pasa a todos los egos: acaban heridos, frustrados, preocupados (esto es lo que, al final, les pasa a todos los egos. El ego sufre, el ego siempre está crucificado; crucificado por su propia estupidez).

Cuando se asienta la comprensión, cuando puedes mirar y darte cuenta de que solamente eres una parte, una parte infinitesimal de un Universo infinitamente grande, simplemente no intentas hacer el estúpido. Dejas de hacer estupideces. Por el contrario, empiezas un nuevo viaje: tratas de ajustarte a la realidad. Cuando empiezas a intentar ajustarte a la realidad, poco a poco, dejas de soñar; porque ajustarse a la realidad es posible, de hecho es lo único que puede ocurrir y ocurre. Y cuando ocurre se deja de soñar. Cuando intentes cambiar la realidad para que se ajuste a ti, te convertirás en un pensador, porque tendrás que ingeniar artimañas, formas y maneras, para forzar a la realidad a que se ajuste a ti. Puede que te conviertas en un gran científico, puedes llegar a ser un gran matemático, un gran filósofo, pero estarás lleno de ansiedad y de angustia.

No te convertirás en una danzante Meera, o en un silencioso Buda, o en un extático Sosan, no; porque su enfoque es diametralmente opuesto. Ellos se ajustan al Universo, se hacen uno con él, fluyen con él, se vuelven tan sólo una sombra en él. Ellos no luchan, ellos no tienen ningún conflicto o argumentación en relación a la existencia. Ellos simplemente dicen sí a todo lo que hay. Ellos no son de los que dicen no, son de los que dicen sí.

Eso es lo que significa ser religioso: ser alguien que dice «sí». No es cuestión de si crees en Dios o no. Buda nunca creyó en ningún Dios, pero es un hombre religioso porque es de los que dicen sí. No importa a quién le digas el sí. Tú di el sí; eso es lo que cambia todo.

Que se lo digas a un Dios con cuatro cabezas o con cuatrocientas, con dos manos o con dos mil, que se lo digas a un Dios hindú, cristiano o musulmán, o que se lo digas a la naturaleza o al destino, no supone ninguna diferencia. La cuestión no es a quién vaya dirigido. Si dices sí, un sí total por tu parte, te vuelves religioso.

Si dices no, significa que continuarás con la lucha. Lucharás contra la corriente, irás en contra del río. Te crees más sabio que el Tao, crees que eres más grande que la existencia. Entonces por supuesto, naturalmente, obviamente, te sentirás frustrado porque no es cierto.

En el momento en que dices sí, tu vida empieza a florecer en una nueva dimensión. La dimensión del sí es la dimensión de la religión. La dimensión del no es la dimensión de la política, de la ciencia y todo lo demás.

Un místico es uno que fluye con el río, no lo fuerza. Ni siquiera nada en el río, porque nadar también es una lucha; simplemente flota. No tiene ninguna meta que alcanzar, porque ¿cómo vas tú a determinar una meta? ¿Quién eres tú? ¿Cómo puedes tú fijar una meta?

Cuando te dejas llevar por el río, el río se mueve; tú te mueves con él. Tu meta es la meta del río. Ni siquiera te preocupa dónde está; si es que la hay. Has aprendido el gran secreto de decir sí. De hecho, donde sea que estés, estarás en la meta, porque el sí es la meta. No es cuestión de llegar a alguna parte; donde sea que estés di sí, y allí estará la meta.

Y si eres adicto al no, donde sea que estés siempre estarás de camino, nunca será la meta. Donde sea que llegues, tu no llegará contigo. Aunque llegues al cielo, tu no llegará contigo. ¿Dónde vas a dejarlo? Si te encuentras con la fuerza suprema tal como eres ahora, dirás no, porque estás muy acostumbrado a eso. ¿Cómo vas a decir sí de repente? Aunque te encuentres con Dios dirás no. Le encontrarás muchas faltas porque, para la mente que niega, nada puede ser perfecto; *nada* puede ser perfecto. Y para la mente que afirma, nada puede ser imperfecto. Para la mente afirmadora hasta la imperfección tiene su propia perfección.

Sonará contradictorio. Él dirá: «¡Qué maravillosamente imperfecto! ¡Qué perfectamente imperfecto!». Para él, hasta en el caos hay cosmos. Y hasta en la materia, el sí penetra y encuentra lo Divino. Cada piedra está llena de lo Divino, Dios está en todas partes.

El que dice sí, le encontrará en todas partes. Y el que tan sólo puede decir no, no le encontrará en ninguna parte. Depende de ti, no depende de él.

Una comprensión que conlleva transformación es: no luches contra el todo. Es un esfuerzo absurdo. Y el todo no sufrirá por ello, porque el todo no está luchando contra ti. Aunque te parezca que la totalidad está luchando contra ti e intentando destrozarte para salir victoriosa, estás equivocado. Si luchas contra ella, se refleja tu propia lucha. El todo no está luchando contigo, ni siquiera se le ha ocurrido. Es tu propia mente reflejada; y el todo resuena. Lo que sea que hagas se refleja: es un espejo.

Si tienes una actitud peleona creerás que todo el mundo está tratando de destrozarte. Intenta nadar contra la corriente: parece como si todo el río te estuviera empujando a ir con la corriente, como si el único motivo de la existencia del río fuera derrotarte. ¿Pero está ahí el río sólo para derrotarte? Puede que el río ni siquiera sepa que estás ahí. Y cuando no estabas en él, también fluía en la misma dirección. Y cuando ya no estés allí, seguirá fluyendo en la misma dirección. No es que fluya en esa dirección por ti. Y si sientes que fluye en contra tuya, es por ti: eres tú quien está intentando ir en contra de la corriente.

Una vez ocurrió que:

La mujer de Mulla Nasrudin se cayó a un río durante una crecida. Los vecinos fueron corriendo y le dijeron: «Tu esposa se ha caído al río, y el río se ha desbordado, va con mucha corriente. ¡Ven rápidamente!».

Nasrudin corrió al río, saltó al agua y empezó a nadar en contra de la corriente. La gente que estaba allí reunida y observando dijo: «¿Qué estás haciendo, Nasrudin?».

Nasrudin dijo: «Yo conozco muy bien a mi mujer; ella siempre intenta ir contracorriente. No puede ir con la corriente, eso es imposible. Puede que vosotros conozcáis el río pero yo conozco a mi mujer. Así que no tratéis de...».

Hay personas que siempre van en contra de la corriente, a todos los sitios que vayan. Y a causa de su propio esfuerzo creen que el río está destrozándoles, luchando, intentando vencerles y salir victorioso.

El todo no está en tu contra, no puede ser; el todo es tu madre. Tu vienes del todo, te disolverás con el todo. ¿Cómo va estar el todo en contra de ti? Simplemente te ama. Que vayas en contra de la corriente o a favor de la corriente, no tiene ninguna importancia para el todo; pero sólo por amor el todo no puede fluir contra la corriente.

Y recuerda, si fluyera en contra de la corriente, tú empezarías a ir en su contra; porque esa no es la cuestión. La cuestión es tu mente que dice no, porque el ego se refuerza a través del no. Cuanto más digas no, más poderoso se sentirá el ego; cuanto más digas sí, más desaparecerá el ego. Por eso es tan difícil decir que sí a cualquier cosa, incluso a cosas normales.

El niño quiere jugar en la calle y le pregunta al padre: «¿Puedo salir a jugar a la calle?». «¡No!». ¿Qué motivo hay? ¿Por qué el sí no sale fácilmente? ¿Por qué el sí es tan difícil? Porque cuando luchas sientes que eres. De otra forma todo encaja perfectamente, no puedes sentir que eres.

Si dices sí, no estás. Cuando dices un verdadero sí, estás ausente. ¿Cómo vas a sentir? Sólo puedes sentir *en contra*, entonces te sientes poderoso. El no te da poder. ¿Y cómo puede darte poder el no? Porque, al decir no, te separas de la fuente de todo poder. Es un sentimiento falso, es una dolencia, una enfermedad. Di sí y empezará a ocurrir una transformación.

Normalmente dices no hasta que tienes que decir sí. Cuando dices sí, no te sientes muy bien; como si estuvieras derrotado, como si te sintieras impotente. Cuando dices no, te sientes bien: sales victorioso, puedes poner a los demás en su sitio; has dicho no, eres más poderoso. El no es violento, agresivo. El sí es devoción, oración. No hay necesidad de ir a la iglesia, a la mezquita o al templo; la vida es un templo bastante grande. Simplemente empieza a decir sí y en todas partes te sentirás devocional, porque en todas partes el ego estará ausente. Y cuando el ego no está presente, el todo, de repente, fluye en ti. No estás cerrado, estás abierto. Entonces una nueva brisa llega desde el todo, una nueva fuente de energía entra en ti. Entonces te renuevas momento a momento.

ASÍ QUE LO PRIMERO: la mente sustituye con el pensamiento y el sueño pero nunca puede convertirse en lo real. No pasa de ser una imitación. Puede parecer real pero no lo es; no puede serlo. ¿Cómo va a ser lo real un símbolo, un símbolo lingüístico?

Tú estás hambriento y yo sigo hablando de pan. Estás sediento y yo sigo hablando de agua, y no sólo hablando, sino que te doy la mejor fórmula científica del agua. O bien te doy una definición muy clara o te digo: «No te preocupes, el agua es H_2O. Simplemente repite H_2O, H_2O..., conviértelo en un mantra, una meditación transcendental: H_2O, H_2O, H_2O. Y todo te ocurrirá (la sed se irá) porque esta es la fórmula».

Puede que H_2O sea la fórmula, pero tu sed no se dará por enterada. Esto es lo que está ocurriendo en todo el mundo. Sigue repitiendo: *Aum, Aum, Aum. Aum* también es una fórmula, exactamente igual que H_2O, pues los hindúes descubrieron que esos tres sonidos (A, U, M) son los sonidos raíz, así que *Aum* comprende todos los sonidos posibles. ¿Entonces para qué se necesita otro mantra? Simplemente repite: *Aum, Aum,* y repetirás toda la gama de sonidos, la raíz. Así que si tienes la raíz, sigue repitiéndola: pronto florecerá.

Ni H_2O ni *Aum* ni algo por el estilo te servirá de nada, porque ¿quién lo repetirá? Lo repetirá la mente. Y la realidad está ahí a tu alrededor; no hay necesidad de repetirlo, ni siquiera de pensar en ello. Simplemente observa, simplemente abre los ojos y ve: ¡está en todas partes! Conseguirlo no es un milagro, el milagro es que no te hayas dado cuenta.

Recuerda, yo nunca digo que Buda o Sosan sean un milagro; ¡tú eres el milagro! Porque lo que sea que ellos hayan alcanzado es algo muy simple, todo el mundo debería alcanzarlo. ¿Cuál es el misterio del que hay que hablar? Un buda ha visto la realidad y la realidad está justo delante de ti. ¿Por qué decir que este logro es un gran fenómeno, un gran acontecimiento? ¡No es nada! ¡Es sencillo!

La realidad está tan delante de Buda como de ti o de un búfalo. El milagro eres tú; ¿cómo es que no te has dado cuenta y cómo es que puedes seguir sin darte cuenta? En realidad, debes de haber desarrollado una gran técnica, perfecta, para que durante vidas sigas sin darte cuenta. Y la realidad no puede hacer nada, está justo delante de ti y sigues sin darte cuenta. ¿Dónde está el truco? ¿Cómo se consigue? ¿Cómo consigues hacer este truco de magia?

La magia está en el «acerca de». Estas palabras «acerca de» son la magia. Ahí hay una flor, tú empiezas a pensar acerca de la flor; la flor ya no está ahí, la mente se desvía con las palabras. Entonces te rodea una fina película que te separa de la flor. Entonces todo es turbio y cenagoso, entonces la palabra se vuelve más importante que lo real, entonces el símbolo se hace más importante que aquello que simboliza.

¿Qué es Alá?: una palabra. ¿Qué es Brahma?: una palabra. ¿Qué es Dios?: una palabra. Y los hindúes, los cristianos y los mahometanos continúan luchando por la palabra, y a nadie le preocupa que estas tres palabras simbolicen lo mismo. El símbolo se vuelve lo más importante.

Si dices algo en contra de Alá, los mahometanos estarán dispuestos a luchar, a matar o morir. Pero los hindúes se reirán, porque el insultado ha sido Alá, y no les importa. Pero di lo mismo acerca de Brahma, entonces sacarán la espada, entonces no lo pueden tolerar. ¡Qué tontería! Alá o Brahma o Dios: existen tres mil idiomas, así que hay tres mil palabras para nombrar a Dios. Lo simbolizado es menos importante que el símbolo: la rosa no es importante, lo importante es la palabra «rosa».

Y el hombre se ha hecho tan adicto a las palabras, está tan intoxicado por las palabras, que las palabras pueden producir reacción. Alguien dice «limón» y se te llena la boca de saliva. Esto es adición a las palabras. Ni siquiera el limón puede ser tan efectivo: puede que haya uno sobre la mesa y tú no salives. Pero si alguien dice «limón», se te llena la boca de saliva. La palabra se ha vuelto más importante que lo real. Ahí está el truco. Y a no ser que abandones esta adición a las palabras nunca te será posible encontrar la realidad. No hay ninguna otra barrera.

Manténte absolutamente sin lenguaje y de repente ahí está, siempre ha estado ahí. De repente tus ojos ven claramente; ves con claridad y todo se ilumina. Todo el esfuerzo de todas la meditaciones radica, sencillamente, en cómo salirse del lenguaje. Salirse de la sociedad no servirá de nada porque, básicamente, la sociedad no es otra cosa que lenguaje.

Por eso los animales no tienen sociedades, porque no tienen lenguaje. Simplemente piensa: si no pudieras hablar, si no tuvieras lenguaje, ¿cómo podría existir una sociedad? ¡Imposible! ¿Quién sería tu esposa? ¿Quién sería tu marido? ¿Quién sería tu padre y quién sería tu madre? Sin el lenguaje, ninguna prisión es posible. Es por eso que los animales no tienen ninguna sociedad. Y si existe alguna sociedad, por ejemplo la de las hormigas o la de las abejas, entonces puedes sospechar que tienen que tener algún lenguaje. Y ahora los científicos han descubierto que las abejas tienen un lenguaje; un pequeño lenguaje de sólo cuatro palabras, pero tienen uno. Las hormigas deben de tener un lenguaje porque su sociedad es muy organizada; no podría existir sin un lenguaje. La sociedad existe por el lenguaje. En el momento en que te sales del lenguaje, la sociedad desaparece. No hay necesidad de irse a los Himalayas, porque si te llevas el lenguaje, puede que estés solo en el exterior, pero en el interior estará la sociedad. Estarás hablando con amigos, haciendo el amor con tu esposa o con las esposas de otros, comprando, vendiendo. Continuarás haciendo lo mismo que estabas haciendo aquí.

Sólo hay un Himalaya y se trata de un estado de consciencia interna donde el lenguaje no existe. Y este es posible; porque el lenguaje se aprende, no es tu naturaleza. Tú naciste sin lenguaje. El lenguaje te ha sido dado, no lo has traído por naturaleza. No es natural, es una consecuencia social.

Sé feliz, porque ahí está la posibilidad de salirse de él. Si lo hubieras traído al nacer, no habría forma de salirse de él. Pero entonces no habría ninguna necesidad, porque entonces sería una parte del Tao. No forma parte del Tao; es algo que ha hecho el hombre. Es útil, tiene una función; la sociedad no puede existir sin el lenguaje.

El individuo no necesita formar parte de la sociedad las veinticuatro horas del día. Si dejas de formar parte de la sociedad, aunque sólo sea por unos minutos, de pronto te fundes con el todo y te conviertes en una parte del Tao. Deberías ser flexible. Cuando necesites moverte en la sociedad debes usar el lenguaje; cuando no necesites moverte en la sociedad deberías dejar el lenguaje. El lenguaje debería ser usado como una función, como un mecanismo. No deberías obsesionarte con él, eso es todo.

Hasta Sosan utiliza el lenguaje. Yo estoy utilizando el lenguaje porque quiero comunicaros algo. Pero cuando no estoy con vosotros, entonces, simplemente, no estoy en el lenguaje. Cuando tengo que hablar uso el lenguaje; cuando no estoy con vosotros estoy sin lenguaje, no hay ninguna palabra moviéndose en el interior. Cuando me comunico me vuelvo parte de la sociedad. Cuando no me estoy comunicando me vuelvo parte del Tao, parte del Universo, parte de la naturaleza, de Dios; lo puedes llamar como quieras.

Con Dios, el silencio es comunicación; con los hombres, la comunicación es el lenguaje. Si te quieres comunicar con Dios estáte en silencio; si te quieres comunicar con los hombres habla, no te quedes en silencio.

Si te sientas en silencio con algún amigo te sentirás extraño. Él pensará que algo va mal, te preguntará: «¿Qué es lo que pasa? ¿Por qué no hablas? ¿Acaso estás triste, deprimido o algo por el estilo? ¿Algo va mal?». Si el marido se sienta en silencio, la mujer inmediatamente empezará a crear problemas: «¿Por qué estás en silencio? ¿Por qué no me hablas?». Si de repente la mujer se queda en silencio se crean problemas.

¿Por qué esa necesidad de hablar con alguien? Porque si no hablas significa que estás solo, que no aceptas que estás con alguien. Cuando no hablas, el otro no existe para ti, estás solo. El otro se da cuenta de que estás indiferente con él o ella. Así que la gente sigue hablando.

Cuando no quieren hablar, cuando no hay nada que comunicar, nada que decir, hablan del tiempo, o cualquier otra cosa; todo vale. La cuestión es hablar, porque si no hablas el otro se puede sentir herido. Además estar en silencio cuando hay alguien presente es de mala educación. Pero con Dios ocurre justo lo contrario; con la naturaleza, si hablas te estarás equivocando.

Con la naturaleza, hablar significa que eres indiferente a esa realidad que está delante de ti. Ahí sólo se necesita silencio. Cuando naces traes silencio al mundo. El lenguaje es algo que se te da; es un regalo, una enseñanza de la sociedad. Es útil; una herramienta, un recurso. Pero tú traes contigo silencio al mundo. Encuentra ese silencio de nuevo, eso es todo; sé un niño de nuevo. Todo el asunto se reduce a eso, esta es la conclusión. Todos los Budas llegan a esta conclusión: tienes que volver a ser parte de la naturaleza.

Eso no significa que, necesariamente, tengas que ir en contra de la sociedad; eso sólo significa ir más allá de la sociedad, no en su contra. Cuando naciste..., el primer momento de tu nacimiento se tiene que convertir en el último momento de tu vida. Tu muerte tiene que ser como nacer de nuevo, tienes que volver a ser como un niño, renacer.

Dice Jesús: «A no ser que vuelvas a nacer no podrás entrar en el reino de los cielos. Sé como un niño». ¿Qué quiere decir esto? Simplemente quiere decir: sé natural. Todo lo que la sociedad te da es bueno, pero no te quedes confinado en ello, de otra forma se convertirá en una prisión. Vuelve a ser el infinito. La sociedad no puede ser infinita, tiene que ser un estrecho túnel, tiene que serlo por su naturaleza.

Y la segunda cosa que hay que recordar antes de que entremos en este sutra es: si estás en silencio no eres, porque sólo las perturbaciones se sienten. ¿Has sentido el silencio alguna vez? ¿Quién lo va a sentir?; porque si lo sientes, hay una ligera perturbación.

Ocurrió una vez:

Uno de los discípulos de Bodhidharma fue a verle, y Bodhidharma le había dicho: «Vuélvete completamente vacío y silencioso, sólo entonces ven a verme».

El discípulo trabajó durante años. Luego se volvió vacío y silencioso. Así que fue a ver a Bodhidharma y le dijo: «Ahora maestro, he venido, tú me habías dicho: "Sé silencio y vacío". Ahora me he vuelto silencio y vacío».

Bodhidharma le dijo: «Sal fuera y arroja también este vacío y este silencio».

Porque si puedes sentirlo entonces no es total, todavía existe una división. El que siente todavía no está en silencio. El silencio tiene que estar en el ambiente, alrededor; pero el que siente todavía no está en silencio, de otra forma, ¿quién lo iba a sentir?

Cuando *realmente* estás en silencio ni siquiera estás en silencio, porque silencio es justamente lo opuesto al ruido. Si no hay ruido, ¿cómo puede haber silencio? Cuando desaparece el ruido también desaparece su opuesto. Entonces ni siquiera puedes decir: «Estoy en silencio». Si lo dices, lo pierdes. Por eso los Upanishad dicen: «El que dice: "He conocido", no ha conocido». Sócrates dice que, cuando uno se vuelve sabio, sólo conoce la ignorancia, nada más.

Cuando te vuelves silencioso no sabes qué es qué. Todas las cosas se diluyen en todas las demás cosas. Porque no estás aquí. *Tú* solamente eres parte del ruido; el yo es la cosa más ruidosa del mundo. ¡No existe ningún avión a reacción que pueda hacer el ruido que él hace! Es el mayor perturbador de este mundo, todo lo demás es solamente un subproducto suyo. El yo crea el fenómeno más ruidoso.

Cuando estás en silencio no eres. ¿Quién va a sentir? Cuando estás vacío, no puedes sentir: «estoy vacío»; si fuera así, querría decir que todavía estás tú ahí para sentir y entonces la casa está llena, no vacía. Cuando estás realmente vacío, estás vacío de ti mismo. Cuando cesa el ruido, también tú cesas. Entonces la realidad está delante de ti, está todo a tu alrededor. Está dentro y fuera, está en todas partes, porque sólo la realidad puede ser.

Cuando desaparece el yo desaparecen todos los sueños, porque cuando desaparece el yo desaparecen todos los deseos. Si no hay deseo, ¿cómo va a haber un deseo incompleto que tenga que ser acabado soñando? Sólo el vacío puede ser perfecto. Eso es lo que Sosan quiere decir.

Ahora trata de entender este sutra:

Vacío acá, vacío allá,
y sin embargo,
el Universo infinito está siempre
delante de tus ojos.
Infinitamente grande e infinitamente pequeño;
no hay diferencia,
porque las definiciones han desaparecido
y no se ven límites.
Lo mismo pasa con el Ser y el no-Ser.
No malgastes el tiempo con dudas y argumentos
que no tienen nada que ver con esto.

«VACÍO ACÁ» significa vacío dentro; «vacío allá» significa vacío fuera. Pero ¿puede haber dos vacíos? Es imposible. Dos vacíos no son posibles, porque ¿cómo vas a demarcarlos? Dos vacíos, por su propia naturaleza, se convertirán en uno. Interior y exterior es una división de la mente; cuando la mente desaparece esta división desaparece.

Vacío acá, vacío allá...

En realidad, decir acá y allá tampoco está bien, no es exactamente correcto. Pero ese es el problema; nada puede ser exactamente correcto expuesto en palabras; las palabras distorsionan. Sosan lo sabe, porque ahora no puede haber ni acá ni allá. Son viejas demarcaciones. Dentro y fuera son viejas demarcaciones y desaparecen junto con el lenguaje.

Ocurrió una vez:

Un hombre fue a ver a Bokuju y le dijo: «Tengo prisa, no me será posible pasar mucho tiempo contigo. Pasaba por esta calle y pensé que estaría bien entrar y escuchar una palabra. Yo no necesito mucho. Simplemente di una palabra para indicarme la verdad, y yo la llevaré en mi corazón».

Bokuju dijo: «No me fuerces, porque hasta una sola palabra es suficiente para hacer desaparecer la verdad. Y tengas prisa o no, no puedo decir nada. Solamente llévate esto: que has preguntado a Bokuju y el te contestó: "No puedo decir nada". Sólo recuerda esto».

El hombre dijo: «No es mucho y no creo que me vaya a ayudar. Di algo, una sola palabra; no pido mucho».

Bokuju dijo: «Hasta una palabra es suficiente para destruir el todo. Simplemente mírame y llévame dentro de ti».

Pero el hombre no pudo mirar porque es muy difícil (tú no sabes cómo mirar), de otra forma no hubiera habido necesidad de visitar a Bokuju.

No puedes mirar hacia delante. La punta de la nariz es la cosa más difícil de mirar. Hacia los lados está bien; vas a derecha e izquierda pero nunca hacia el centro. Por eso hay izquierdistas locos y derechistas locos, pero no puedes encontrar un hombre que esté en el medio, uno que no esté loco. Si te mueves hacia un extremo te vuelves loco, si permaneces en el centro te vuelves iluminado; pero nadie permanece en el centro. En el centro encuentras la realidad.

Las palabras están condenadas a decir la mitad, una palabra no puede decir algo completo. Si dices: «Dios existe», entonces también niegas: «Dios no existe»; y él es ambas cosas. Si dices: «La vida existe», niegas la muerte; y la vida también es muerte. Cualquier cosa que digas será la mitad, y una verdad a medias es más peligrosa que una mentira entera. Porque esa mitad lleva algo de fragancia de verdad y te puede engañar.

Todas las sectas están basadas en verdades a medias, por eso son peligrosas. Todos los cultos son peligrosos porque están basados en medias verdades. De otra forma no es posible, porque un culto, un credo, una secta, tiene que estar necesariamente basado en palabras. El budismo no está basado en Buda, está basado en lo que Buda dijo. Y lo que Buda dijo es la mitad, porque el todo no puede ser dicho. No hay nada que pueda hacerse respecto a esto.

Si se intenta expresar el todo, entonces no se dice nada. Si dices: «La vida es ambas: vida y muerte», ¿qué estás diciendo? Si dices: «Dios es ambos: Dios y Diablo», ¿qué estás diciendo? Estás hablando en paradojas, no tienes ninguna claridad, y la gente se creerá que te has vuelto loco. ¿Cómo va a ser Dios ambas cosas, bueno y malo? ¿Cómo va a ser la vida ambas cosas, vida y muerte? La muerte tiene que ser el opuesto a la vida.

Vacío acá, vacío allá,
y sin embargo, el Universo infinito está
siempre delante de tus ojos.
Infinitamente grande e infinitamente pequeño;
no hay diferencia...

Porque si algo es infinitamente grande y algo es infinitamente pequeño, no puede haber ninguna diferencia en cuanto a la cuestión de infinitud. Si vas hacia abajo, dividiendo, analizando, llegarás a lo infinitamente pequeño. La ciencia ha llegado a lo infinitamente pequeño, al electrón. Ahora todo ha desaparecido, no se puede decir nada. El electrón no ha sido visto, nadie puede verle. Entonces, ¿por qué dicen que el electrón existe?

La física casi se ha convertido en metafísica; lo que dice la física, lo que dicen los físicos, parece casi filosófico, místico; dicen: «No podemos ver el electrón, solamente podemos observar las consecuencias. Podemos ver los efectos pero no la causa. Deducimos que el electrón *tiene* que existir porque, si el electrón no existe, ¿cómo van a existir los efectos?».

Esto es lo que los místicos han estado diciendo siempre. Dicen: «No podemos ver a Dios pero podemos ver esta creación. Dios es la causa y esta creación es el efecto. No podemos *ver* a Dios pero podemos ver la creación; él tiene que estar ahí, si no ¿cómo es posible esta creación?».

Si oyes mi voz y no puedes verme, tendrás que deducir que estoy en algún sitio, si no, ¿cómo vas a escuchar mi voz? Se ve la causa pero no el efecto. La ciencia ha llegado a lo infinitamente pequeño, y lo pequeño ha desaparecido por completo; porque se ha ido haciendo tan pequeño, tan pequeño, tan pequeño, tan sutil, que ahora no puedes atraparlo.

La religión alcanza a lo infinitamente grande. Se vuelve tan grande, tan grande, tan enorme, que no puedes ver sus límites. Se vuelve tan grande que no puedes abarcarlo, no te puedes aferrar a ello, no puedes demarcarlo. Lo infinitamente pequeño no puede verse, se vuelve invisible; y lo infinitamente grande tampoco puede verse, también se vuelve invisible.

Entonces Sosan dice una cosa preciosa: ambos son iguales porque ambos son infinitos. Y en lo infinito, el que sea grande o pequeño no supone diferencia: son iguales.

Infinitamente grande e infinitamente pequeño;
no hay diferencia,
porque las definiciones han desaparecido
y no se ven límites.
Lo mismo pasa con el Ser y el no-Ser.

Cuando estás completamente vacío, sin ningún ego, sin nadie dentro de la casa, ¿estás siendo o no-siendo? ¿Eres o no eres? No se puede decir nada.

La gente le solía preguntar a Buda una y otra vez: «¿Qué pasa cuando uno se convierte en un buda? ¿Es o no es? ¿Existe el alma o no? ¿Qué ocurrirá cuando Buda deje el cuerpo? ¿Dónde estará? ¿Estará en alguna parte o no?».

Y Buda decía: «No preguntes esas cuestiones. Simplemente conviértete en un buda y ve por ti mismo, porque lo que sea que yo diga no será correcto». Él siempre evitó la tentación de contestar a tales cuestiones.

No malgastes el tiempo con dudas y argumentos
que no tienen nada que ver con esto.

La realidad no depende de tus argumentos. Que demuestres esta o aquella teoría es irrelevante; la realidad *está ahí*. Estaba ahí antes que tú, estará ahí después de ti. No depende de tu mente;

al contrario, tu mente depende de ella. No necesita ninguna prueba que la demuestre o la rebata. Existe por sí misma. No puedes demostrarla, no puedes rebatirla.

Pero la gente sigue discutiendo si Dios existe o no. Cada año se publican miles de libros que tratan el tema de si Dios existe o no. ¡Cuánta estupidez! Están los que dicen que sí y lo demuestran, y están los que dicen que no *y* lo demuestran; ambos están en el mismo barco, el barco de las pruebas, los argumentos, la lógica. Y si hay un Dios, se tiene que estar riendo. ¿Necesita él tus argumentos? ¿Qué estás diciendo? Estás diciendo que el que Dios exista depende de que tú lo demuestres o no. No importa lo que hagas (lo demuestres o lo rebatas), ¿acaso crees que su existencia depende de tus argumentos?

La existencia *existe* sin los argumentos de nadie. No necesita de ningún testigo, no hay ningún juicio que lo vaya a decidir. ¿Cómo vas a juzgar? ¿Y quién es el juez? Siempre ha habido argumentos; durante millones de vidas la gente ha estado argumentando esto o aquello. Hay ateos que siguen argumentando y nadie puede convencerlos. Creyentes y ateos, ambos argumentan, y ningún argumento demuestra tener la solución final; el problema sigue siendo el mismo.

Sosan dice que toda clase de argumentos son irrelevantes: ambos, creyentes y ateos (ambos; a favor y en contra), están haciendo una estupidez, porque la realidad está ahí. No necesita de ninguna prueba. Ya está ahí, siempre ha estado ahí y siempre estará. La verdad quiere decir: aquello que es.

Argumentando, simplemente malgastas la energía y el tiempo. Mejor disfruta de la realidad. Mejor, fúndete con ella. Mejor, deléitate en ella. ¡Mejor, vívela! Si vives, empiezas a emanar a tu alrededor el aroma de la realidad. Si vives y te deleitas en ello, algo de la inmensidad, algo de lo infinito, empieza a ser expresado a través de tu existencia finita. Poco a poco se disuelven tus fronteras, poco a poco te vas disolviendo. La gota cae al océano y se convierte en el océano.

No desperdicies el tiempo en argumentar. Los filósofos son tontos, y tontos más peligrosos que los tontos ordinarios porque los tontos ordinarios simplemente son tontos y los filósofos se creen sabios. ¡Y siguen! Fíjate en Hegel o en Kant: se pasan toda la vida argumentando y nunca llegan a ninguna parte.

Ocurrió una vez:

Una muchacha se declaró a Immanuel Kant; quería casarse con él. Él dijo: «De acuerdo, me lo pensaré».

Un pensador, un gran pensador, un gran lógico, ¿cómo va a dar el paso? Aunque se trate de amor, primero tiene que pensar en ello. Y se dice que pensó, pensó y pensó. Sopesó todos los pros y los contras (porque hay gente que está en contra del amor y gente que está a favor del amor, hay gente que está en contra del matrimonio y gente que está a favor del matrimonio; es algo que ya ha sido discutido). Así que recogió toda la información acerca del matrimonio y del amor, a favor y en contra. Se dice que reunió trescientos argumentos tanto a favor como en contra del matrimonio. Estaba muy confuso. ¿Qué hacer? ¿Cómo decidirse?

Entonces repasó y repasó, y al fin pudo encontrar un argumento más a favor del matrimonio. Y el argumento era el siguiente: que si hay una posibilidad entre dos alternativas que parecen equilibradas, entonces elige siempre la alternativa que te proporcione más experiencia. Casarse o no casarse (cuando todos los argumentos están equilibrados): el no estar casado ya lo conocía porque era soltero. Entonces era mejor casarse, porque por lo menos era algo nuevo. Cuando todos los argumentos están equilibrados, ¿cómo decidirse entonces? Así que cásate y conoce el matrimonio por la experiencia que supone.

Así que fue y llamó a la puerta de la muchacha. El padre abrió la puerta e Immanuel Kant dijo: «Me he decidido. ¿Dónde está su hija?».

El padre contestó: «Ya es demasiado tarde; ella ya tiene tres hijos».

Porque habían pasado veinte años, y las mujeres no son tan tontas como para esperar tanto tiempo. Ellas siempre son más sabias, más sabias instintivamente. Por eso no hay grandes filósofas. Ellas no son tan tontas; son más instintivas, intuitivas, están más cerca de la naturaleza, más interesadas en vivir que en argumentar. Por eso, a los ojos de los hombres, las mujeres siempre están ocupadas en cosas sin importancia, no en grandes problemas sino en cosas sin *ninguna* importancia: vestidos, adornos. Pero fíjate: les interesan cosas sin importancia porque la vida consiste en pequeñas cosas. Los grandes problemas están sólo en la mente, no en la vida. Que tú decidas si Dios existe o no, no importa en absoluto. Tienes que comer dos veces al día, te tienes que abrigar cuando hace frío y tienes que ponerte a la sombra cuando hace calor. Que tú decidas si Dios existe o no, da lo mismo. La vida consiste en pequeñas cosas. Y si la vida consiste en pequeñas cosas entonces las cosas pequeñas no son tan pequeñas, porque si la vida consiste en ellas, son vitales.

No malgastes el tiempo con dudas y argumentos
que no tienen nada que ver con esto.

Una cosa, todas las cosas:
van juntas y entremezcladas,
sin distinción.
Vivir en esta comprensión
es no estar inquieto a causa de la no-perfección.
Vivir en esta fe es el camino hacia la no-dualidad,
porque lo no-dual es uno
con la mente que confía.

UNAS PALABRAS MUY, MUY SIGNIFICATIVAS, y más significativas si puedes leer entre líneas.

Una cosa, todas las cosas:
van juntas y entremezcladas...

La vida es una unidad orgánica. Nada está dividido, todo es uno. Si crees que está dividida, las divisiones son impuestas por la mente. De otra forma todas las cosas se entremezclan, se funden, se disuelven entre sí. Está ocurriendo todo el tiempo. No te das cuenta porque te has vuelto completamente ciego a causa de las palabras.

Tú comes una fruta: la fruta se convierte en tu sangre. El árbol se ha mezclado contigo, la frontera ha desaparecido. Y esta fruta puede haber estado en la sangre de mucha gente, de muchos animales, de muchas plantas, de muchas piedras. Esta energía que es la fruta siempre ha estado en la existencia; fundiéndose, disolviéndose, emergiendo, yendo de esto a lo otro, cruzando todas las fronteras.

Simplemente observa cualquier fenómeno. La fruta en el árbol, ¿qué está haciendo? Las científicos dicen que está haciendo un milagro. Está transformando la tierra, está transformando los rayos del sol, está transformando el agua. Es un milagro, porque tú no puedes comer tierra, tú no puedes comerte los rayos del sol directamente. Esta fruta, una manzana, está haciendo un milagro. Está transformándolo todo y haciendo que tú puedas absorberlo y se convierta en tu sangre.

Y esta energía se ha estado moviendo, siempre ha estado ahí. La totalidad de la energía permanece igual, porque no hay ningún otro lugar adonde ir, así que la energía no puede aumentar *ni* disminuir. Al Universo no se le puede añadir ni restar nada. ¿Dónde lo vas a llevar? El todo permanece igual.

Un día la fruta estaba en la tierra, no te la podías comer. La fruta estaba en el sol, la vitamina D estaba en el sol. Ahora la fruta la ha absorbido, ahora la tierra se ha transformado; ¡está ocurriendo un milagro! ¿Por qué ir a los magos para ver un milagro? Está ocurriendo delante de ti: el polvo se transforma en comida deliciosa.

Luego te la comes tú, se convierte en tu sangre. La sangre está constantemente produciendo, crea semen. Nace una semilla, y esta semilla se convierte en un niño. Ahora la fruta, la manzana, está en el niño. ¿Dónde están las fronteras? El árbol se integra en ti, el sol se integra en el árbol, el océano se integra en el árbol, tú te integras en el niño, y así sigue y sigue...

Todas las cosas están en movimiento. El aliento que está en ti, un poco más tarde, estará en mí. Y el aliento es vida, así que tu vida y mi vida no pueden ser diferentes porque yo respiro el mismo aire que tú. Yo exhalo y tú lo inhalas; tú exhalas, yo lo inhalo.

Tu corazón y mi corazón no pueden ser muy diferentes. Están respirando y latiendo en el mismo océano de vitalidad. Yo llamo a este «mi aliento», pero en el momento que lo he dicho, ya no es mío; se ha trasladado, se ha cambiado de casa, ahora es el aliento de otra persona. Lo que tú llamas tu vida no es tu vida. No es de nadie; o es de todos.

Cuando alguien mira la realidad ve que el todo es una unidad orgánica. El sol está trabajando para ti, las estrellas están trabajando para ti. Todas las personas del mundo están trabajando para ti, y tú estás trabajando para ellas. Te morirás y los gusanos se comerán tu cuerpo, te convertirás en su comida.

Te estás preparando, madurando, para morir, para convertirte en la comida de otros. Y tiene que ser así; porque tú has hecho de muchas cosas tu comida y, finalmente, te has convertido en su comida. Todas las cosas son alimento para algún otro. Es una cadena..., y tú quieres aferrarte a la vida. También la manzana, también ella quiere aferrarse a la vida; y el trigo, también el trigo quiere seguir siendo él mismo. Pero entonces la vida cesaría. La vida vive a través de la muerte. Tú mueres aquí, y alguien llega a la vida allá; yo espiro, y alguien inspira. Es como una inhalación y exhalación rítmica, es vida y muerte. La vida es la inhalación; la muerte, la exhalación.

Cuando estés maduro caerás a la tierra. Los gusanos te comerán y las aves de rapiña vendrán y disfrutarán de ti. Tú has disfrutado de muchos alimentos: ahora es el turno de que disfruten de ti. Todo se funde, se encuentra, se disuelve. Entonces ¿por qué preocuparse? Eso va a ocurrir, ya está ocurriendo. Sólo existe el todo, las individualidades son falsas. Sólo existe lo supremo; todo lo demás son tan sólo olas que vienen y van.

Cuando uno ve la realidad justo delante de sus ojos, de repente no hay ningún problema, ninguna ansiedad, porque el todo sigue viviendo independientemente de que tú vivas o no. Entonces tu muerte no es un problema. Vivirás en el todo de millones de maneras.

Algunas veces serás una fruta... Ese es el significado del concepto hindú de millones de *yonis*. Algunas veces has sido un animal, otras un insecto, otras un árbol y otras una piedra; y la vida sigue. Así que, en cierto sentido, tú no eres nadie, pero en otro sentido eres todo el mundo. En un sentido estás vacío, pero en otro sentido estás lleno. En un sentido no eres, y en otro sentido eres el todo; porque no estás separado.

La separación produce ansiedad. Si estás ansioso y angustiado, significa que piensas que estás separado. Te estás creando problemas a ti mismo innecesariamente. No hay necesidad, porque el todo sigue viviendo; el todo nunca muere, no puede morir. Sólo las partes mueren, pero la muerte no es realmente una muerte, es un renacimiento. Mueres aquí y naces allí.

Una cosa, todas las cosas:
van juntas y entremezcladas,
sin distinción.
Vivir en esta comprensión
es no estar inquieto a causa de la no-perfección.

¿Entonces por qué preocuparse por la perfección? También esa es una meta egótica. Esto es muy profundo, muy difícil de entender, porque hasta la gente religiosa trata de ser perfecta. ¿Pero quién eres tú para ser perfecto? Sólo el todo puede ser perfecto, tú nunca puedes ser perfecto. ¿Como podrías ser perfecto? Hasta un buda tiene que caer enfermo, tiene que morir. ¡Tú no puedes ser perfecto! La propia idea de la perfección es una *voladura* del ego. El todo ya es perfecto, no necesitas preocuparte por él; y en el todo, tú también eres perfecto.

Hay que entender dos palabras: una es perfección, la otra es totalidad. A una persona verdaderamente religiosa le interesa la totalidad, nunca la perfección, y a una persona seudorreligiosa le interesa la perfección, nunca la totalidad.

Totalidad significa: «Yo no soy, el todo es». Y *es* perfecto, porque ¿cómo podría ser de otra forma? No hay comparación, no hay nadie más. Pero si piensas en términos de perfección, moralidad, ideales, carácter, en términos de tener que ser perfecto, entonces te volverás loco.

Todos los perfeccionistas se vuelven locos (ese es su destino, así es como acaban) porque, como unidad separada, seguirás siendo imperfecto y no puedes ser perfecto. ¿Cómo podrías ser perfecto? Tu energía procede del todo, va al todo; tú no eres. Una ola tiene que seguir siendo una ola, no se puede convertir en el océano. Y si lo intenta con demasiada insistencia, se volverá loca. Esa es la razón por la que en el mundo de la religión encuentras a la gente más egoísta que se pueda encontrar, porque están intentando ser perfectos en todas las cosas. Insisten en la perfección. No pueden estar relajados, siempre estarán tensos. Y siempre habrá algo que esté mal y que ellos tengan que arreglar; siempre estarán preocupados. Ve a los manicomios y descubrirás que el noventa por ciento de los internos son perfeccionistas.

Un hombre de entendimiento permanece relajado. Eso no significa que no le importe nada. No es así; le importa, pero conoce sus limitaciones. Le importa, pero sabe que es sólo una parte. Él nunca piensa de sí mismo que es el todo, así que nunca está preocupado.

Disfruta de lo que sea que esté haciendo, sabiendo que quedará imperfecto, que no puede ser perfecto. Pero disfruta haciéndolo, y al disfrutarlo, la perfección que sea posible ocurrirá sin causarle preocupaciones. Le gusta aun sabiendo que no será lo absoluto. No puede serlo; algo se quedará incompleto, tal es la naturaleza de las cosas.

Es por eso que en Oriente siempre hemos creído (y creído en una cosa muy verdadera) que cuando alguien se vuelve perfecto no vuelve a nacer, desaparece de este mundo. Tiene que desaparecer, porque en este mundo sólo la imperfección es posible. Ya no encaja aquí, no se le necesita, se disuelve en el todo.

Hasta Buda permaneció imperfecto hasta el último momento de su vida, pero sin preocuparse por ello. Esa es la razón por la que los budistas tienen dos términos para *nirvana*. A la iluminación suprema la llaman *mahaparinirvana* y a la iluminación la llaman *nirvana*. *Nirvana* significa que un buda está en el cuerpo. Ha alcanzado la iluminación, se ha convertido en alguien que sabe, pero todavía está en el cuerpo, el cuerpo de la imperfección. Todavía está en el mundo de las partes imperfectas. Eso es *nirvana*, iluminación.

Luego, cuando deja el cuerpo, cuando simplemente desaparece en el vacío supremo, es *mahaparinirvana*, es la gran iluminación. Entonces la imperfección desaparece, entonces no hay individualidad, entonces él es el todo. Sólo el todo puede ser perfecto. Entonces Buda puede ser perfecto, porque se ha disuelto en el todo, es oceánico.

Así que recuerda bien esto, porque todo perfeccionismo es un esfuerzo egoísta, y vas locamente tras las cosas. Intenta hacerlo lo mejor que puedas, pero no te vuelvas loco a causa de ello; hazlo lo mejor que puedas y acepta las limitaciones. Tiene que haber limitaciones, hasta con tu carácter, tu moralidad, ¡con todas las cosas!

Hasta un santo tiene que darle un poco de espacio al pecador, porque ¿dónde si no va a ir el pecador? Así que es posible que sea santo en un noventa y nueve por ciento, pero habrá un uno por ciento de pecador. Y también ocurre al contrario: puedes hacerte pecador en un noventa y nueve por ciento pero serás un uno por ciento santo. Tiene que ser así, porque ¿dónde vas a dejar al otro? Puedes forzarlo hasta el extremo pero siempre quedará un uno por ciento del otro. Y volverse loco con eso no te será de ninguna ayuda.

Un hombre de entendimiento acepta las limitaciones. Acepta las posibilidades, lo que es posible. Sabe lo que es imposible y nunca lo intenta. Se relaja y disfruta de lo posible. Y cuanto más disfruta, más perfección llega a su vida. Pero ya no es una preocupación, es una gracia; y esa es la diferencia.

Si te acercas a un hombre verdaderamente religioso sentirás que hay cierta gracia en torno a él, que no hace esfuerzo alguno. Él no ha hecho nada consigo mismo, simplemente se ha relajado en lo Supremo, y tú sientes esa ausencia de esfuerzo en torno a él.

Si te acercas a una persona perfeccionista, a un hombre seudorreligioso, entonces todo lo que veas será artificial, no habrá gracia alguna: todas las cosas bien definidas, cada movimiento calculado, astuto. Todo lo que él hace procede de la disciplina, no de la espontaneidad. Vive bajo un código; su propio código se convierte en su prisión. No puede reír, no puede ser un niño, no puede ser una flor. Sea lo que sea, ha puesto tanto esfuerzo en ello que se ha vuelto tenso y ha acabado mal. No es un fluir espontáneo.

Y el criterio debería ser (si te acercas a un Maestro, este debería ser el criterio) que él fluya espontáneamente. Sólo así podrá ayudarte a convertirte en un fluir espontáneo. Si se trata de un perfeccionista forzado, te mutilará, te matará completamente. Te dañará en muchos sentidos, y para cuando piense que eres perfecto, ya estarás muerto.

Sólo una cosa muerta puede ser perfecta, una cosa viva no tiene más remedio que ser imperfecta. Recuérdalo.

Vivir en esta comprensión
es no estar inquieto a causa de la no-perfección.

¡UNO SIMPLEMENTE VIVE! Uno vive plenamente, totalmente, y no se preocupa por las consecuencias, por lo que ocurra.

Vivir en esta fe...

Esto es fe para Sosan y también lo es para mí. Esto es confianza.

Un perfeccionista nunca confía porque siempre está buscando faltas. Nunca confía en nada. Aunque le presentes una flor él encontrará imperfecciones inmediatamente. No mirará la rosa, mirará las imperfecciones. Su ojo es el de la lógica, no el del amor. Siempre tiene dudas; no puede confiar en nadie porque no puede confiar en él mismo.

Tú vas a tus llamados santos; ellos no pueden confiar en sí mismos. Tienen miedo, porque todo lo que se han impuesto *es* impuesto, no es natural; saben que si se relajan algo puede ir mal. Si una mujer bonita se acerca a un santo, puedes ver que se pone nervioso, incómodo. Puede que no se vea aparentemente, pero si te fijas atentamente puedes sentirlo, porque él se ha impuesto *brahmacharya*, celibato, y esa mujer es un peligro. No puede permitir que esa mujer se quede mucho tiempo, porque entonces aflorará su desconfianza en sí mismo.

Un hombre que no ha confiado en su propia energía de vida no puede confiar en nadie. Es un enemigo del hombre, un envenenador. Y los envenenadores son muy elocuentes; tienen que serlo, porque tienen que ser argumentadores para defenderse a sí mismos, tienen que depender de sus propias mentes.

Y estos envenenadores han causado tal daño, tal herida a la humanidad entera, que es imposible imaginar cómo va a afectarla. Lo han envenenado todo: «Esto está mal, eso está mal, eso es un pecado, eres culpable». Y han creado tal enredo a tu alrededor que, hagas lo que hagas, te sentirás culpable. Y si *no* haces, te sentirás culpable a causa de la naturaleza.

Si amas has caído; si no amas sientes una profunda necesidad de amar. Viene de la naturaleza, no hay nada malo en ello. Es tan natural como el hambre o la sed y tan hermoso como el hambre y la sed. Pero a tus santos les gustaría que fueras un hombre de plástico, sin hambre, sin sed, sin amor; entonces serías perfecto.

Si todo tu mecanismo estuviera hecho de plástico, sería fácil. Y los científicos *están* investigando en esa línea: hacer todo el mecanismo de plástico. Entonces no necesitarás comida, no necesitarás amor, no necesitarás nada. Te convertirás en una máquina, en un robot. De vez en cuando, cuando algo vaya mal, te enviarán al taller. Y podrás ir todos los días a la gasolinera: allí te pondrán un poco de gasolina y todo arreglado. Entonces serás un perfeccionista, entonces serás perfecto.

Pero la vida es muy delicada tal como es; no es de plástico, es muy delicada. Tú no tienes cables, tienes nervios. Y el equilibrio siempre está en movimiento. Nada es seguro, todas las cosas se mezclan y disuelven entre sí. Es por eso que estás vivo.

Un hombre de entendimiento no se preocupa, no está ansioso por la no-perfección. No piensa en absoluto en términos de perfección; simplemente vive el momento tan plenamente, tan totalmente, como le es posible. Y cuanto más plenamente lo vive, más capaz se vuelve de vivirlo. Llega un día...: él simplemente vive sin forzar ningún ideal, sin pensar en ningún concepto, sin poner reglas, sin ninguna regulación acerca de su vida. Simplemente vive, disfruta y se deleita.

Vivir en esta fe es el camino a la no-dualidad...

Y esto es fe.

Porque lo no-dual es uno
con la mente que confía.

Y en el fondo, si tienes una mente que confía, lo no-dual estará delante de ti. Si en el fondo tienes dudas, entonces las teorías, el pensar, las palabras, las filosofías, las doctrinas, estarán justo delante de ti, pero tú estarás completamente ciego. No podrás ver lo que esté cerca, sólo podrás pensar en lo lejano. Dentro confianza, fuera realidad; dentro confianza, fuera ver. La confianza y la verdad se encuentran y no existe ningún otro encuentro...

...porque lo no-dual es uno
con la mente que confía.

¡Palabras!
El Camino está más allá del lenguaje,
porque en él no hay
ni ayer
ni mañana
ni hoy.

Y POR ÚLTIMO: Sosan está diciendo que el lenguaje sólo es posible si el tiempo existe. El lenguaje es la misma gestalt que el tiempo. Por eso el lenguaje tiene tres tiempos: pasado, presente y futuro; exactamente igual que el tiempo: pasado, presente y futuro. El lenguaje es tiempo, se divide en las mismas categorías que el tiempo. Y la vida está más allá. La vida no es pasado. ¿Dónde está el pasado? No puedes encontrarlo en ninguna parte.

He oído que una vez ocurrió:

Un hombre había ido a ver un gran museo. El hombre era muy rico, así que le pusieron el mejor guía. Se fijó en un busto y preguntó: «¿Quién es este?».

El guía en realidad no lo sabía, así que dijo: «Es el busto de Napoleón».

De nuevo otro pequeño busto, y de nuevo volvió a preguntar. Y el guía estaba tan nervioso ante este hombre tan rico, tenía tanto miedo, que se hizo tal lío que dijo: «Este también es el busto de Napoleón».

Así que el hombre rico dijo: «¿Cómo? ¿Dos bustos?».

Entonces el guía se encontró en un aprieto, tenía que dar alguna respuesta. Así que dijo: «Sí, este es de cuando era pequeño y el otro de cuando era mayor».

Si el pasado existiera, entonces también tendrías el busto de la niñez, entonces tendrías muchos bustos; cuando te murieras dejarías miles de bustos. Pero sólo dejas uno, no millones de ellos. El pasado desaparece; el pasado no está en ninguna parte, sólo en la memoria. ¿Dónde está el futuro? El futuro no está en ninguna parte, sólo en la imaginación. El pasado es lo que no es ahora, y el futuro lo que no es todavía. Por eso los místicos siempre han dicho que sólo existe el presente. Pero Sosan va un paso más adelante y dice:

ni ayer
ni mañana
ni hoy.

Ni siquiera el presente existe. ¿Qué quiere decir? Porque (tiene razón, toda la razón) si no hay ni pasado ni futuro, ¿cómo va a existir entonces el presente? Porque el presente existe sólo entre el pasado y el futuro.

¿Qué es el presente? Un pasaje. Del pasado vas al futuro; en ese momento, tan sólo por un instante, existe el presente. ¿Qué es el presente? Es sólo un pasaje del pasado al futuro, es una puerta de una habitación a otra. Pero si ni esta habitación ni la otra existen, ¿cómo va a existir la puerta? Es un puente entre el pasado y el futuro. Y si las dos orillas no existen, ¿cómo va a existir el puente?

Sosan tiene razón. Sosan dice: «Ni pasado ni futuro ni presente». Está diciendo que no existe el tiempo. Y todo el lenguaje depende del tiempo; pasado, futuro, presente. El lenguaje es una creación de la mente, el tiempo también es una creación de la mente.

Cuando abandonas el lenguaje, el tiempo desaparece. Cuando dejas de pensar, no hay pasado ni presente ni futuro. Transciendes el tiempo, no existe el tiempo. Cuando el tiempo no existe, existe la eternidad. Cuando el tiempo no existe, has entrado en el mundo de lo eterno. La verdad es eterna. Y lo único que tú tienes son reflejos temporales de la verdad.

Es como si una noche la luna llena se elevara en el firmamento, pero tú, al mirar un lago, vieras la luna en su superficie. Esa luna es todo lo que tienes: la luna del lago. La mente hace de espejo; todas las verdades que tienes son reflejadas por tu mente, son reflejos.

¿Qué está diciendo Sosan? Sosan está diciendo: «¡Olvida este lago!, porque es un espejo. Mira más allá, sólo entonces serás capaz de ver la verdadera luna; y está ahí».

Pero estás demasiado identificado con el lago, con la mente que refleja. Si abandonas la mente, de repente todo encaja, todo aquello que estabas buscando ocurre, todo lo que siempre habías soñado y deseado. Todo se cumple.

Todo el mensaje se resume en cómo salirse de la mente, del lenguaje y del tiempo.

ACERCA DE OSHO

Osho nació en Kuchwada, Madhya Pradesh, India, el 11 de diciembre de 1931. Desde su edad más temprana fue un espíritu rebelde e independiente que insistía en experimentar la verdad por sí mismo, más que adquirir conocimiento y creencias de otros.

Después de su iluminación a la edad de veintiún años, Osho completó sus estudios académicos y pasó varios años enseñando filosofía en la universidad de Jabalpur. Entretanto, viajaba por la India dando charlas y desafiando a los líderes religiosos ortodoxos en debates públicos, cuestionando las creencias tradicionales y encontrándose gente de todo tipo y clase. Leía profusamente todo lo que podía encontrar para ampliar la comprensión de los sistemas de creencias y de la psicología del hombre contemporáneo. A finales de los sesenta, Osho empezó a desarrollar sus técnicas únicas de meditación dinámica. El ser humano moderno, dice, está tan agobiado con las tradiciones caducas del pasado y con la ansiedad de la vida moderna, que tiene que pasar por un proceso de limpieza profunda antes de que pueda tener la esperanza de descubrir el estado relajado y sin pensamiento de la meditación.

A comienzo de los setenta, los primeros occidentales empezaron a escuchar a Osho. En 1974 se estableció en una comuna en Poona, India, y el flujo de visitantes occidentales muy pronto se convirtió en una avalancha. A lo largo de su trabajo, Osho ha hablado de prácticamente todos los aspectos que se relacionan con la consciencia humana. Ha destilado la esencia de lo que es significativo en la búsqueda espiritual del hombre contemporáneo, basándose no en la comprensión intelectual sino en las pruebas de su propia experiencia existencial.

Osho no pertenece a ninguna tradición. «Soy el comienzo de una consciencia religiosa totalmente nueva —dice—. Por favor, no me conectéis con el pasado; ni siquiera vale la pena recordarlo.»

Sus charlas a sus discípulos y buscadores de todo el mundo han sido publicadas en más de seiscientos volúmenes y traducidas a más de treinta idiomas. En sus propias palabras: «Mi mensaje no es una doctrina, no es una filosofía. Mi mensaje contiene una cierta alquimia, una ciencia de la transformación; así que únicamente aquéllos que están dispuestos a morir tal como son y a nacer otra vez en algo nuevo, algo que no pueden siquiera imaginar ahora mismo..., únicamente esos pocos valientes, estarán preparados para escuchar, porque escuchar va a ser algo arriesgado. Al escuchar, has dado los primeros pasos hacia el renacimiento. Por tanto, ésta no es una filosofía de la que puedas hacer un abrigo y luego alardear de ella. No es una doctrina en la que puedas encontrar consuelo ante preguntas inquietantes. No, mi mensaje no es comunicación verbal. Es algo mucho más arriesgado. Es nada menos que muerte y renacimiento».

Osho dejó su cuerpo en enero de 1990. Su enorme comuna en la India sigue siendo el centro de crecimiento espiritual más grande del mundo y atrae miles de visitantes internacionales que vienen a participar en la meditación, en la terapia, en el trabajo corporal y programas creativos o simplemente a experimentar lo que significa estar en un campo búdico.

OSHO COMMUNE INTERNATIONAL

La Osho Commune International, en Poona (India), es el centro de meditación y crecimiento más grande del mundo. Es un lugar de encuentro y un hogar espiritual para cientos de miles de personas provenientes de casi todos los países del mundo. Guiada por la visión del maestro iluminado Osho, la comuna podría describirse como un laboratorio, como un experimento para la creación del «hombre nuevo», quien vive en armonía consigo mismo y con su ambiente y está libre de todas las ideologías y sistemas de creencias que dividen actualmente a la humanidad.

La Commune's Osho Multiversity [se trata de la universidad de la comuna, calificada de «multiversidad»] ofrece cientos de talleres, grupos y entrenamientos, por medio de sus nueve diferentes facultades:

La Escuela Zen de Centramiento y Artes Marciales.
La Escuela de Artes Creativas.
La Academia Internacional de Artes Curativas.
La Academia de Meditación.
El Instituto para el Amor y la Consciencia.
La Escuela de Misticismo.
El Instituto de Curación a través del Pulso Tibetano.
El Centro de Transformación.
El Club de Meditación: Descanso Creativo.

Todos estos programas se han preparado para ayudar a la gente a encontrar la clave de la meditación: la observación pasiva de los pensamientos, emociones y acciones sin emitir juicios o sin identificarse. A diferencia de muchas disciplinas orientales tradicionales, la meditación en la comuna de Osho es una parte inseparable de la vida cotidiana: del trabajo, de las relaciones o simplemente del ser. El resultado es que la gente no renuncia al mundo sino que trae a él un espíritu de atención y celebración en una reverencia profunda por la vida.

El punto más destacado del día en la comuna es el encuentro de la Hermandad de las Túnicas Blancas. Estas dos horas de celebración que incluyen música, danza y silencio con un discurso de Osho es algo único, una meditación completa en sí misma en la cual miles de buscadores, en palabras de Osho, «se disuelven en el mar de las consciencias».

PARA MÁS INFORMACIÓN SOBRE OSHO

Muchos de los libros de Osho se han traducido a varias lenguas y publicado en todo el mundo. Para obtener información sobre Osho, sus meditaciones, libros, casetes, cintas de vídeo y la dirección del centro de meditación/información sobre Osho más cercano a tu localidad, contacta con:

Osho Center: Zorba el Buda
Avda. Ramón y Cajal, 71
28016 Madrid
Tel: (91) 413 05 70

Osho International
24 St James's Street
London SW1A 1HA
UK
Tel.: 44 (0) 171 925 1900
Fax: 44 (0) 171 925 1901
E-mail: osho_int@osho.org

Osho Commune International
17 Koregaon Park
Pune 411 011 (MS)
India
Tel: 91 (212) 628 561
Fax: 91 (212) 624 181
Email: osho-commune@osho.org

Osho América
P.O. Box 12517
Scottsdale, AZ 85260
USA
Tel: 1 602 905 2612
Pedidos: 800 777 7743
Fax: 1 602 905 2618
E-mail:
osho_america@osho.org

www.osho.org

Una dirección web en diferentes idiomas que ofrece meditaciones de Osho, libros y casetes, un recorrido *online* de la Osho Commune International, de los centros de información de Osho en el mundo y una selección de charlas de Osho.